古典文獻研究輯刊

三五編

潘美月・杜潔祥 主編

第 19 冊

王陽明詩集編年校注（中）

趙 永 剛 著

國家圖書館出版品預行編目資料

王陽明詩集編年校注（中）／趙永剛 著 -- 初版 -- 新北市：

花木蘭文化事業有限公司，2022〔民 111〕

目 6+210 面；19×26 公分

（古典文獻研究輯刊 三五編；第 19 冊）

ISBN 978-626-344-121-7（精裝）

1.CST：（明）王守仁 2.CST：中國詩 3.CST：作品集

011.08　　　　　　　　　　　　　　　111010309

ISBN-978-626-344-121-7

9 786263 441217

古典文獻研究輯刊

三五編　第十九冊　　　　　ISBN：978-626-344-121-7

王陽明詩集編年校注（中）

作　　　者　趙永剛

主　　　編　潘美月、杜潔祥

總　編　輯　杜潔祥

副總編輯　楊嘉樂

編輯主任　許郁翎

編　　　輯　張雅淋、潘玟靜、劉子瑄　美術編輯　陳逸婷

出　　　版　花木蘭文化事業有限公司

發 行 人　高小娟

聯絡地址　235 新北市中和區中安街七二號十三樓

　　　　　　電話：02-2923-1455／傳真：02-2923-1452

網　　　址　http://www.huamulan.tw 信箱 service@huamulans.com

印　　　刷　普羅文化出版廣告事業

初　　　版　2022 年 9 月

定　　　價　三五編 39 冊（精裝）新台幣 98,000 元　　版權所有・請勿翻印

王陽明詩集編年校注（中）

趙永剛　著

目次

廬陵詩六首

正德庚午年三月，遷廬陵尹作。

遊瑞華〔一〕二首

【編年】

此組詩正德五年（1510）作於江西廬陵。

【校注】

〔一〕瑞華：瑞華山，在江西吉安。《雍正江西通志》卷九：「瑞華山，在（吉安）府城北五里，俯瞰大江，上有瑞華觀。明王守仁令廬陵時遊此，有『松古尚存經雪幹，竹高還長拂雲梢』之句。」

其一

簿領〔一〕終年未出郊，此行聊解俗人嘲。憂時有志懷先達，作縣無能愧舊交〔二〕。松古尚存經雪幹，竹高還長拂雲梢。溪山處處堪行樂〔三〕，正是浮名〔四〕未易拋。

【校注】

〔一〕簿領：官府記事的簿冊或文書，此處指因簿領之務虛擲光陰。宋·司馬光《同錢君倚過梅聖俞》：「王畿天下樞，簿領日填積。」

〔二〕此二句句法模擬宋·朱熹《次韻四十叔父白鹿之作》：「諸郎有志須精學，老子無能但欲眠。」

〔三〕此句模擬宋·王安石《懷舊》：「身閒處處堪行樂，何事低個兩鬢霜。」

〔四〕浮名：虛名。唐·杜甫《曲江》：「細推物理須行樂，何用浮名絆此身。」

【著錄】

　　明·余之禎撰《萬曆吉安府志》卷三十六著錄此詩，題為《瑞華山》。

　　其二

　　萬死投荒〔一〕不擬回，生還且復荷栽培。逢時已負三年學，治劇兼非百里才〔二〕。身可益民寧論屈，志存經國未全灰。正愁不是中流砥〔三〕，千尺狂瀾豈易摧。

【校注】

〔一〕萬死投荒：指被貶謫貴州龍場之事。唐·柳宗元《別舍弟宗一》：「一身去國六千里，萬死投荒十二年。」

〔二〕百里才：治理一縣的人才。古時一縣轄地約百里，因以百里為縣的代稱。《三國志·龐統傳》：「先主領荊州，統以從事守耒陽令，在縣不治，免官。吳將魯肅遺先主書曰：『龐士元非百里才也，使處治中、別駕之任，始當展其驥足耳。』」唐·駱賓王《鄭安陽入蜀》：「地是三巴俗，人非百里才。」

〔三〕中流砥：即中流砥柱，比喻能起支柱作用的人。《晏子春秋·諫下》：「古冶子曰：『吾嘗從君濟於河，黿銜左驂以入砥柱之中流。』砥柱，山名，在河南三門峽東，屹立於黃河激流中。」元·王惲《壽鹿庵大學士》：「大節中流砥柱標，高風孤振張吾曹。」

【著錄】

　　明·余之禎撰《萬曆吉安府志》卷三十六著錄此詩，題為《瑞華山》。

古道

　　古道當長坂，肩輿入暮天。蒼茫聞驛鼓，冷落見炊煙。凍燭寒無焰，泥爐濕未燃。正思江檻外，閒卻釣魚船〔一〕。

【編年】

　　此詩正德五年（1510）作於江西廬陵。

【校注】

〔一〕釣魚船：漁舟，隱者的象徵。宋·蘇軾《秋興三首》詩其三：「故里依然一夢前，相攜重上釣魚船。」

【著錄】

　　明·曹學佺編《石倉歷代詩選》卷四百五十五、清·張豫章輯《四朝詩》

卷二十三、清・朱彝尊編《明詩綜》卷三十二著錄此詩。

立春日道中短述

臘意〔一〕中宵盡，春容〔二〕傍曉生。野塘冰轉綠，江寺雪消晴。農事占泥犢，羈懷〔三〕聽谷鶯。故山梅正發，誰寄欲歸情。

【編年】

此詩正德五年（1510）作於江西廬陵。

【校注】

〔一〕臘意：臘月的寒意。宋・彭汝礪《和都官看雪》：「朔風吹雪落雲端，臘意春容盡苦寒。」

〔二〕春容：春色。宋・蘇軾《聞洮西捷報》：「牧臣不見天顏喜，但驚草木放春容。」

〔三〕羈懷：羈旅情懷。宋・陸游《秋日懷東湖》：「病思羈懷惟付酒，西風落日更催詩。」

【著錄】

明・曹學佺編《石倉歷代詩選》卷四百五十五著錄此詩。

公館午飯偶書

行臺〔一〕依獨寺，僧屋自成鄰。殿古凝殘雪，牆低入早春。巷泥晴淖馬，簷日暖堪人。雪散小巖碧，松梢掛月新。

【編年】

此詩正德五年（1510）作於江西廬陵。

【校注】

〔一〕行臺：地方官員的官署與居住之所。宋・黃庭堅《送顧子敦赴河東》詩其三：「攬轡都城風露秋，行臺無妾護衣篝。」

【著錄】

明・曹學佺編《石倉歷代詩選》卷四百五十五著錄此詩。

午憩香社寺〔一〕

修程動百里，往往飼僧居。佛鼓迎官急，禪床為客虛。桃花成井

落，雲水接郊墟。不覺泥塗澀，看山興有餘〔二〕。

【編年】

此詩正德五年（1510）作於安徽和縣。

【校注】

〔一〕香社寺：束景南《王陽明年譜長編》：「香社寺，在和縣香泉鎮。《正統和州志》卷二：『香社寺，在州北三十五里政理鄉九都，有香淋湯泉。宋建隆三年，惠濟禪師始建院。元末廢於兵災。洪武六年，僧道廣為寺。』陽明此詩應即是由廬陵赴京入覲途經和州所作。」〔註1〕

〔二〕興有餘：饒有興致。唐・權德輿《上巳日貢院考雜文不遂赴九華觀祓禊之會以二絕句申贈》詩其二：「祓飲尋春興有餘，深情婉婉見雙魚。」

〔註 1〕束景南《王陽明年譜長編》，第 573 頁。

京師詩二十四首

正德庚午年十月，陞南京刑部主事。辛未年入覲，調北京吏部主事作。

夜宿功德寺〔一〕次宗賢〔二〕韻二絕

【編年】

此組詩正德六年（1511）作於京師。

【校注】

〔一〕功德寺：束景南《王陽明年譜長編》：「《光緒順天府志》卷十七《郭外寺觀》：『功德寺，初名護聖，元剎也。在翁上北五里青龍橋西……宣德西郊省斂，駐蹕於寺，因留輦仗寺中，自後遂為駐驛之所。』」〔註1〕

〔二〕宗賢：即黃綰。萬斯同《明史·黃綰傳》：「黃綰，字宗賢，黃巖人，侍郎孔昭孫也。承祖蔭當，得官。感宋儒張載論蔭襲語，遂棄舉子業。師事謝鐸敦古學已，讀書紫霄山中，歷十餘年，學益博，謁選為後府都事，謝病歸，復師事王守仁講良知之學。」

其一

山行初試夾衣〔一〕輕，腳軟黃塵石路生。一夜洞雲眠未足，湖風吹月渡溪清。

【校注】

〔一〕夾衣：有裡有面的雙層衣服。宋·陸游《示客》：「暉暉晚日收新稻，漠漠新寒試夾衣。」

〔註1〕束景南《王陽明年譜長編》，第610頁。

【著錄】

明・曹學佺編《石倉歷代詩選》卷四百五十五著錄此詩。

其二

水邊楊柳覆茅楹，飲馬〔一〕春流〔二〕更一登。坐久遂忘歸路夕，溪雲正瀉暮山青。

【校注】

〔一〕飲馬：給馬喝水。

〔二〕春流：春天的溪流。南朝・宋・謝靈運《山居賦》：「愬溫泉於春流，馳寒波而秋徂。」唐・杜甫《春日江村》其一：「農務村村急，春流岸岸深。」

【著錄】

明・曹學佺編《石倉歷代詩選》卷四百五十五、明・劉侗撰《帝京景物略》卷七著錄此詩。

別方叔賢〔一〕四首

【編年】

此組詩正德六年冬（1511）作於京師。

【校注】

〔一〕方叔賢：即方獻夫。萬斯同《明史・方獻夫傳》：「方獻夫，字叔賢，南海人，生而孤。弱冠舉弘治末進士，改庶吉士，乞歸迎養，遂丁母憂。正德中，授禮部主事，調吏部進員外，即時王守仁方為主事，獻夫與論學，悅之，遂執贄為弟子。尋謝病，歸讀書西樵山中者十年。」

其一

西樵〔一〕山色遠依依，東指江門〔二〕石路微。料得楚雲臺〔三〕上客，久懸秋月待君歸。

【校注】

〔一〕西樵：即指西樵山，在今廣東南海市西南西樵鎮。束景南《王陽明年譜長編》引《西樵志》卷一：「西樵屬廣東廣州府南海縣……西樵在郡城西南一百二十里，高聳千仞，勢若游龍，周回四十里，盤居簡村、沙頭、龍津、金甌四堡之間，峰巒七十有二。」卷四：「方獻夫……正德壬申（按：當作辛

未），方子為吏部文選，謝病歸。丁丑，構紫雲樓、沛然堂於此，曰『石泉精舍』。」〔註2〕

〔二〕江門：位於廣東省新會縣北，因西江流經此地而入海，故稱為江門。

〔三〕楚雲臺：清‧羅正鈞《船山師友記》卷十七：「世卿即李承箕之字，別號大崖嘉魚人，成化二十二年，舉鄉試，為陳白沙高弟。先生和雨蒼詩有：『千秋渺渺楚雲臺』之語，自注云：『楚雲臺乃白沙留雨蒼五世祖大崖先生讀書而築，與漫記可以互證。』」

【著錄】

明‧曹學佺編《石倉歷代詩選》卷四百五十五著錄此詩。

其二

自是孤雲天際浮，篋中枯蠹〔一〕豈相謀。請君靜後看羲畫〔二〕，曾有陳篇一字不？

【校注】

〔一〕枯蠹：乾枯了的書蟲。

〔二〕羲畫：指伏羲所作畫八卦，可推測兇吉。

其三

休論寂寂〔一〕與惺惺〔二〕，不妄由來即性情。笑卻殷勤諸老子，翻從知見覓虛靈〔三〕。

【校注】

〔一〕寂寂：孤單寂靜的樣子。宋‧蘇軾《縱筆三首》其一：「寂寂東坡一病翁，白鬚蕭散滿霜風。」

〔二〕惺惺：清醒的樣子。唐‧杜甫《喜觀即到復題短篇》其二：「應論十年事，愁絕始惺惺。」宋‧陸游《不寐》：「困睫日中常欲閉，夜闌枕上卻惺惺。」

〔三〕虛靈：猶指心靈。宋‧朱熹《朱子語類》卷一百二十：「況羅先生於靜坐觀之，乃其思慮未萌，虛靈不昧。」明‧王守仁《傳習錄》卷下：「朱本思問：『人有虛靈，方有良知，若草木瓦石之類，亦有良知否？』」

其四

道本無為只在人，自行自住豈須鄰？坐中便是天台〔一〕路，不用漁

郎更問津〔二〕。

【校注】

〔一〕天台：指天台山，在今浙江天台縣北。道教曾以天台為南岳衡山之佐理，佛
　　　教天台宗亦發源於此。相傳漢劉晨、阮肇入此山採藥遇仙。

〔二〕問津：典出《論語・微子》：「長沮、桀溺耦而耕，孔子過之，使子路問津焉。」
　　　宋・陸游《郊行》：「桐君山路無多遠，元自知津莫問津。」

白灣〔一〕六章

　　宗巖文先生居白浦之灣，四方學者稱曰白浦先生，而不敢以姓字。
某素高先生，又辱為之僚，因為書「白灣」二字，並詩以詠之。

【編年】

　　此組詩正德六年（1511）作於京師。

【校注】

〔一〕白灣：據束景南《王陽明年譜長編》：「白浦之灣、白灣即白河之灣（今白河
　　　其地猶有白灣，為國家濕地）。《天府廣記》：『白河，源出邊外，經密雲縣霧
　　　靈山，為潮河川，而富河、罾口河、七渡河、桑乾河、三里河俱於此會，名
　　　白河。南流經通州、合通惠及榆渾諸河至張家灣，總名曰潞河。』」〔註3〕

　　其一
　　浦〔一〕之灣〔二〕，其白漫漫〔三〕。彼美君子，在水之盤〔四〕。

【校注】

〔一〕浦：水邊，河岸。《詩經・大雅・常武》：「率彼淮浦，省此徐土。」毛傳：「浦，
　　　涯也。」

〔二〕灣：水流彎曲處。北周・庾信《望渭水》：「樹似新亭岸，沙如龍尾灣。」

〔三〕漫漫：指水面遍佈寬廣，一望無際的樣子。《管子・四時》：「五漫漫，六惛惛，
　　　孰知之哉！」唐・尹知章注：「漫漫，曠遠貌。」

〔四〕盤：盤曲，指河水盤延彎曲處。

　　其二
　　灣之浦，其白彌彌〔一〕。彼美君子，在水之涘〔二〕。

〔註 3〕束景南《王陽明年譜長編》，第 632 頁。

【校注】

〔一〕彌彌：指水多快要滿溢的狀態。宋·黃庭堅《放言》其五：「羅網翳稻粱，江湖水彌彌。」

〔二〕涘：水邊。《詩經·秦風·蒹葭》：「所謂伊人，在水之涘。」

其三

雲之溶溶〔一〕，於灣之湄〔二〕。君子於處，民以為期。

【校注】

〔一〕溶溶：形容雲明淨潔白的樣子。

〔二〕湄：指水草相接的岸邊。《詩經·秦風·蒹葭》：「所謂伊人，在水之湄。」唐·孔穎達疏：「謂水草交際之處，水之岸也。」

其四

雲之油油〔一〕，於灣之委〔二〕。君子於興，施及四海。

【校注】

〔一〕油油：指雲在天空飄動的樣子。《史記·司馬相如列傳》：「自我天覆，雲之油油。」裴駰集解引《漢書音義》：「油油，雲行貌。」

〔二〕委：水流所聚之處。《禮記·學記》：「三王之祭川也，皆先河而後海，或源也，或委也，此之謂務本。」漢·鄭玄注：「委，流所聚也。」

其五

白灣之渚〔一〕，於遊以處。彼美君子兮，可以容與〔二〕。

【校注】

〔一〕渚：水中小塊陸地水中小塊陸地。《詩經·召南·江有汜》：「江有渚。」毛傳：「渚，小洲也。」

〔二〕容與：從容閒舒的樣子。《楚辭·九歌·湘夫人》：「時不可兮驟得，聊逍遙兮容與。」

其六

白灣之洋〔一〕，於濯〔二〕以湘。彼美君子兮，可以徜徉。

【校注】

〔一〕洋：洋洋之義，盛大廣闊的樣子。《詩經·衛風·碩人》：「河水洋洋，北流活

活。」毛傳：「洋洋，盛大也。」

〔二〕濯：洗滌。《詩經·大雅·泂酌》：「泂酌彼行潦，挹彼注茲，可以濯罍。」毛傳：「濯，滌也。」

寄隱巖

每逢山水地，便有卜居〔一〕心。終歲風塵裏，何年滄海潯〔二〕？洞寒泉滴細，花暝石房深。青壁須留姓，他時好共尋。

【編年】

此組詩正德六年（1511）作於京師。

【校注】

〔一〕卜居：謂以占卜擇定建都之地。唐·竇常《任武陵寒食日次松滋渡先寄劉員外》：「幸得佳山當郡舍，在朝常詠卜居篇。」

〔二〕潯：水邊。《淮南子·原道訓》：「故雖游於江潯海裔，馳要褭，建翠蓋。」漢·枚乘〈七發〉：「游涉乎雲林，周馳乎蘭澤，弭節乎江潯。」唐·李善注引《字林》：「潯，水涯也。」

香山〔一〕次韻

尋山到山寺，得意〔二〕卻忘山。巖樹坐來靜，壁蘿〔三〕春自閒。樓臺星斗上，鐘磬翠微〔四〕間。頓息塵寰〔五〕念，清溪踏月還。

【編年】

此組詩正德七年（1512）作於京師香山。

【校注】

〔一〕香山：束景南《王陽明年譜長編》引《天府廣記》卷三十五：「香山，在碧雲南二里許，有永安寺，舊名甘露。……中有古道場曰香山，上有二大石，狀如香爐、蝦蟆。」〔註4〕

〔二〕得意：領會旨趣。《莊子·外物》：「言者所以在意，得意而忘言。」

〔三〕壁蘿：山壁上的藤蘿。

〔四〕翠微：指青翠掩映的山腰幽深處。唐·李白《贈秋浦柳少府》：「搖筆望白雲，開簾當翠微。」

〔註 4〕束景南《王陽明年譜長編》，第 642 頁。

〔五〕塵寰：指人世間。唐·權德輿《送李城門罷官歸嵩陽》：「歸去塵寰外，春山桂樹叢。」

【著錄】

明·曹學佺編《石倉歷代詩選》卷四百五十五著錄此詩；明·劉侗撰《帝京景物略》卷六著錄此詩，題為《香山》；明·沈應文撰《萬曆順天府志》卷六、清·陳田輯《明詩紀事》丁籤卷十三、清·彭孫貽輯《明詩鈔》卷九著錄此詩。

夜宿香山林宗師房次韻二首

【編年】

此組詩正德七年（1512）作於京師香山。

其一

幽壑來尋物外情，石門〔一〕遙指白雲生。林間伐木時聞響，谷口〔二〕逢僧不記名。天壁〔三〕倒涵湖月曉，煙梯高接緯階平。松堂靜夜渾無寐，到枕風泉處處聲。

【校注】

〔一〕石門：借指賢者。漢·焦贛《易林·革之旅》：「石門晨開，荷蕡疾貧，遁世隱居，竟不逢時。」

〔二〕谷口：山谷的出入口。唐·王維《歸輞川作》：「谷口疏鐘動，漁樵稍欲稀。」

〔三〕天壁：高聳入天的崖壁，極言山崖峭壁之高。唐·宋之問《初至崖口詩》：「崖口眾山斷，嶔崟聳天壁。」唐·杜甫《上白帝城》：「城峻隨天壁，樓高望女牆。」清·仇兆鰲注：「天壁，謂壁高插天。」

【著錄】

明·曹學佺編《石倉歷代詩選》卷四百五十五、清·彭孫貽輯《明詩鈔》卷九、清·張豫章輯《四朝詩》卷七十八、清·李衛修《雍正畿輔通志》卷一百十九、明·劉侗撰《帝京景物略》卷六著錄此詩。

其二

久落泥塗惹世情〔一〕，紫崖〔二〕丹壑〔三〕是平生。養真〔四〕無力常懷靜，竊祿〔五〕未歸羞問名。樹隱洞泉穿石細，雲回溪路人花平。道人只住層蘿上，明月峰頭有磬聲。

【校注】

〔一〕世情：世態人情。晉・陶潛《辛丑歲七月赴假還江陵夜行塗口詩》：「詩書敦
宿好，林園無世情。」

〔二〕紫崖：唐・杜甫《雨四首》其一：「紫崖奔處黑，白鳥去邊明。」

〔三〕丹壑：唐・李白《口號贈徵君鴻》：「雲臥留丹壑，天書降紫泥。」

〔四〕養真：修養、保持本性。晉・夏侯湛《抵疑》：「方將保重嗇神，獨善其身，
玄白沖虛，仡爾養真。」唐・孟郊《寄張籍》：「天子咫尺不得見，不如閉眼
且養真。」

〔五〕竊祿：猶言無功受祿，多用於自謙。唐・杜荀鶴《自敘》：「寧為宇宙閒吟客，
怕作乾坤竊祿人。」

別湛甘泉二首

【編年】

湛若水《泉翁大全集》卷五十三《交南賦》：「予奉命往封安南國王
暊，正德七年二月七日出京。」陽明此組詩當於正德七年（1512）作於
京師。

其一

行子〔一〕朝欲發，驅車〔二〕不得留。驅車下長阪〔三〕，顧見〔四〕城
東樓。遠別情已慘，況此艱難秋！分手訣河梁，涕下不可收。車行望漸
杳，飛埃越層丘。遲回歧路〔五〕側，孰知我心憂！

【校注】

〔一〕行子：出行的遊子。南朝・宋・鮑照《代東門行》：「野風吹草木，行子心腸
斷。」

〔二〕驅車：駕駛車輛。《古詩十九首・青青河畔草》：「驅車策駑馬，遊戲宛與洛。」
南朝・宋・顏延之《秋胡詩》：「驅車出郊郭，行路正威遲。」

〔三〕長阪：猶高坡。漢・司馬相如《哀二世賦》：「登陂陁之長阪兮，坌入曾宮之
嵯峨。」南朝・齊・陸厥《奉答內兄希叔》：「駿足思長阪，柴車畏危轍。」

〔四〕顧見：回頭望見。

〔五〕歧路：分岔路口，此處指分別的路口。唐・王勃《杜少府之任蜀州》：「無為
在歧路，兒女共霑巾。」

【著錄】

明・曹學佺編《石倉歷代詩選》卷四百五十五、清・聖祖玄燁《御選宋金元明四朝詩》卷二十三、清・張豫章輯《四朝詩》卷二十三、清・朱彝尊編《明詩綜》卷三十二著錄此詩。

其二

我心憂以傷，君去阻且長。一別豈得已？母老思所將。奉命危難際，流俗〔一〕反猜量〔二〕。黃鵠〔三〕萬里逝，豈伊〔四〕為稻粱〔五〕？棟火〔六〕及毛羽，燕雀猶棲堂。跳梁〔七〕多不測，君行戒〔八〕前途。達命諒何滯，將母能忘虞。安居尤阽攬〔九〕，關路非歧嶇。令德崇易簡〔十〕，可以知險阻。結茆〔十一〕湖水陰，幽期〔十二〕終不忘。伊爾得相就，我心亦何傷！世艱變倏忽，人命非可常。斯文天未墜〔十三〕，別短會日長。南寺春月夜，風泉閒竹房。逢僧或停楫，先掃白雲床。

【校注】

〔一〕流俗：指世間平庸的人。《漢書・司馬遷傳》：「僕之先人非有剖符丹書之功，文史星曆近乎卜祝之間，固主上所戲弄，倡優畜之，流俗之所輕也。」

〔二〕猜量：猶猜疑、猜忌。

〔三〕黃鵠：比喻高才賢士，此處喻指湛甘泉。戰國・屈原〈卜居〉：「寧與黃鵠比翼乎？將與雞鶩爭食乎？」漢・劉良注：「黃鵠，喻逸士也。」唐・韓愈《南山有高樹行贈李宗閔》：「黃鵠據其高，眾鳥接其卑。」錢仲聯集釋引陳沆曰：「黃鵠謂元稹、李紳也。」

〔四〕豈伊：難道。伊，助詞無實義。《詩經・小雅・頍弁》：「豈伊異人，兄弟匪他。」唐・李白《贈崔司戶文昆季》：「豈伊箕山故，特以風期親。」

〔五〕稻粱：即指稻粱謀，本指禽鳥尋覓食物，後多用以比喻人謀求衣食。唐・杜甫《同諸公登慈恩寺塔》：「君看隨陽雁，各有稻粱謀。」

〔六〕棟火：指房屋失火。宋・仇遠《西廟古檜和卞南仲韻》：「二檜棟梁物，俱逐劫火移。」

〔七〕跳梁：形容猖狂搗亂而沒有多大能耐的醜惡之徒。

〔八〕戒：警戒、鑒戒。《周易・萃卦》：「君子以除戎器，戒不虞。」唐・孔穎達疏：「修治戎器，以戒備不虞也。」《詩經・小雅・采薇》：「豈不日戒，玁狁孔棘。」漢・鄭玄箋：「豈不日相警戒乎？」

〔九〕阱擭：捕捉野獸的陷阱裝置。《周禮・秋官・冥氏》：「為阱擭以攻猛獸。」

〔十〕易簡：平易簡約。《周易・繫辭上》：「易則易知，簡則易從……易簡而天下之理得矣。」

〔十一〕結茆：謂建造簡陋的屋舍。南朝・宋・鮑照《觀圃人藝植詩》：「抱鍤壟上餐，結茅野中宿。」宋・蘇軾《新居》：「結茅得茲地，翳翳村巷永。」

〔十二〕幽期：謂隱逸之期約。南朝・宋・謝靈運〈富春渚〉詩：「平生協幽期，淪躓困微弱。」唐・呂延濟注：「往時已有幽隱之期，但以沉頓，困於微弱，常不能就。」

〔十三〕斯文天未墜：《論語・子罕》：「天之將喪斯文也，後死者不得與於斯文也。」指禮樂教化、典章制度依然後繼有人，可以大行其道。

贈別黃宗賢

古人戒從惡，今人戒從善。從惡乃同污，從善翻滋怨。紛紛嫉媢〔一〕興，指謫相非訕〔二〕。自非篤信士，依違多背面。寧知竟漂流，淪胥〔三〕亦污賤。卓哉汪陂子〔四〕，奮身勇厥踐。拂衣還舊山，霧隱期豹變〔五〕。嗟嗟〔六〕吾黨賢，白黑〔七〕匪難辯！

【編年】

此組詩正德七年（1512）作於京師。

【校注】

〔一〕嫉媢：妒忌、嫉恨。明・黃綰《明道篇》卷一：「所以猜忌日深，嫉媢日盛，人無以自立。」

〔二〕指謫相非訕：人與人之間相互攻訐批判。指謫，攻訐、批評。非，否定別人。訕，譏諷、嘲笑。

〔三〕淪胥：相率牽連。《詩經・小雅・雨無正》：「若此無罪，淪胥以鋪。」毛傳：「淪，率也。」漢・鄭玄箋：「胥，相鋪遍也。言王使此無罪者見率率相引而遍得罪也。」

〔四〕汪陂子：疑為汪俊。

〔五〕霧隱期豹變：如豹紋那樣發生顯著的變化。幼豹長大退毛，然後疏朗煥散，其毛光澤有紋彩。《周易・革卦》：「上六，君子豹變，其文蔚也。」唐・孔穎達疏：「上六居『革』之終，變道已成，君子處之，雖不能同九五革命創制，如虎文之彪炳，然亦潤色鴻業，如豹文之蔚縟。」宋・程頤傳：「君子從化遷

善，成文彬蔚，章見於外也。」此處比喻韜光養晦。

〔六〕嗟嗟：嘆詞。表示讚美。《詩經・商頌・烈祖》：「嗟嗟烈祖，有秩斯祜。」漢・
鄭玄箋：「重言嗟嗟，美嘆之深。」

〔七〕白黑：比喻是非、善惡、賢愚、清濁等相反的人或事物。《史記・太史公自序》：
「賢不肖自分，白黑乃形。」《漢書・王莽傳中》：「群縣賦斂，遞相賕賂，白
黑紛然。」唐・顏師古注：「白黑，謂清濁也。」《後漢書・馮衍傳上》：「省
群議之是非，詳眾士之白黑。」唐・李賢注：「白黑，猶賢愚也。」唐・杜甫
《兩當縣吳中侍御江上宅》：「不忍殺無辜，所以分白黑。」

歸越詩五首

正德壬申年陞南京太僕寺少卿，便道歸越作。

四明觀白水二首

【編年】

此組詩正德八年（1513）作於浙江四明山。錢德洪《王陽明年譜》記載：「五月終，與愛數友期候黃綰不至，乃從從上虞入四明，觀白水，尋龍溪之源；登雪竇，上千丈巖，以望天姥、華頂；欲遂從奉化取道赤城。」〔註1〕

四明，即指四明山。《雍正浙江通志》卷一：「四明山，在鄞縣西南百五十里。由天台山發脈，東北湧為二百八十峰，中三十六峰。周回八百餘里，綿亘鄞、奉、慈三邑及紹興之餘姚、上虞、嵊台之寧海諸境。上有石窗，四面玲瓏，望之如牖，中通日月星宿之光，故曰四明。」

白水，即指白水山。《雍正浙江通志》卷十五：「白水山，名勝志為西四明，在縣西南六十里，山壁峭立，有泉四十二道，投空而下，是曰白水。白水宮在其下。」

其一

邑南富〔一〕巖壑，白水尤奇觀；興來每思往，十年就茲觀。停驂指絕壁，涉澗緣危蟠〔二〕。百源〔三〕旱方歇，雲際猶飛湍。霏霏灑林薄，漠漠凝風寒。前聞若未愜，仰視終莫攀。石陰暑氣薄，流觸溯回瀾。茲

〔註 1〕束景南《王陽明年譜長編》，第 704 頁。

遊詎盤樂〔四〕？養靜意所關。逝者諒如斯，哀此歲月殘。擇幽雖得所，避時時猶難。劉樊〔五〕古方外，感慨有餘歎。

【校注】

〔一〕富：豐厚、多。此處指山水景色頗多。

〔二〕涉澗緣危蟠：沿著危險的河澗渡過河水。蟠，周。《春秋文曜鉤》：「楚立唐氏以為史官，有雲如蜺，圍軫七蟠。」漢・宋均注：「蟠，猶周也。」

〔三〕百源：即眾水之源。《禮記・月令》：「（仲夏之月）命有司為民祈祀山川百源。」漢・鄭玄注：「眾水始所出為百源。」宋・蘇轍《沂潮》其二：「初來似欲傾滄海，正滿真能倒百源。」

〔四〕盤樂：遊樂。《漢書・五行志》：「臨事盤樂，炕陽之意。」三國・魏・何晏〈景福殿賦〉：「亦所以省風助教，豈惟盤樂而崇侈靡？」唐・呂向注：「豈徒遊樂而尚其奢侈乎！」南朝・宋・鮑照《河清頌》：「讌無留飲，敗不盤樂。」

〔五〕劉樊：指劉綱與其妻樊雲翹。晉・葛洪《神仙傳》卷六：「劉綱者，上虞縣令也。與妻樊夫人俱得道術，二人俱坐林上，綱作火燒屋從東邊起，夫人作雨從西邊上火滅。樊夫人者，劉綱之妻也。綱字伯鸞，仕為上虞令，亦有道術，能檄召鬼神，禁制變化之道，亦潛修密證，人莫能知。……與夫人入四明山，路值虎，以面向地，不敢仰視夫人，以繩虎牽歸，繫於床腳下。綱每共試術事，事不勝，將昇天縣廳側。先有大皂莢樹，綱昇樹數丈力能飛舉，夫人即平坐床上，冉冉如雲氣之舉，同昇天而去矣。」唐・白居易《酬贈李煉師見招》：「劉綱有婦仙同得，伯道無兒累更輕。」

【著錄】

明・曹學佺編《石倉歷代詩選》卷四百五十五、明・張元忭撰《萬曆紹興府志》卷四著錄此詩。

其二

千丈飛流舞白鷺，碧潭倒影鏡中看。藤蘿半壁雲煙濕，殿角長年風雨寒。野性從來山水癖，直躬〔一〕更覺世途難。卜居斷擬如周叔〔二〕，高臥無勞比謝安〔三〕。

【校注】

〔一〕直躬：以直道立身，《論語・子路》：「吾黨有直躬者，其父攘羊，而子證之。」

魏・何晏集解引孔安國曰：「直躬，直身而行也。」唐・錢起《長安旅宿》：「直躬遺世道，咫步隔天闕。」

〔二〕周叔：即周敦頤，曾築室廬山蓮花峰下的小溪上，取營道故居濂溪以名之，後人遂稱為濂溪先生。

〔三〕謝安：字安石，晉陽夏人。少有重名，徵辟皆不就，隱居東山，年四十餘，始出為桓州司馬。淝水之戰任征討大都督，指導策劃，克敵有功，累官至太保，卒贈太傅，故世稱「謝太傅」。唐・杜甫《奉酬嚴公寄題野亭之作》：「謝安不倦登臨興，阮籍焉知禮法疏。」

【著錄】

明・張元忭撰《萬曆紹興府志》卷四著錄此詩。

杖錫道中用張憲使韻

山鳥歡呼欲問名，山花含笑似相迎〔一〕。風回碧樹秋聲早，雨過丹巖夕照明。雪嶺插天開玉帳〔二〕，雲溪環碧抱金城〔三〕。懸燈夜宿茅堂靜，洞鶴林僧相對清。

【編年】

此組詩正德八年（1513）作於杖錫山。《雍正浙江通志》：「杖錫山，《成化四明郡志》：『在縣西南一百二十里，前有七峰，上有四明山，心四漢隸字，唐僧紀飛錫至此，故名。』」

【校注】

〔一〕此句暗合宋・郭正祥《醉石》：「山花謾相笑，山鳥徒相呼。」

〔二〕玉帳：玉飾之帳。晉・王嘉《拾遺記・周穆王》：「西王母乘翠鳳之輦而來……共玉帳高會。」

〔三〕金城：固若金湯的城池。

【著錄】

明・曹學佺編《石倉歷代詩選》卷四百五十五著錄此詩。

又用曰仁〔一〕韻

每逢佳處問山名，風景依稀過眼生。歸霧忽連千嶂暝，夕陽偏放一溪晴〔二〕。晚投巖寺依雲宿，靜愛楓林送雨聲。夜久披衣還起坐，不禁

風月照人清。

【編年】

此組詩正德八年（1513）作於杖錫山。

【校注】

〔一〕曰仁：即徐愛。《明史・徐愛傳》：「徐愛，字曰仁，餘姚人，王守仁妹婿也。正德二年，守仁被謫，歸。愛與山陰蔡宗袞、朱節從之問學，有省，遂執業為弟子，其秋三人並舉於鄉。」

〔二〕此句化用唐・齊己《聞尚顏上人剗居有寄》：「窗臨杳靄寒千嶂，枕遍潺湲月一溪。」

【著錄】

明・曹學佺編《石倉歷代詩選》卷四百五十五著錄此詩。

書杖錫寺

杖錫青冥端，澗壁環天險。垂巖下陡壑，涉水攀絕巘。溪深聽喧瀑，路絕駭危棧。捫〔一〕蘿登峻極，披翳〔二〕見平衍〔三〕。僧逋寄孤衲，守廢遺荒殿。傷茲窮僻墟，曾未誅求免。探幽冀累息〔四〕，憤時翻意慘。拯援〔五〕才已疏，棲遲心益眷。哀猿嘯春嶂，懸燈宿西崦〔六〕。誅茆竟何時？白雲愧舒卷。

【編年】

此組詩正德八年（1513）作於杖錫寺。

【校注】

〔一〕捫：攀、挽。南朝・宋・謝靈運《石門新營所住四面高山回溪石瀨茂林修竹》：「苔滑誰能步，葛弱豈可捫。」

〔二〕披翳：撥開雲霧，此處指雲霧消散而去。

〔三〕平衍：指地勢平坦、寬廣。漢・張衡《南都賦》：「上平衍而曠蕩，下蒙籠而崎嶇。」

〔四〕累息：長歎。漢・劉向〈九歎・愍世〉：「立江界而長吟兮，愁哀哀而累息。」漢・王逸注：「言己還入大江之界，遠望長吟，心中悲歎而太息，哀不遇也。」

〔五〕拯援：拯救。濟世濟民之心。

〔六〕西崦：泛指西山，也指太陽落山處。宋・蘇軾《新城道中》：「西崦人家應最

樂，煮芹燒筍餉春耕。」

【著錄】

明・曹學佺編《石倉歷代詩選》卷四百五十五著錄此詩。

滁州詩三十六首

正德癸酉年到太僕寺作。

梧桐江用韻

　　鳳鳥久不至〔一〕，梧桐生高岡〔二〕。我來竟日坐，清陰灑衣裳。援琴俯流水，調短意苦長。遺音滿空谷，隨風遞悠揚。人生貴自得，外慕非所臧〔三〕。顏子豈忘世〔四〕？仲尼固遑遑〔五〕。已矣復何事，吾道歸滄浪。

【編年】

　　此組詩正德八年（1513）作於安徽滁州。

　　據束景南《王陽明年譜長編》：「此詩據詩意乃詠高岡梧桐，故題『梧桐江用韻』當是『梧桐用江韻』或『梧桐岡用韻』之誤（按：滁州並無梧桐江）。梧桐岡在龍潭，故《南滁會景編》卷二著錄此詩，題作《坐龍潭梧桐岡用韻》，蓋此詩亦為龍潭靜坐之詠也。」〔註1〕

【校注】

　〔一〕鳳鳥久不至：《論語·子罕》：「鳳鳥不至，河不出圖，吾已矣夫。」

　〔二〕梧桐生高岡：《詩經·大雅·卷阿》：「鳳凰鳴矣，於彼高岡。梧桐生矣，於彼朝陽。」唐·孔穎達疏：「梧桐可以為琴瑟。」唐·韓愈《岐山下》其一：「昔周有盛德，此鳥鳴高岡。」

　〔三〕臧：善、好。《尚書·盤庚上》：「邦之臧，惟女眾；邦之不臧，惟予一人有佚

〔註1〕束景南《王陽明年譜長編》，第724～725頁。

罰。」《詩經・邶風・雄雉》：「不忮不求，何用不臧？」毛傳：「臧，善也。」

〔四〕忘世：忘卻世情。宋・辛棄疾《鷓鴣天・戊午拜復職奉祠之命》：「此身忘世渾容易，使世相忘卻自難。」

〔五〕遑遑：驚恐匆忙，心神不定。《列子・楊朱》：「遑遑爾競一時之虛譽，規死後之餘榮；偊偊爾慎耳目之觀聽，惜身意之是非。」晉・陶潛《歸去來兮辭》：「曷不委心任去留，胡為乎遑遑欲何之？」

林間睡起

林間盡日〔一〕掃花眠，只是官閒愧俸錢。門徑不妨春草合，齋居長對晚山妍。每疑方朔〔二〕非真隱〔三〕，始信揚雄〔四〕誤太玄〔五〕。混世亦能隨地得，野情終是愛丘園〔六〕。

【編年】

此組詩正德七年（1512）作於京師。

【校注】

〔一〕盡日：猶終日，整天。《淮南子・氾論訓》：「盡日極慮而無益於治，勞形竭智而無補於主。」唐・鄭璧《奉和陸魯望白菊》：「終朝疑笑梁王雪，盡日慵飛蜀帝魂。」

〔二〕方朔：即東方朔。《漢書》卷六十五《東方朔傳》：「東方朔，字曼倩，平原厭次人也。」

〔三〕真隱：真正的隱者。唐・杜甫《獨酌》：「薄劣慚真隱，幽偏得自怡。」

〔四〕揚雄：《漢書》卷五十七《揚雄傳》：「揚雄，字子雲，蜀郡成都人也。其先出自有周伯僑者，以支庶初食采於晉之揚，因氏焉。」

〔五〕太玄：即揚雄撰《太玄經》，將源於老子之道的玄作為最高範疇，並在構築宇宙生成圖式、探索事物發展規律時以玄為中心思想。

〔六〕丘園：鄉村，指隱逸之所。《周易・賁卦》：「六五，賁於丘園，束帛戔戔。」魏晉・王肅注：「失位無應，隱處丘園。」唐・孔穎達疏：「丘謂丘墟，園謂園圃。唯草木所生，是質素之所。

贈熊彰〔一〕歸

門徑荒涼蔓草生，相求深愧遠來情。千年絕學〔二〕蒙塵土，何處澄江無月明〔三〕？坐看遠山凝暮色，忽驚廢葉起秋聲。歸途望嶽多幽興，

為問山田待耦耕〔四〕。

【編年】

此詩正德八年（1513）作於赴滁州之任時。據束景南《王陽明年譜長編》考證，將此詩歸入滁州詩，謂「正德癸酉年到太僕寺作」，顯誤。按陽明正德八年冬十月到滁，次年四月即離滁陞南京鴻臚寺卿。此詩云「忽驚廢葉起秋聲」，作在秋九月，尚未赴滁州。〔註 2〕

【校注】

〔一〕熊彰：《雍正江西通志》卷五十四：「正德五年庚午鄉試：熊彰，豐城人，湖廣中式知縣。」

〔二〕絕學：失傳的學問。宋·朱熹《近思錄》卷二：「為去聖繼絕學，為萬世開太平。」

〔三〕何處澄江無月明：化用唐人張若虛《春江花月夜》：「何處春江無月明。」

〔四〕耦耕：指二人並耕，此處指從事農事。《禮記·月令》：「命農計耦耕事，脩耒耜，具田器。」晉·陶潛《辛丑歲七月赴假還江陵夜行塗口》：「商歌非吾事，依依在耦耕。」

【著錄】

明·曹學佺編《石倉歷代詩選》卷四百五十五著錄此詩。

別易仲〔一〕

辰州劉易仲從予滁陽，一日問：「道可言乎？」予曰：「啞子吃苦瓜，與你說不得。爾要知我苦，還須你自吃。」易仲省然有悟。久之辭歸，別以詩。

迢遞滁山春，子行亦何遠。累然良苦心，惝恍不遑飯。至道不外得，一悟失群暗。秋風洞庭波，遊子歸已晚。結蘭意方勤，寸草心先斷。末學〔二〕久仳離〔三〕，頹波竟誰挽？歸哉念流光，一逝不復返。

【編年】

此組詩正德九年（1514）作於滁州。據束景南《王陽明年譜長編》：「劉觀時歸辰州，有詩送之。」〔註 3〕

〔註 2〕束景南《王陽明年譜長編》，第 715 頁。
〔註 3〕束景南《王陽明年譜長編》，第 735 頁。

【校注】

〔一〕易仲：即劉觀時。《光緒湖南通志》卷一百七十二《人物志》十三：「劉觀時，字易仲，沅陵諸生。性剛直，澹於勢利。正德中，王守仁講學虎溪觀時，與同郡盧溪、吳鶴同稱，及門高弟，守仁作《健齋說》遺之，學者稱沙溪先生。」

〔二〕末學：膚淺無本之學，此處作自謙之詞。《莊子・天道》：「本在於上，末在於下。要在於主，詳在於臣。三軍五兵之運，德之末也；賞罰利害，五刑之辟，教之末也；禮法度數，形名比詳，治之末也；鐘鼓之音，羽旄之容，樂之末也；哭泣衰絰，隆殺之服，哀之末也。此五末者，須精神之運，心術之動，然後從之者也。末學者，古人有之，而非所以先也。」唐・成玄英疏：「先，本也。五末之學，中古有之，事涉澆偽，終非根本也。」

〔三〕仳離：別離、分離，被拋棄。《詩經・王風・中谷有蓷》：「有女仳離，慨其歎矣。」漢・鄭玄箋：「有女遇凶年而見棄，與其君子別離。」詩中引申為指聖學不顯，後繼無人。

送守中〔一〕至龍盤山〔二〕中

　　未盡師生六日情，天教風雪阻西行。茅堂豈有春風坐，江郭〔三〕虛留一月程。客邸〔四〕琴書燈火靜，故園風竹夢魂清。何年穩閉陽明洞，榾柮〔五〕山爐煮石羹。

【編年】

　　此組詩正德九年（1514）作於滁州。據束景南《王陽明年譜長編》：「朱節赴南宮試，蔡宗兗因疾歸山陰，皆有詩送行。」〔註4〕

【校注】

〔一〕守中：即朱節。《明史・儒林傳・朱節傳》：「朱節，字守中，正德八年進士。為御史巡按山東，大盜起，顏神鎮蔓州縣十數，驅馳戎馬間，以勞卒，贈光祿少卿。」《道光濟南府志》卷三十五：「朱節，字守中，浙江山陰人，進士。嘉靖二年，以御史巡按山東，時兵旱相仍礦賊竊發，節自部署軍士，身自督戰，一鼓擒賊，山東蕩平，竟以勞疾。卒於官，民感痛，如喪父母，贈大理寺少卿，祀名宦。」

〔二〕龍盤山：《嘉靖山東通志》卷五：「龍盤山，在章丘縣南一十八里。」

〔註4〕束景南《王陽明年譜長編》，第734頁。

〔三〕江郭：瀕江的城郭。唐・元稹《酬樂天東南行詩一百韻》：「江郭船添店，山城木豎郛。」

〔四〕客邸：旅舍。唐・唐彥謙《寄友》其一：「別來客邸空翹首，細雨春風憶往年。」

〔五〕榾柮：木柴塊，樹根疙瘩，可作燃料。宋・陸游《霜夜》其二：「榾柮燒殘地爐冷，喔咿聲斷天窗明。」

【著錄】

明・曹學佺編《石倉歷代詩選》卷四百五十五著錄此詩。

龍蟠山〔一〕中用韻

無奈青山處處情，村沽〔二〕日日辦山行。真慚廩食〔三〕虛官守，只把山遊作課程。谷口亂雲隨騎遠，林間飛雪點衣輕。長思淡泊還真性，世味年來久絮羹〔四〕。

【編年】

此組詩正德九年（1514）作於滁州。

【校注】

〔一〕龍蟠山：《光緒重修安徽通志》卷三十一：「龍蟠山，州南十三里。山皆峭壁，立石為門，上有虎跑泉、桃花澗、偃月洞，洞側多名賢題詠石刻。」

〔二〕村沽：也作村酤，即村酒。宋・蘇轍《文氏外孫入村收麥》：「急炊大餅償飢乏，多博村酤勞苦辛。」宋・陸游《春晚雜興》之四：「山茗封青箬，村酤坼赤泥。」

〔三〕廩食：公家供給口糧，指為官所得的俸祿。

〔四〕絮羹：加鹽、梅於羹中以調味。《禮記・曲禮上》：「毋絮羹。」漢・鄭玄注：「絮，猶調也。」唐・孔穎達疏：「毋絮羹者，絮謂就食器中調和鹽梅也。若得主人羹，更於器中調和，是嫌主人食味惡也。」

【著錄】

明・曹學佺編《石倉歷代詩選》卷四百五十五著錄此詩。

瑯琊山〔一〕中三首

【編年】

此組詩正德九年（1514）作於滁州。據束景南《王陽明年譜長編》：「陽

明《瑯琊題名》:『正德癸酉冬旱,滁人惶惶。迺正月乙丑雪,丁卯大雪。太僕少卿、白灣文宗嚴森與陽明子王守仁,同登龍潭之峰以望。再明日霽,又登瑯琊之峰以望,又登豐山之峰以望。見金陵、鳳陽諸山皆白,喜是雪之被廣矣。迴臨日觀,探月洞,憩了了堂。風日融麗,泉潝鳥嚶,意與殊適。門人蔡宗兗、朱節輩二十有八人壺榼攜至,遂下飲庶子泉上,及暮既醉,皆充然有得,相與盥濯,詠歌而歸,庶幾浴沂之風焉。』(《南滁會景編》卷八,陽明文集失載)」〔註5〕

【校注】

〔一〕瑯琊山:位於安徽省滁州市西南。《光緒重修安徽通志》卷三十一:「瑯琊山,州南十里,元和志晉伐吳,命瑯琊王伷山塗中駐此,故名。崔祐甫寶應寺碑,晉元帝初為瑯琊王,避難回翔之地。王禹偁云:『元帝以瑯琊王渡江,嘗駐此山,故溪山皆有瑯琊之號。』山谷深七八里,下有瑯琊溪,謂之釀泉。唐大歷中,刺史李幼卿始鑿石引泉,作禪室琴臺,賦詩刻石。及宋王、歐二守相繼賞詠而名益著,有瑯琊洞、歸雲洞、明月溪紫微白龍六一庶子諸泉,其南阜曰雞頭山。」

其一

草堂寄放瑯琊間,溪鹿巖僧且共閒。冰雪能回草木死,春風不化山石頑。六經散地莫收拾,叢棘被道誰刊刪〔一〕?已矣驅馳二三子,鳳圖不出吾將還〔二〕。

【校注】

〔一〕此句詩是比喻異端邪說充斥於六經之中,就像荊棘雜草佈滿道路沒人修剪一樣。

〔二〕鳳圖不出吾將還:典出《論語·子罕》:「鳳鳥不至,河不出圖,吾已矣夫。」

其二

狂歌莫笑酒杯增,異境人間得未曾。絕壁倒翻銀海浪,遠山真作玉龍騰。浮雲野思春前動,虛室清香靜後凝。懶拙〔一〕惟餘林壑計,伐檀〔二〕長自愧無能。

【校注】

〔一〕懶拙：多表示不汲汲於功名富貴，藏拙自適。唐・杜甫《發秦州》：「我衰更懶拙，生事不自謀。」宋・蘇軾《送岑著作》：「而我懶拙病，不受砭藥除。」

〔二〕伐檀：《詩・魏風》篇名。其序云：「《伐檀》，刺貪也。在位貪鄙，無功而受祿，君子不得進仕爾。」後因以「伐檀」為譏刺貪鄙者尸位素餐而賢者不得仕進的典故。

其三

風景山中雪後增，看山雪後亦誰曾？隔溪巖犬迎人吠，飲澗飛猱踔〔一〕樹騰。歸騎林間燈火動，鳴鐘谷口暮光凝。塵踪正自韜籠在，一宿雲房尚未能。

【校注】

〔一〕踔：跳躍。唐・韓愈・孟郊《征蜀聯句》：「巖鉤踔狙猿，水漉雜鱣蝟。」

答朱汝德〔一〕用韻

東去蓬瀛〔二〕合有津，若為風雨動經旬。同來海岸登舟在，俱是塵寰〔三〕欲渡人。弱水〔四〕洪濤非世險，長年三老〔五〕定誰真。青鸞〔六〕眇眇無消息，悵望煙花又暮春。

【編年】

此組詩正德九年（1514）作於滁州。

【校注】

〔一〕朱汝德：即滁州士子朱勣。據束景南《王陽明年譜長編》：「朱勣，字汝德，指揮原中子。少從王陽明先生遊，涵養沉邃。」〔註6〕

〔二〕蓬瀛：蓬萊和瀛洲。神山名，相傳為仙人所居之處。晉・葛洪《抱朴子・對俗》：「或委華駟而轡蛟龍，或棄神州而宅蓬瀛。」唐・許敬宗《遊清都觀尋沈道士得清字》：「幽人蹈箕潁，方士訪蓬瀛。」

〔三〕塵寰：指人世間。唐・權德輿《送李城門罷官歸嵩陽》：「歸去塵寰外，春山桂樹叢。」

〔四〕弱水：古人往往認為是水弱不能載舟，人入水多溺亡，故多有古代神話傳說

〔註6〕束景南《王陽明年譜長編》，第726頁。

中險惡難渡的河海，稱弱水。《海內十洲記‧鳳麟洲》:「鳳麟洲在西海之中央，地方一千五百里，洲四面有弱水繞之，鴻毛不浮，不可越也。」宋‧蘇軾《金山妙高臺》:「蓬萊不可到，弱水三萬里。」

〔五〕長年三老:指柂工。唐‧杜甫《撥悶》:「長年三老遙憐汝，捩舵開頭捷有神。」清‧仇兆鰲注:「蔡注:『峽中以篙師為長年，舵工為三老。』邵注:『三老，捩船者，長年，開頭者。』」

〔六〕青鸞:即青鳥，借指傳送信息的使者。宋‧趙令畤《蝶戀花》:「廢寢忘餐思想遍。賴有青鸞，不必憑魚雁。」

送惟乾〔一〕二首

【編年】
此組詩正德九年（1514）作於滁州。

【校注】
〔一〕惟乾:即冀元亨。《明史‧冀元亨傳》:「冀元亨，字惟乾，武陵人。受業王守仁，以不欺為主。守仁知廬陵，往從之。舉正德十一年鄉試，復從守仁於贛。」

其一
獨見長年思避地〔一〕，相從千里欲移家〔二〕。慚予豈有萬間庇〔三〕，借爾剛餘一席沙。古洞幽期攀桂樹，春溪歸路問桃花。故人勞念還相慰，回雁新秋寄彩霞。

【校注】
〔一〕避地:猶言避世隱居。《後漢書‧郅惲傳》:「（郅惲）後坐事左轉芒長，又免歸，避地教授，著書八篇。」唐‧李賢注:「避地，謂隱遁也。」

〔二〕移家:搬家。唐‧白居易《移家》:「移家入新宅，罷郡有餘貲。」

〔三〕萬間庇:化用杜詩《茅屋為秋風所破歌》「安得廣廈千萬間，大庇天下寒士俱歡顏，風雨不動安如山」之義。宋‧劉過《慶周益公新府》:「能廣萬間庇寒士，定容駟馬向高閎。」

其二
簦笈〔一〕連年愧遠求，本來無物若為酬〔二〕。春城驛路聊相送，夜雪空山且復留。江浦雲開廬岳〔三〕曙，洞庭湖闊九疑〔四〕浮。懸知〔五〕

再鼓瀟湘〔六〕柁，應是芙蓉湘水〔七〕秋。

【校注】

〔一〕簦笈：指求學讀書的人隨身攜帶的雨傘和書箱。宋・劉弇《贈李子從三十韻》「負笈遊洙泗，擔簦往辟雍。」

〔二〕酬：報償。南朝・梁・任昉〈奉答敕示七夕詩啟〉：「謹輒率率庸陋，式酬天獎，拙速雖效，蟲鄙已影。」唐・劉良注：「酬，答也；獎，猶恩也。」

〔三〕廬岳：即廬山。前蜀・韋莊《洪州送西明寺省上人遊福建》：「遠自稽山遊楚澤，又從廬岳去閩川。」

〔四〕九疑：即九疑山。《山海經・海內經》：「南方蒼梧之丘，蒼梧之淵，其中有九嶷山，舜之所葬，在長沙・零陵界中。」晉・郭璞注：「其山九谿皆相似，故云『九疑』。」唐・李涉《寄荊娘寫真》：「蒼梧九疑在何處，斑斑竹淚連瀟湘。」

〔五〕懸知：怎知。北周・庾信《和趙王看伎》：「懸知曲不誤，無事畏周郎。」

〔六〕瀟湘：湘江與瀟水的並稱。唐・杜甫《憶昔行》：「更討衡陽董鍊師，南浮早鼓瀟湘柁。」

〔七〕湘水：即湘江。

別希顏〔一〕二首

【編年】

此組詩正德九年（1514）作於滁州。

【校注】

〔一〕希顏：即蔡宗兗。《萬曆紹興府志》卷三十三：「蔡宗兗，字希顏。初從新建學，卓有志操。掌教江西，主白鹿洞，後為提學僉事，與臺使不合，拂衣歸，風節凜凜。」

其一

中歲幽期亦幾人，是誰長負故山春？道情暗與物情化，世味爭如酒味醇。耶水〔一〕雲門〔二〕空舊隱，青鞋布襪定何晨〔三〕？童心〔四〕如故容顏改，慚愧年年草木新。

【校注】

〔一〕耶水：即若耶溪，也作耶溪。

〔二〕雲門：山名。在浙江紹興南。亦名東山。山有雲門寺。南朝・梁處士何胤曾

居於此。《梁書·王籍傳》:「除輕車湘東王諮議參軍,隨府會稽。郡境有雲門、天柱山,籍嘗遊之,或累月不反。」宋·方岳《水調歌頭·壽趙文昌》:「胸有雲門禹穴,筆有禊亭晉帖,風露洗脾肝。秋入紫宸殿,磨玉寫琅玕。」

〔三〕定何晨:古代子女夜晚為父母整理床鋪,服侍其安睡,謂之定。《禮記·曲禮上》:「凡為人子之禮,冬溫而夏清,昏定而晨省。」漢·鄭玄注:「定,安其床衽也;省,問其安否何如。」唐·孔穎達疏:「定,安也。晨,旦也。應臥當齊整床衽,使親體安定之後,退。至明旦,既隔夜,早來視親之安否何如。」

〔四〕童心:兒童純真的本心,引申為本性、真心。唐·劉禹錫《傷往賦》:「誠天性之潛感,顧童心兮如疑。」明·李贄《童心說》:「夫童心者,純假純真,最初一念之本心也。」

其二

後會難期別未輕,莫辭行李滯江城。且留南國〔一〕春山興,共聽西堂〔二〕夜雨聲。歸路終知雲外去,晴湖想見鏡中行。為尋洞裏幽棲處,還有峰頭雙鶴鳴。

【校注】

〔一〕南國:泛指我國南方,此處指陽明故鄉山陰。《楚辭·九章·橘頌》:「受命不遷,生南國兮。」漢·王逸注:「南國,謂江南也。」

〔二〕西堂:泛指西邊的堂屋。《楚辭·九辯》:「澹容與而獨倚兮,蟋蟀鳴此西堂。」

【著錄】

明·曹學佺編《石倉歷代詩選》卷四百五十五、清·薛熙輯《明文在》卷十二、清·錢謙益輯《列朝詩集》丙集卷四著錄此詩。

山中示諸生五首

【編年】

此組詩正德九年(1514)作於滁山。束景南《王陽明年譜長編》:「陽明《瑯琊題名》:『後三月丁亥,御史張俅、行人李校、員外徐愛、寺丞單麟復通遊,始刻石以紀。餘姚王守仁伯安題。』(《南滁會景編》卷八,陽明文集失載)」〔註7〕

〔註7〕束景南《王陽明年譜長編》,第744頁。

其一

路絕春山久廢尋，野人扶病〔一〕強登臨。同遊仙侶〔二〕須乘興，共探花源莫厭深。鳴鳥遊絲俱自得，閒雲流水亦何心？從前卻恨牽文句〔三〕，展轉支離歎陸沉〔四〕！

【校注】

〔一〕扶病：勉強支撐病體。《禮記·問喪》：「身病體羸，以杖扶病也。」唐·白居易《答張籍因以代書》：「今日正閒天又暖，可能扶病暫來無。」

〔二〕仙侶：指人品高尚、心神契合的朋友。典出《後漢書·郭太傳》：「林宗唯與李膺同舟而濟，眾賓望之，以為神仙焉。」唐·杜甫《秋興》其八：「佳人拾翠春相問，仙侶同舟晚更移。」

〔三〕牽文句：謂拘泥於字面意思。明·王守仁《傳習錄》卷中：「所謂動靜無端，陰陽無始，在知道者默而識之，非可以言語窮也。若只牽文泥句，比較仿像，則所謂心從法華轉，非是轉法華矣。」

〔四〕陸沉：指陸地無水而沉，比喻隱居。典出《莊子·則陽》：「方且與世違而心不屑與之俱，是陸沉者也。」晉·郭象注：「人中隱者，譬無水而沉也。」南北朝·庾信《幽居值春詩》：「山人久陸沉，幽逕忽春臨。」

其二

滁流亦沂水，童冠得幾人？莫負詠歸興，溪山正暮春〔一〕。

【校注】

〔一〕此詩用《論語·先進》：「莫春者，春服既成，冠者五、六人，童子六、七人，浴乎沂，風乎舞雩，詠而歸。」陽明欣賞「曾點言志」，那種自由隨性的態度，此詩短短四句，便刻畫了一個暮春出遊尋樂，性盡歌詠而歸的場景。元·方回《寄題雲屋趙資敬啟蒙亭風雩亭二首》其二：「徜徉沂水上，童冠七或五。」

其三

桃源在何許？西峰最深處。不用問漁人，沿溪踏花去〔一〕。

【校注】

〔一〕此詩用晉·陶潛《桃花源記》之典：「緣溪行，忘路之遠近。忽逢桃花林，夾岸數百步，中無雜樹，芳草鮮美，落英繽紛。」描繪了一幅陽明心中嚮往並追尋的桃花源，詩有盡而意無窮。

【著錄】

清・聖祖玄燁《御選宋金元明四朝詩》卷二十三、清・陳田輯《明詩紀事》丁籤卷十三、清・張豫章輯《四朝詩》卷二十三、清・朱彝尊編《明詩綜》卷三十二著錄此詩。

其四

池上偶然到，紅花間白花。小亭閒〔一〕可坐，不必問誰家。

【校注】

〔一〕閒：空，意指小亭空無一人。

其五

溪邊坐流水，水流心共閒。不知山月上，松影落衣斑〔一〕。

【校注】

〔一〕此句意境幽靜，陽明坐於松樹之下，月光打在松枝上，松影落在詩人衣服上，斑影點點，珊珊可愛。詩句通曉暢白，活潑可愛。

龍潭〔一〕夜坐

何處花香入夜清？石林茅屋隔溪聲。幽人月出每孤往，棲鳥山空時一鳴。草露不辭芒履〔二〕濕，松風偏與葛衣〔三〕輕。臨流欲寫猗蘭意〔四〕，江北江南無限情。

【編年】

此組詩正德九年（1514）作於滁州。

【校注】

〔一〕龍潭：據束景南《王陽明年譜長編》：「太僕寺在城南龍潭東北，甚近，故陽明常偕諸生往龍潭靜坐講學，即錢德洪所云：『月夕則環龍潭而坐這數百人，歌聲振山谷。諸生隨地請正，踴躍歌舞。』《南滁會景編》卷二有多首次韻陽明《龍潭夜坐》之詩。」〔註8〕

〔二〕芒履：草鞋。唐・孟浩然《白雲先生王迥見訪》：「手持白羽扇，腳步青芒履。」

〔三〕葛衣：用葛布製成的夏衣。《韓非子・五蠹》：「冬日麑裘，夏日葛衣。」宋・陸游《夜出偏門還三山》：「水風吹葛衣，草露溼芒履。」

〔註8〕束景南《王陽明年譜長編》，第724頁。

〔四〕猗蘭意：猗蘭，古琴曲《猗蘭操》的簡稱，多抒生不逢時、懷才不遇之情。《樂府詩集·琴曲歌辭二·猗蘭操》宋·郭茂倩編年：「一曰《幽蘭操》……《琴操》曰：『《猗蘭操》，孔子所作。孔子歷聘諸侯，諸侯莫能任。自衛反魯，隱谷之中，見香蘭獨茂，喟然嘆曰：「蘭當為王者香，今乃獨茂，與眾草為伍。」乃止車，援琴鼓之，自傷不逢時，託辭於香蘭云。』」

【著錄】

　　明·曹學佺編《石倉歷代詩選》卷四百五十五、清·彭孫貽輯《明詩鈔》卷九、清·張豫章輯《四朝詩》卷七十八、清·朱彝尊編《明詩綜》卷三十二、清·錢謙益輯《列朝詩集》丙集卷四著錄此詩。

送德觀歸省二首

【編年】

　　此組詩正德九年（1514）作於滁州。

　　其一

　　雪裏閉門十日坐，開門一笑忽青天。茅簷正好負暄日〔一〕，客子胡為思故園？椿樹〔二〕慣經霜雪老，梅花偏向歲寒妍。瑯琊春色如相憶，好放山陰〔三〕月下船。

【校注】

〔一〕暄日：暖和的春日。

〔二〕椿樹：《莊子·逍遙遊》：「上古有大椿者，以八千歲為春，八千歲為秋。」

〔三〕山陰：會稽山陰縣。

【著錄】

　　明·曹學佺編《石倉歷代詩選》卷四百五十五著錄此詩。

　　其二

　　瑯琊雪是故園雪，故園春亦瑯琊春。天機動處即生意，世事到頭還俗塵。立雪〔一〕浴沂〔二〕傳故事，吟風弄月是何人？到家好謝二三子，莫向長沮錯問津〔三〕。

【校注】

〔一〕立雪：程門立雪。《宋史·楊時傳》曰：「一日見頤，頤偶瞑坐，時與游酢侍

立不去。頤既覺,則門外雪深一尺矣。」以「立雪」為敬師篤學之典故。明·
李東陽《再用韻示兆先》:「莫倚家風比謝王,正須立雪似游楊。」

〔二〕浴沂:《論語·先進》:「浴乎沂,風乎舞雩,詠而歸。」多用「浴沂」比喻一
種怡然處世的高尚情操。宋·林逋《溪上春日》:「獨有浴沂遺想在,使人終
日此徘徊。」

〔三〕莫向長沮錯問津:《論語·微子》:「長沮、桀溺耦而耕,孔子過之,使子路問
津焉。」勉勵友人積極入世。

送蔡希顏三首

正德癸酉冬,希淵赴南宮試,訪予滁陽,遂留閱歲。既而東歸,問
其故,辭以疾。希淵與予論學琅琊之間,於斯道既釋然矣,別之以詩。

【編年】

此組詩正德九年(1514)作於滁州。

其一

風雪蔽曠野,百鳥凍不翻。孤鴻〔一〕亦何事,嗷嗷〔二〕溯寒雲?豈
伊〔三〕稻粱計〔四〕,獨往求其群?之子眇萬鍾〔五〕,就我滁水濱。野寺
同遊請,春山共攀援。鳥鳴幽谷曙,伐木西澗〔六〕燻〔七〕。清夜〔八〕湛
〔九〕玄思〔十〕,晴窗〔十一〕玩奇文〔十二〕。寂景賞新悟,微言〔十三〕欣有
聞。寥寥〔十四〕絕代〔十五〕下,此意冀可論。

【校注】

〔一〕孤鴻:孤單的鴻雁。三國·魏·阮籍《詠懷詩》其一:「孤鴻號外野,朔鳥鳴
北林。」宋·蘇軾《卜算子·黃州定慧院寓居作》:「缺月掛疏桐,漏斷人初
靜。誰見幽人獨往來?縹緲孤鴻影。」

〔二〕嗷嗷:孤鴻的悲鳴聲。三國·魏·曹植《雜詩》其三:「飛鳥繞樹翔,嗷嗷鳴
索群。」

〔三〕豈伊:難道。伊,助詞,無實義。《詩經·小雅·頍弁》:「豈伊異人,兄弟匪
他。」唐·李白《贈崔司戶文昆季》:「豈伊箕山故,特以風期親。」

〔四〕稻粱計:稻粱謀,本指禽鳥尋覓食物,後多用以比喻人謀求衣食。唐·杜甫
《同諸公登慈恩寺塔》:「君看隨陽雁,各有稻粱謀。」

〔五〕萬鍾:優厚的俸祿。鍾,古量名。《孟子·告子上》:「萬鍾則不辯禮義而受之,

萬鍾於我何加焉。」

〔六〕西澗：位於安徽省滁縣城西的一條溪流。唐詩人韋應物有《滁州西澗》一詩。

〔七〕曛：黃昏、傍晚。此句用《詩經‧小雅‧伐木》：「伐木丁丁，鳥鳴嚶嚶。出自幽谷，遷於喬木。嚶其鳴矣，求其友聲。」指陽明與友人共學互勉十分愉悅。

〔八〕清夜：清靜的夜晚。漢‧司馬相如《長門賦》：「懸明月以自照兮，徂清夜於洞房。」

〔九〕湛：沉溺。

〔十〕玄思：遠思。晉‧許詢《農理》：「亹亹玄思得，濯濯情累除。」南朝‧梁‧江淹〈雜體詩經‧效張綽雜述〉：「亹亹玄思清，胸中去機巧。」唐‧呂延濟注：「玄，遠也。」

〔十一〕晴窗：明亮的窗戶。宋‧陸游《臨安春雨初霽》：「矮紙斜行閒作草，晴窗細乳戲分茶。」

〔十二〕奇文：奇妙的文章或奇特的文字。

〔十三〕微言：精深微妙的言辭。《逸周書‧大戒》：「微言入心，夙喻動眾。」清‧朱右曾校釋：「微言，微眇之言。」

〔十四〕寥寥：形容數量少。宋‧趙與時《賓退錄》卷二：「古今當其任者，蓋寥寥可數。」

〔十五〕絕代：冠絕當代。南朝‧宋‧顏延之《請立渾天儀表》：「值大軍旋旆，渾儀在路，肆觀奇秘，絕代異寶。」

【著錄】

明‧曹學佺編《石倉歷代詩選》卷四百五十五著錄此詩。

其二

群鳥喧北林〔一〕，黃鵠獨南逝〔二〕。北林豈無枝，羅弋〔三〕苦難避。之子丹霞姿，辭我雲門去。山空響流泉，路僻迷深樹。長谷何盤紆〔四〕，紫芝春可茹〔五〕。求志暫棲巖，避喧寧遁世。繄〔六〕予辱風塵，送子愧雲霧。匡時已無術〔七〕，希聖〔八〕徒有慕。倘入陽明峰，為尋舊棲處。

【校注】

〔一〕北林：泛指北邊的樹林。三國‧魏‧阮籍《詠懷詩》其一：「孤鴻號外野，翔鳥鳴北林。」此處指北京，陽明用群鳥比喻那些妒忌諂媚的平庸之人。

〔二〕黃鵠獨南逝：只有黃鵠一鳥獨自飛往南方。《商君書‧畫策》：「黃鵠之飛，一

舉千里。」唐·杜甫《秋興八首》其六：「珠簾繡柱圍黃鵠，錦纜牙檣起白鷗。」此處用黃鵠比喻收到攻訐而南下的賢能人才。

〔三〕羅弋：羅網和帶絲繩的箭，指捕鳥的工具。唐·白居易《犬鳶》：「上無羅弋憂，下無羈鎖牽。」喻指受到他人攻訐和詆毀。

〔四〕盤紆：回繞曲折。《淮南子·本經訓》：「木巧之飾，盤紆刻儼，嬴鏤雕琢，詭文回波。」漢·高誘注：「盤，盤龍也；紆，曲屈。」

〔五〕茹：可食用。《漢書·董仲舒傳》：「食於舍而茹葵。」唐·顏師古注：「食菜曰茹。」

〔六〕繄：文言助詞，惟。《左傳·襄公十四年》：「王室之不壞，繄伯舅是賴。」唐·孔穎達疏：「王室之不傾壞者，唯伯舅大公是賴也。」

〔七〕匡時已無術：已經沒有辦法匡正時世挽救時局。宋·王安石《和吳御史汴渠》：「救世詎無術，習傳自先王。」

〔八〕希聖：效法聖人，仰慕聖人。宋·周敦頤《通書·志學》：「聖希天，賢希聖，士希賢。」

【著錄】

明·曹學佺編《石倉歷代詩選》卷四百五十五著錄此詩。

其三

何事憧憧〔一〕南北行，望雲依闕兩關情。風塵暫息滁陽駕，鷗鷺還尋鑒水盟〔二〕。悟後六經〔三〕無一字，靜餘孤月湛〔四〕虛明〔五〕。從知歸路多相憶，伐木山山春鳥鳴。

【校注】

〔一〕憧憧：往來不絕貌。《周易·咸卦》：「憧憧往來，朋從爾思。」唐·陸德明釋文引王肅曰：「憧憧，往來不絕貌。」

〔二〕此句意為世俗之事多紛擾，不如退隱與鷗鷺為伴。宋·陸游《夙興》：「鶴怨憑誰解，鷗盟恐已寒。」元·黃庚《漁隱為周仲明賦》：「不羨漁蝦利，惟尋鷗鷺盟。」

〔三〕六經：指儒家的六部經典。《莊子·天運》：「孔子謂老聃曰：『丘治《詩》《書》《禮》《樂》《易》《春秋》六經，自以為久矣，孰知其故矣。』」《漢書·武帝紀贊》：「孝武初立，卓然罷黜百家，表章六經。」唐·顏師古注：「六經，謂《易》《詩》《書》《春秋》《禮》《樂》也。」

〔四〕湛：清楚地露出。晉・陶潛《辛丑歲七月赴假還江陵夜行塗口》：「涼風起將夕，夜景湛虛明。」宋・蘇軾《颶風賦》：「湛天宇之蒼蒼，流孤月之熒熒。」

〔五〕虛明：清澈明亮，指內心清虛純潔。唐・杜甫《夏夜嘆》：「仲夏苦夜短，開軒納微涼。虛明見纖毫，羽蟲亦飛揚。」宋・蘇轍《贈石臺問長老二絕》其二：「蒲團布衲一繩床，心地虛明睡自亡。」

贈守中北行二首

【編年】

此組詩正德九年（1514）作於滁州。

其一

江北梅花雪易殘，山窗一樹自家看。臨行掇〔一〕贈聊數顆，珍重清香是歲寒。

【校注】

〔一〕掇：折取。晉・葛洪《抱朴子・暢玄》：「掇芳華於蘭林之囿，弄紅葩於積珠之池。」唐・皎然《春日杼山寄贈李員外縱》：「欲掇幽芳聊贈遠，郎官那賞石門春。」

其二

來何匆促去何遲，來去何心莫漫疑。不為高堂〔一〕雙雪鬢，歲寒寧受北風欺。

【校注】

〔一〕高堂：本指朝廷。《漢書・賈誼傳》：「人主之尊譬如堂，群臣如陛，眾庶如地。故陛九級上，廉遠地，則堂高。」唐・李白《萬憤詞投魏郎中》：「戀高堂而掩泣，淚血地而成泥。」此處借指通向朝廷的為官之道。

鄭伯興謝病還鹿門雪夜過別賦贈三首

【編年】

此組詩正德九年（1514）作於滁州。束景南《王陽明年譜長編》：「鄭伯興即鄭傑，襄陽人。」〔註9〕

〔註9〕束景南《王陽明年譜長編》，第 737 頁。

其一

之子將去遠，雪夜來相尋。秉燭〔一〕耿無寐，憐此歲寒心。歲寒豈徒爾，何以贈遠行？聖路塞已久，千載無復尋。豈無群儒跡？蹊徑榛茆深。濬流須尋源，積土成高岑〔二〕。攬衣〔三〕望遠道〔四〕，請君從此征〔五〕。

【校注】

〔一〕秉燭：持燭以照明。唐・孟浩然《春初漢中漾舟》：「良會難再逢，日入須秉燭。」宋・梅堯臣《送道損司門》：「朝看不足暮秉燭，何暇更尋桃與杏。」

〔二〕此兩句用典《荀子・勸學》：「積土成山，風雨興焉；積水成淵，蛟龍生焉；積善成德，而神明自得，聖心備焉。故不積跬步，無以至千里；不積小流，無以成江海。」濬流，深的水流。漢・袁康《越絕書・越絕計倪內經》：「波濤濬流，沉而復起。」北魏・酈道元《水經注・漸江水》：「溪有四十七瀨，濬流驚急，奔波眲天。」高岑，高山。三國・魏・王粲〈登樓賦〉：「平原遠而極目兮，蔽荊山之高岑。」唐・李善注：「山小而高曰岑。」

〔三〕攬衣：提起衣服。《古詩十九首・明月何皎皎》：「憂愁不能寐，攬衣起徘徊。」

〔四〕遠道：猶遠路。《墨子・辭過》：「古之民未知為舟車時，重任不夠，遠道不至。」唐・杜甫《登舟將適漢陽》：「中原戎馬盛，遠道素書稀。」

〔五〕征：遠行，遠去。《詩經・小雅・小明》：「我征徂西，至於艽野。」漢・鄭玄箋：「征，行。」

【著錄】

明・曹學佺編《石倉歷代詩選》卷四百五十五著錄此詩。

其二

濬流須有源，植木須有根。根源〔一〕未濬植，枝派〔二〕寧先蕃〔三〕？謂勝通夕話，義利〔四〕分毫間。至理匪外得，譬猶鏡本明，外塵蕩〔五〕瑕垢〔六〕，鏡體〔七〕自寂然。孔訓示克己〔八〕，孟子垂反身〔九〕，明明〔十〕賢聖訓，請君勿與諼〔十一〕。

【校注】

〔一〕根源：事物的根基或基礎。

〔二〕枝派：分支、流派。南朝・梁・劉勰《文心雕龍・雜文》：「凡此三者，文章之枝派，暇豫之末造也。」

〔三〕蕃：茂盛、興旺。漢・張衡《南都賦》：「固靈根於夏葉，終三代而始蕃。」

〔四〕義利：即孟子所謂「義利之辯」。

〔五〕蕩：誘惑、迷惑。漢・荀悅《申鑒・政體》：「聽言責事，舉名察實，無或詐偽，以蕩眾心。」

〔六〕瑕垢：玉石的瑕疵，比喻人的缺點、毛病。此處指人心本如鏡明亮，因受到外物的迷惑而生出諸多缺點。唐・韓愈《縣齊有懷》：「惟思滌瑕垢，長去事桑柘。」

〔七〕鏡體：陽明常以鏡體比喻人之良知本心。《傳習錄》曰：「聖人致知之功，至誠無息，其良知之體，皦如明鏡，略無纖翳，妍媸之來，隨物見形，而明鏡曾無留染。」

〔八〕孔訓示克己：孔聖人的訓誡是要求大家約束自我，使言行合乎先王之禮。《論語・顏淵》：「克己復禮為仁。」魏晉・何晏集解：「馬曰：『克己，約身。』孔曰：『復，反也。』身能反禮，則為仁矣。」

〔九〕孟子垂反身：孟子勸誡世人多反躬自問，即從自己方面找原因。《孟子・公孫丑上》：「射者正己而後發，發而不中，不怨勝己者，反求諸己而已矣。」宋・程頤《周易程氏傳》卷三：「君子之遇艱阻，必反求諸己，而益自修。」

〔十〕明明：明智、明察貌。《詩經・大雅・常武》：「赫赫明明，王命卿士。」毛傳：「明明然，察也。」晉・陶潛《讀〈山海經〉》其十一：「明明上天鑒，為惡不可履。」宋・王禹偁《送箝杖與劉湛然道士》：「明明聖天子，德教如四維。」

〔十一〕諼：通「萱」，忘記。唐・韓愈《江漢答孟郊》：「何為復見贈，繾綣在不諼。」

其三

鹿門在何許？君今鹿門去。千載龐德公，猶存棲隱處。潔身匪亂倫〔一〕，其次乃避地〔二〕。世人失其心，顧瞻多外慕。安宅〔三〕舍弗居，狂馳驚奔騖。高言〔四〕詆獨善〔五〕，文非〔六〕遂巧智〔七〕。瑣瑣〔八〕功利儒〔九〕，寧復知此意！

【校注】

〔一〕亂倫：違反倫常的行為。典出《論語・微子》：「欲潔其身，而亂大倫。」唐・韓愈《寄盧仝》：「故知忠孝生天性，潔身亂倫安足擬？」

〔二〕避地：猶言避世隱居。《後漢書・郅惲傳》：「後坐事左轉芒長，又免歸，避地教授，著書八篇。」唐・李賢注：「避地，謂隱遁也。」謂退隱而逃避災禍，

保全其身。

〔三〕安宅：安居之所。《詩經・小雅・鴻雁》：「雖則劬勞，其究安宅。」漢・鄭玄箋：「此勸萬民之辭，女今雖病勞，終有安居。」唐・杜甫《送李校書二十六韻》：「乾元元年春，萬姓始安宅。」

〔四〕高言：大言，過甚之辭。《管子・任法》：「是故人主有能用其道者……群臣無詐偽，百官無姦邪，奇術技藝之人莫敢高言孟行以過其情、以遇其主矣。」《商君書・農戰》：「學者成俗，則民舍農，從事於談說，高言偽議，舍農遊食，而以言相高也。」此處指那些是非之人的攻訐之言。

〔五〕獨善：謂獨自為善守法。《韓非子・外儲說右下》：「聞有吏雖亂而有獨善之民，不聞有民亂而有獨治之吏，故明主治吏不治民。」

〔六〕文非：掩飾過錯。宋・朱熹《答張敬夫書》：「為機變之巧，則文過飾非，何所不至，無所用恥也。」

〔七〕巧智：聰明智巧。

〔八〕瑣瑣：形容人品卑微、平庸、渺小。《詩經・小雅・節南山》：「瑣瑣姻亞，則無膴仕。」漢・鄭玄箋：「瑣瑣姻亞，妻黨之小人。」高亨注：「瑣瑣，卑微渺小貌。」

〔九〕功利儒：指追求眼前的功效和利益的讀書人，多含貶義。《管子・立政》：「有不合於令之所謂者，雖有功利，則謂之專制，罪死不赦。」《莊子・天地》：「功利機巧，必忘夫人之心。」宋・蘇軾《太常少卿趙瞻可戶部侍郎制》：「自頃功利之臣，言政而不及化，言利而不及義。」

門人王嘉秀實夫蕭琦子玉告歸書此見別意兼寄聲辰陽諸賢

【編年】

此組詩正德九年（1514）作於滁州。

王生兼養生，蕭生頗慕禪；迢迢數千里，拜我滁山前。吾道既匪佛，吾學亦匪仙。坦然由簡易〔一〕，日用匪深玄〔二〕。始聞半疑信，既乃心豁然。譬彼土中鏡，闇闇〔三〕光內全；外但去昏翳〔四〕，精明〔五〕燭媸妍〔六〕。世學如剪綵〔七〕，妝綴〔八〕事蔓延；宛宛〔九〕具枝葉，生理終無緣。所以君子學，布種培根原；萌芽漸舒發，暢茂〔十〕皆由天。秋風動歸思，共鼓湘江船。湘中富英彥〔十一〕，往往多及門。臨歧〔十二〕綴斯語，因之寄拳拳〔十三〕。

【校注】

〔一〕簡易：簡單易行。《墨子・非命中》：「惡恭儉而好簡易，貪飲食而惰從事。」

〔二〕深玄：深奧玄妙。南朝・梁・蕭統《令旨解二諦義》：「二諦，理實深玄，自非虛懷，無以通其弘遠。」

〔三〕闇闇：陰暗不光亮。《楚辭・天問》：「明明闇闇，惟時何為？」游國恩纂義：「明明闇闇者，猶云或明或闇也，重言之以足文義耳。」

〔四〕昏翳：本義指光線昏暗。前蜀・杜光庭《王承郾為亡考修明真齋詞》：「玄清昏翳，灑潤焦勞。」此處將鏡喻人心本體，昏翳指被蒙昧了的愚昧人心。

〔五〕精明：光亮。漢・劉向《說苑・說叢》：「鏡以精明，美惡自服，衡下無私，輕重自得。」

〔六〕媸妍：美醜、好壞。偏義複詞，主要指美好的一面。宋・范仲淹《任官惟賢材賦》：「其或未精黜陟，弗辯媸妍。」

〔七〕剪綵：剪裁。唐・白居易《山石榴花十二韻》：「離披亂剪綵，斑駁未匀妝。」

〔八〕妝綴：裝扮、點綴。

〔九〕宛宛：盤旋屈曲貌。漢・司馬相如〈封禪文〉：「宛宛黃龍，興德而升。」唐・李善注：「《楚辭》曰：『駕八龍之宛宛。』」今本《離騷》作「婉婉」。漢・王逸注：「婉婉，龍貌。」南朝・宋・謝靈運《緩歌行》：「宛宛連螭轡，裔裔振龍輈。」

〔十〕暢茂：旺盛繁茂。《孟子・滕文公下》：「草木暢茂，禽獸繁殖。」宋・陳著《山人送檜植於當門偶成》：「牢立本根須暢茂，不施巧結看真形。」

〔十一〕英彥：英才卓越之人。晉・袁宏《後漢紀・光武帝紀二》：「願陛下更選英彥，以充廊廟。」

〔十二〕臨歧：本為面臨歧路，後亦用為贈別之辭。南朝・宋・鮑照〈舞鶴賦〉：「指會規翔，臨歧矩步。」唐・李善注：「岐，岐路也。」唐・杜甫《送李校書》：「臨岐意頗切，對酒不能喫。」

〔十三〕拳拳：真切誠摯的樣子。唐・柳宗元《天爵論》：「拳拳於得善，孜孜於嗜學。」

滁陽別諸友

滁陽諸友從遊，送予至烏衣，不能別。及暮，王性甫汝德諸友送至江浦，必留居，俟予渡江。因書此促之歸，並寄諸賢，庶幾共進此學，以慰離索耳。

滁之水，入江流，江潮日復來滁州。相思若潮水，來往何時休？空相思，亦何益？欲慰相思情，不如崇令德。掘地見泉水，隨處無弗得；何必驅馳為？千里遠相即。君不見堯羹與舜牆〔一〕，又不見孔與蹠〔二〕對面不相識？逆旅〔三〕主人多殷勤，出門轉盼成路人。

【編年】

此組詩正德九年（1514）作於滁州。

【校注】

〔一〕此句用典《後漢書‧李固傳》：「昔堯殂之後，舜仰慕三年，坐則見堯於牆，食則睹堯於羹。」宋‧劉攽《嘉祐大行皇帝挽詩十首》其四：「羹藜與環堵，無日不思堯。」宋‧李呂《滄軒》：「窮耽世味不期驕，安得羹牆暫見堯。」後以「羹牆」為追念前輩或仰慕聖賢的意思。

〔二〕孔與蹠：指孔子與盜蹠。

〔三〕逆旅：客舍、旅館。《左傳‧僖公二年》：「今虢為不道，保於逆旅。」西晉‧杜預注：「逆旅，客舍也。」晉‧陶潛《雜詩》其七：「家為逆旅舍，我如當去客。」

【著錄】

明‧曹學佺編《石倉歷代詩選》卷四百五十五著錄此詩。

寄浮峰詩社

晚涼庭院坐新秋，微月初生亦滿樓。千里故人誰命駕？百年多病有孤舟〔一〕。風霜草木驚時態〔二〕，砧杵〔三〕關河動遠愁。飲水曲肱吾自樂〔四〕，茆堂今在越溪頭。

【編年】

此組詩正德九年（1514）作於滁州。

【校注】

〔一〕此句擬化用杜甫《登高》：「萬里悲秋常作客，百年多病獨登臺。」

〔二〕時態：世情。唐‧杜荀鶴《晚春寄同年張曙先輩》：「莫將時態破天真，祇合高歌醉過春。」唐‧羅隱《西京道德里》：「老去漸知時態薄，愁來唯願酒杯深。」

〔三〕砧杵：用來搗衣石板和棒槌。唐‧韋應物《登樓寄王卿》：「數家砧杵秋山下，一郡荊榛寒雨中。」宋‧蘇軾《九月二十日微雪懷子由弟》其二：「短日送寒

砧杵急，冷官無事屋廬深。」

〔四〕飲水曲肱吾自樂：比喻清貧而閒適的生活。《論語‧述而》：「飯疏食飲水，曲肱而枕之，樂在其中矣。」宋‧劉攽《郡齋即事》：「絕學捐書從佚老，曲肱飲水會忘貧。」宋‧馮時行《和蔡伯世韻二首》其二：「掃地焚香詩得計，曲肱飲水道如愚。」

【著錄】

明‧曹學佺編《石倉歷代詩選》卷四百五十五、清‧彭孫貽輯《明詩鈔》卷九、清‧朱彝尊編《明詩綜》卷三十二著錄此詩。

棲雲樓坐雪二首

【編年】

此組詩正德九年（1514）作於滁州。棲雲樓

其一

才看庭樹玉森森〔一〕，忽漫階除〔二〕已許深。但得諸生通夕坐，不妨老子半酣吟。瓊花〔三〕人座能欺酒，冰溜〔四〕垂簷欲墮針。卻憶征南諸將士，未禁寒夜鐵衣〔五〕沉。

【校注】

〔一〕森森：指樹木十分濃蔭茂密。宋‧宋祁《楊柳詞四解》其四：「玉樹森森拂曉空，子雲辛苦賦青蔥。」

〔二〕階除：臺階。唐‧杜甫《南鄰》：「慣看賓客兒童喜，得食階除鳥雀馴。」

〔三〕瓊花：比喻雪花。唐‧皮日休《奉和魯望早春雪中作吳體見寄》：「威仰噤死不敢語，瓊花雲魄清珊珊。」宋‧楊萬里《觀雪》：「落盡瓊花天不惜，封他梅蕊玉無香。」

〔四〕冰溜：猶冰柱。明‧李東陽《次丹山屠都憲韻》：「碧樹春陰高比蓋，玉堂冰溜大於椽。」

〔五〕鐵衣：古代戰士用鐵片製成的戰衣。古樂府《木蘭詩》：「朔氣傳金柝，寒光照鐵衣。」唐‧岑參《白雪歌送武判官歸京》：「將軍角弓不得控，都護鐵衣冷難著。」唐‧王維《老將行》：「試拂鐵衣如雪色，聊持寶劍動星文。」

其二

此日棲雲樓上雪，不知天意為誰深。忽然夜半一言覺，又動人間萬

古吟。玉樹〔一〕有花難結果，天機無線可通針。曉來不覺城頭鼓〔二〕，老懶〔三〕羲皇睡正沉。

【校注】

〔一〕玉樹：傳說中的仙樹。《淮南子・墜形訓》：「上有木禾，其修五尋。珠樹、玉樹、璇樹、不死樹在其西。」

〔二〕城頭鼓：打更報曉的鼓。宋・歐陽修《御街行》：「乳雞酒燕，落星沉月，紞紞城頭鼓。」

〔三〕老懶：年老而倦怠。宋・王之道《南歌子・和陳勉仲》：「老懶詩才退，春融醉眼昏。」

與商貢士二首

【編年】

此組詩正德九年（1514）作於滁州。束景南《王陽明年譜長編》：「浮山在桐城，《嘉靖安慶府志》卷五：『桐城東九十里曰浮山，又曰浮渡山。自地視之如澶，自江視之如浮。不峻不麗，其中巖壑相屬，多石，多屈曲可觀。其崖三百有五十，其最著者三十有六，其峰七十有二。』《浮山志》卷一：『吳一卞代甑山張老師刻王陽明先生二詩於朝陽洞，詩題云：桐城生高上舍來訪，談浮山之勝，書此。』商貢士，《康熙安慶府志》卷七：『明貢士，望江商佑，成安主薄。』」〔註10〕

其一

見說浮山麓〔一〕，深林繞石溪。何時拂衣去，三十六巖棲〔二〕。

【校注】

〔一〕麓：山腳。《詩經・大雅・旱麓》：「瞻彼旱麓，榛楛濟濟。」毛傳：「麓，山足也。」唐・杜甫《課伐木》：「人肩四根已，亭午下山麓。」

〔二〕巖棲：謂棲於山中，借指隱居。唐・杜甫《贈特進汝陽王二十韻》：「瓢飲唯三徑，巖棲在百層。」前蜀・韋莊《贈薛秀才》：「欲結巖棲伴，何山好薜蘿？」

其二

見說浮山勝〔一〕，心與浮山期。三十六巖內，為選一巖奇〔二〕。

〔註10〕束景南《王陽明年譜長編》，第 745 頁。

【校注】

〔一〕勝：特指優美的山水或古蹟。唐・柳宗元《永州崔中丞萬石亭記》：「見怪石
　　　特出，度其下必有殊勝。」

〔二〕奇：絕妙、絕佳。

南都詩四十七首

正德甲戌年四月升南京鴻臚寺卿作。

題歲寒亭贈汪尚和

一覺紅塵夢欲殘，江城六月滯風湍。人間炎暑無逃遁，歸向山中臥歲寒。

【編年】

此詩正德九年（1514）作於南京。束景南《王陽明年譜長編》：「歲寒亭在南京瞻園，中山王徐達府邸，傳為朱元璋與徐達下棋處。汪尚和字節夫，號紫峰，休寧人。程尚寬《新安名族志》前卷《汪氏》：『休寧，漢口……恒之子曰尚文，性孝，居父喪，寢地得腹疾而歿；曰尚忠，邑庠生；曰尚和，號紫峰，銳意圣學，師友王陽明、謝木齋、章楓山、湛甘泉、呂涇野，嘗創柳溪書院。著有《紫陽道脈錄》、《家訓》八篇、《蓄德錄》、《師友格言》、《存忍錄》《新安藝文志》、《汪氏足徵錄》。』按汪尚和與汪循同為休寧名族，汪循《與王鴻臚》有云：『比者族弟尚和歸自南都，備道執事所以教誨之至（《汪仁峰先生文集》卷四），陽明答書稱『首春令弟節夫往』，『鄙懷節夫當能道』，可見汪尚和字節夫，乃是汪循薦來南都受學，實亦陽明弟子也。」〔註1〕

【著錄】

明·曹學佺編《石倉歷代詩選》卷四百五十五著錄此詩。

〔註1〕束景南《王陽明年譜長編》，第779頁。

與徽州程畢二子

句句糠粃〔一〕字字陳〔二〕，卻於何處覓知新？紫陽山〔三〕下多豪俊〔四〕，應有吟風弄月〔五〕人。

【編年】

此組詩正德九年（1514）作於南京。

【校注】

〔一〕糠粃：穀皮和癟穀，比喻粗劣而無價值之物。漢·蔡邕《讓高陽侯印綬符策》：「臣伏惟糠粃小生，學術虛淺。」

〔二〕陳：陳舊。《尚書·盤庚中》：「失於政，陳於茲。」孔傳：「今既失政而陳久於此而不徙。」唐·孔穎達疏：「《釋詁》文又云：塵，久也。」

〔三〕紫陽山：朱熹。《弘治徽州府志》卷一：「紫陽山，在縣南三里，高百九十仞，周四十里，以居郡城南故，舊名城陽山。唐景雲中邑人許宣平隱山之南塢，今別號南山，有紫陽觀。宋婺源朱松少學於郡學，因往遊而樂之，故其寓閩中嘗以紫陽書堂刻其印章，其子熹亦以紫陽名其堂，示不忘歸也。」

〔四〕豪俊：指才智傑出的人。唐·杜甫《洗兵馬》：「二三豪俊為時出，整頓乾坤濟時了。」

〔五〕吟風弄月：以風花雪月等自然景物為題材作詩詞。此處形容心情閒適灑脫。宋·朱熹《伊洛淵源錄·濂溪先生》：「明道先生言，自再見周茂叔後，吟風弄月以歸，有『吾與點也』之意。」

山中懶睡四首

【編年】

此組詩正德九年（1514）作於南京。

其一

竹裏藤床識懶人，脫巾〔一〕山麓任吾真。病夫已久逃方外〔二〕，不受人間禮數嗔〔三〕。

【校注】

〔一〕脫巾：脫下頭巾，改戴官帽，本指開始入仕。南朝·宋·顏延之〈秋胡〉：「脫巾千里外，結綬登王畿。」唐·李善注：「巾，處士所服。綬，仕者所佩。」此處反用其意，脫下官帽，在山林中自由往來。

〔二〕逃方外：世俗之外，指逃離世俗禮法之外。宋·陸游《白髮》：「平昔樂方外，固與功名疏。」

〔三〕嗔：本義指責怪，此處指規範、約束。

其二

掃石焚香任意眠，醒來時有客談玄〔一〕。松風不用蒲葵扇〔二〕，坐對青崖百丈泉。

【校注】

〔一〕談玄：談論玄理。南朝·宋·劉義慶《世說新語·容止》：「王夷甫容貌整麗，妙於談玄。」

〔二〕蒲葵扇：用蒲葵的葉子做成的扇子。宋·孫奕《履齋示兒編·雜記·人物異名》：「扇曰六角、蒲葵、白羽。」

【著錄】

明·曹學佺編《石倉歷代詩選》卷四百五十五著錄此詩。

其三

古洞幽深絕世人〔一〕，石床風細不生塵。日長一覺羲皇睡〔二〕，又見峰頭上月輪。

【校注】

〔一〕絕世人：與世人隔絕。宋·胡宏《桃源行》：「靖節先生絕世人，奈何記偽不考真。」

〔二〕羲皇睡：晉·陶潛《與子儼等疏》：「常言：五六月中，北窗下臥，遇涼風暫至，自謂是羲皇上人。」此處指想像羲皇之世的人民一樣，恬靜閒適，無憂無慮。

其四

人間白日醒猶睡，老子山中睡卻醒。醒睡兩非還兩是，溪雲漠漠〔一〕水泠泠〔二〕。

【校注】

〔一〕漠漠：指雲朵密布的樣子。唐·劉長卿《硤石遇雨宴前主簿從兄子英宅》：「硤石雲漠漠，東風吹雨來。」宋·蘇軾《舟行至清遠縣見顧秀才極談惠州風物之美》：「江雲漠漠桂花濕，海雨翛翛荔子然。」

〔二〕泠泠：形容水流的聲音清越、悠揚。晉‧陸機《招隱詩》其二：「山溜何泠泠，
飛泉漱鳴玉。」宋‧朱熹《次秀野韻題臥龍庵》：「更把枯桐寫奇趣，鶡絃寒
夜獨泠泠。」

題灌山小隱二絕

【編年】

　　待考

　　其一

　　茆屋山中早晚成，任他風雨任他晴。男婚女嫁多年畢，不待而今學
向平〔一〕。

【校注】

〔一〕向平：《後漢書‧逸民傳‧向長》：「向長，字子平，河內朝歌人也。隱居不仕，
性尚中和，好通老易，貧無資食，好事者更饋焉，受之取足而反其餘。……
建武中，男女娶嫁既畢，勅斷家事，勿相關當，如我死也。於是遂肆意與同
好北海禽慶俱遊五嶽名山，竟不知所終。」後以此典比喻子女已嫁娶完畢。
唐‧白居易《閒吟贈親家翁》：「最喜兩家婚嫁畢，一時抽得向平身。」

　　其二

　　一自移家入紫煙〔一〕，深林住久遂忘年〔二〕。山中莫道無供給，明月
清風不用錢。

【校注】

〔一〕紫煙：山谷中的紫色煙霧，此處指隱居山谷之中。

〔二〕忘年：忘記年月。《莊子‧齊物論》：「忘年忘義，振於無竟。」唐‧成玄英疏：
「夫年者，生之所稟也，既同於生死，所以忘年也。」唐‧元結《無為洞口
作》：「洞旁山僧皆學禪，無求無欲亦忘年。」

六月五章

　　六月乙亥，南都熊峰少宰石公以少宗伯召。南部之士聞之，有惻然
而戚者，有欣然而喜者。其戚者曰：「公端介敏直，方為留都所倚重，
今茲往，善類失所恃，群小罔以嚴。辯惑考學者曷從而討究？剖政斷疑
者曷從而咨決？南都非根本地乎？而獨不可以公遺之。」其喜者曰：「公

之端介敏直，寧獨留都所倚重，其在京師，獨無善類乎？獨無群小乎？獨無辯惑考學、剖政斷疑者乎？且天子之召之也，亦寧以少宗伯，將必大用。大用則以庇天下，斯彙征之慶也。」公聞之曰：「戚者非吾之所敢，喜者乃吾之所憂也。吾思所以逃吾之憂者而不得其道，若之何？」陽明子素知於公，既以戚眾之戚、喜眾之喜，而復憂公之憂。乃敘其事，為賦《六月》，庸以贈公之行。

【編年】

此組詩正德十年六月（1515）作於南京。

其一

六月淒風〔一〕，七月暑雨〔二〕。倏〔三〕雨倏寒，道修〔四〕以阻〔五〕。允允君子，迪爾寢興〔六〕。毋沾爾行，國步斯頻〔七〕。

【校注】

〔一〕淒風：涼風。南朝·宋·鮑照《代白紵舞歌辭》其一：「淒風夏起素雲回，車怠馬煩客忘歸。」

〔二〕暑雨：盛夏所下的雨。南朝·宋·鮑照《芙蓉賦》：「若乃當融風之暄盪，承暑雨之平渥。」

〔三〕倏：本義指犬疾行貌，引申為疾速，忽然。《說文·犬部》：「倏，犬走疾也。」清·段玉裁注：「引伸為凡忽然之辭。」晉·陶潛《飲酒》其三：「一生復能幾？倏如流電驚。」

〔四〕修：長，指空間距離大。《詩經·小雅·六月》：「四牡修廣，其大有顒。」毛傳：「修，長。」唐·韓愈《縣齋有懷》：「寒空聳危闕，曉色曜修架。」

〔五〕阻：阻難，艱難。《詩經·邶風·雄雉》：「我之懷矣，自詒伊阻。」毛傳：「阻，難也。」漢·鄭玄箋：「此自遺以是患難。」

〔六〕寢興：睡下和起床，泛指日夜或起居。晉·潘岳《悼亡詩》其二：「寢興目存形，遺音猶在耳。」

〔七〕國步：國家的命運這樣的危急。步，時運。斯，這樣。頻，危急。《詩經·大雅·桑柔》：「於乎有哀，國步斯頻。」毛傳：「步，行；頻，急也。」高亨注：「國步，猶國運。」

其二

哀此下民〔一〕，靡屆靡極〔二〕。不有老成〔三〕，其何能國〔四〕？吁嗟

老成，獨遺典刑〔五〕。若屋之傾，尚支其楹〔六〕。

【校注】

〔一〕下民：百姓。《詩經·小雅·十月之交》：「今此下民，亦孔之哀。」魏晉·曹丕《今詩》：「哀哀下民靡恃。」

〔二〕靡屆靡極：沒有終極。《詩經·大雅·蕩》：「侯作侯祝，靡屆靡究。」毛傳：「屆，極。」

〔三〕老成：年高有德的人。《後漢書·和帝紀》：「今彪聰明康彊，可謂老成黃耇矣。」唐·李賢注：「老成，言老而有成德也。」

〔四〕能國：能擔任起治理國家的重任。

〔五〕典刑：掌管刑法。《漢書·敘傳下》：「釋之典刑，國憲以平。」宋·陳亮《廷對策》：「數年以來，典刑之官遂以殺為能，雖可生者亦傅以死。」

〔六〕楹：廳堂的前柱。《詩經·小雅·斯干》：「殖殖其庭，有覺其楹。」唐·孔穎達疏：「有覺然高大者，其宮寢之楹柱也。」《左傳·莊公二十三年》：「秋，丹桓宮楹。」晉·杜預注：「楹，柱也。」唐·韓愈《食曲河驛》：「群鳥巢庭樹，乳雀飛簷楹。」

其三

心之憂矣〔一〕，言靡有所。如彼喑人〔二〕，食荼〔三〕與苦〔四〕。依依長谷〔五〕，言采其芝。人各有時，我歸孔時〔六〕。

【校注】

〔一〕心之憂矣：《詩經·邶風·綠衣》：「心之憂矣，曷維其已。」《詩經·魏風·綠衣》：「心之憂矣，我歌且謠。」《詩經·曹風·蜉蝣》：「心之憂矣，於我歸處。」

〔二〕喑人：不能說話的人，啞巴。

〔三〕荼：苦菜。《詩經·邶風·谷風》：「誰謂荼苦，其甘如薺。」毛傳：「荼，苦菜也。」

〔四〕苦：苦菜。《詩經·唐風·采苓》：「采苦采苦，首陽之下。」毛傳：「苦，苦菜也。」唐·孔穎達疏引陸璣曰：「苦菜生山田及澤中，得霜恬脆而美，所謂堇荼如飴。」

〔五〕依依長谷：雲霧繚繞之中隱約的深谷。依依，依稀貌，隱約貌。晉·陶潛《歸園田居》其一：「曖曖遠人村，依依墟里煙。」

〔六〕孔時：適時，及時。《詩經·小雅·楚茨》：「神嗜飲食，使君壽考。孔惠孔時，

維其盡之。」

其四

昔彼叔季〔一〕，沉湎〔二〕以逞〔三〕。耄集以咨，我人自靖〔四〕。允允君子，淑慎〔五〕爾則。靡曰休止，民何於極！

【校注】

〔一〕叔季：幼時。《淮南子·繆稱訓》：「始乎叔季，歸乎伯孟，必此積也。」漢·高誘注：「言自少而至長。」

〔二〕沉湎：沉浸，比喻潛心於某種事物中。唐·陸龜蒙《村夜》其二：「上誦周孔書，沉湎至酣藉。」

〔三〕逞：快心，滿意。《左傳·昭公二十五年》：「魯君失民矣，焉得逞其志？」《後漢書·楊震傳》：「今城外之苑已有五六，可以逞情意，順四節也。」唐·李賢注：「逞，快也。」

〔四〕自靖：謂各行其志。《書·微子》：「自靖，人自獻於先王。」孔傳：「各自謀行其志，人人自獻達於先王。」

〔五〕淑慎：和善謹慎。《詩經·邶風·燕燕》：「終溫且惠，淑慎其身。」漢·鄭玄箋：「淑，善也。」唐·孔穎達疏：「又終當顏色溫和，且能恭順，善自謹慎其身。」《儀禮·士冠禮》：「敬爾威儀，淑慎爾德。」

其五

日月其逝〔一〕，如彼滄浪〔二〕。南北其望，如彼參商〔三〕。允允君子，毋玷爾行。如日之升，以曷不光！

【校注】

〔一〕日月其逝：時光一天天消逝。《詩經·小雅·小明》：「昔我往矣，日月方奧。」宋·陸游《歲晚》：「日月忽其逝，吾生猶幾何。」

〔二〕滄浪：本指青蒼色的水，借指形容頭髮斑白。唐·姚合《奉和前司蘇郎中驚斑鬢之什》：「遶鬢滄浪有幾莖，珥貂相問夕郎驚。」

〔三〕參商：參星和商星。參星在西，商星在東，此出彼沒，永不相見。《左傳·昭公元年》：「昔高辛氏有二子，伯曰閼伯，季曰實沈。居於曠林，不相能也。日尋干戈，以相征討。後帝不臧，遷閼伯於商丘，主辰，商人是因，故辰為商星。遷實沈於大夏，主參，唐人是因，以服事夏商。」唐·陳子昂《為義

興公求拜掃表》：「兄弟無故，並為參商。」

守文弟歸省攜其手歌以別之

爾來我心喜，爾去我心悲。不為倚門念〔一〕，吾寧舍爾歸？長途正炎暑，爾行慎興居〔二〕！涼茗勿頻啜，節食但無饑。勿出船旁立，忽〔三〕登岸上嬉。收心〔四〕每澄坐〔五〕，適意時觀書。申洪〔六〕皆冥頑，不足長嗔笞。見人勿多說，慎默真如愚。接人莫輕率，忠信持謙卑。從來為己學〔七〕，慎獨〔八〕乃其基。紛紛多嗜欲〔九〕，爾病還爾知。到家良足樂，怡顏〔十〕報重闈。昨秋童蒙〔十一〕去，今夏成人歸。長者愛爾敬，少者悅爾慈。親朋稱嘖嘖〔十二〕，羨爾能若茲。信哉學問功，所貴在得師。吾匪崇外飾，欲爾沽名為；望爾日慥慥〔十三〕，聖賢以為期。九兄〔十四〕及印弟〔十五〕，誦此共勉之！

【編年】

此組詩正德十年（1515）作於南京。

【校注】

〔一〕倚門念：《戰國策・齊策六》：「王孫賈年十五，事閔王。王出走，失王之處。其母曰：『女朝出而晚來，則吾倚門而望；女暮出而不還，則吾倚閭而望。』」後因以「倚門」或「倚閭」謂父母望子歸來之心殷切。

〔二〕興居：日常生活起居。晉・葛洪《抱朴子・至理》：「食飲有度，興居有節。」

〔三〕忽：疑為「勿」字。

〔四〕收心：約束意念，使不旁鶩。

〔五〕澄坐：靜坐。

〔六〕申洪：應為王守文的兩個兒子。

〔七〕從來為己學：《論語・憲問》：「子曰：『古之學者為己，今之學者為人。』」此處陽明勉勵其弟為學在於修養自己的道德，而非故作高深裝點門面。

〔八〕慎獨：在獨處中謹慎不苟。《禮記・大學》：「此謂誠於中，形於外，故君子必慎其獨也。」

〔九〕嗜欲：嗜好與欲望，多指貪圖身體感官方面享受的欲望。《荀子・性惡》：「妻子具而孝衰於親，嗜欲得而信衰於友，爵祿盈而忠衰於君。」

〔十〕怡顏：使容顏喜悅，此處指以和顏悅色地面對父母長輩。

〔十一〕童蒙：指年幼無知的兒童。晉・葛洪《抱朴子・正郭》：「中人猶不覺，童蒙

安能知？」

〔十二〕嘖嘖：嘆詞，此處指嘖嘖稱讚。

〔十三〕慥慥：篤實的樣子。《禮記·中庸》：「言顧行，行顧言，君子胡不慥慥爾。」
朱熹集注：「慥慥，篤實貌。」

〔十四〕九兄：指王守儉。

〔十五〕印弟：指王守章。

書扇面寄館賓

湖上群山落照晴，湖邊萬木起秋聲〔一〕。何年歸去陽明洞，獨棹扁
舟鑑〔二〕裏行。

【編年】

此詩正德十年（1515）作於南京。

【校注】

〔一〕秋聲：秋天自然界的聲音，如風聲、落葉聲、蟲鳥聲等。北周·庾信《周譙
國公夫人步陸孤氏墓志銘》：「樹樹秋聲，山山寒色。」唐·劉禹錫《登清暉
樓》：「潯陽江色潮添滿，彭蠡秋聲雁送來。」

〔二〕鑑：本義指鏡子，此處比喻明潔如鏡的水面。宋·范仲淹《出守桐廬道中》：
「滄浪清可愛，白鳥鑑中飛。」指陽明家鄉的鑑湖。

用實夫韻

詩從雪後吟偏好，酒向山中味轉佳〔一〕。巖瀑隨風雜鐘磬，水花如
雨落袈裟。

【編年】

此組詩正德十年（1515）作於南京。

【校注】

〔一〕此句與宋·陳著《遊西湖》：「酒向畫闌樓上買，詩從翠館壁中題。」有異曲
同工之妙。

【著錄】

明·曹學佺編《石倉歷代詩選》卷四百五十五、清·張豫章輯《四朝詩》
卷七十八、清·錢謙益輯《列朝詩集》丙集卷四著錄此詩。

遊牛首山

　　春尋指天闕〔一〕，煙霞眇何許。雙峰久相違，千巖來舊主。浮雲刺中天，飛閣凌風雨。探秀澗阿〔二〕入，蘿陰息筐筥〔三〕。滅迹避塵纓〔四〕，清朝〔五〕入深沮。風磴仰捫歷，淙壑屢窺俯。梯雲躋石閣，下榻得吾所。釋子〔六〕上方候，鳴鐘出延佇〔七〕。頹景〔八〕耀回盼，層飆翼輕舉。曖曖〔九〕林芳暮，泠泠石泉語。清宵耿無寐，峰月升煙宇。會晤得良朋〔十〕，可以寄心腑〔十一〕。

【編年】

　　此詩正德十一年（1516）作於南京。牛首山在南京城南，都穆《遊牛首山記》：「金陵多佳山，牛首為最。山據城之南，初名牛頭，以雙峰並峙若牛角然，佛書所謂『江表牛頭』是也。晉王丞相導嘗指曰：『此天闕也。』後又名天闕山云。」〔註2〕

【校注】

〔一〕天闕：指兩峰對峙之處。因其形似雙闕，故稱。唐・杜甫《遊龍門奉先寺》：「天闕象緯逼，雲臥衣裳冷。」清・仇兆鰲注引韋述《東都記》：「龍門號雙闕，與大內對峙，若天闕然。」

〔二〕澗阿：山澗彎曲處。宋・黃庭堅《筇竹頌》：「郭子遺我，扶余澗阿。」金・元好問《除夜》：「一燈明暗夜如何，寐夢衡門在澗阿。」

〔三〕筐筥：筐與筥的並稱，方形為筐，圓形為筥。《詩經・周頌・良耜》：「或來瞻女，載筐及筥。」漢・鄭玄箋：「筐筥，所以盛黍也。」宋・蘇軾《雨後行菜圃》：「未任筐筥載，已作杯盤想。」

〔四〕塵纓：比喻塵俗之事。南朝・齊・孔稚珪〈北山移文〉：「昔聞投簪逸海岸，今見解蘭縛塵纓。」唐・李周翰注：「塵纓，世事也。」唐・白居易《長樂亭留別》：「塵纓世網重重縛，迴顧方知出得難。」

〔五〕清朝：清晨。三國・魏・阮籍《詠懷》之七八：「清朝飲醴泉，日夕棲山崗。」宋・蘇轍《僧伽塔》：「方丈近聞延老宿，清朝留客語逡巡。」

〔六〕釋子：僧徒的通稱，取釋迦弟子之意。《雜阿念經》：「若欲為福者，應於沙門釋子所作福。」唐・韋應物《寄皎然上人》：「吳興老釋子，野雪蓋精廬。」

〔七〕延佇：久立，久留。《楚辭・離騷》：「悔相道之不察兮，延佇乎吾將反。」漢・

〔註2〕束景南《王陽明年譜長編》，第880頁。

　　　王逸注：「延，長也；佇，立貌。」

〔八〕頹景：夕陽。宋・蘇軾《歲暮作和張常侍》：「我年六十一，頹景薄西山。」
　　　宋・陳造《謝袁起巖使君借貢院居》：「槐龍舞脩影，頹景忽西沒。」

〔九〕曖曖：昏昧不明貌。《楚辭・離騷》：「時曖曖其將罷兮，結幽蘭而延佇。」漢・
　　　王逸注：「曖曖，昏昧貌。」宋・洪興祖補注：「曖，日不明也。」

〔十〕良朋：志趣相投的好友。《詩經・小雅・常棣》：「每有良朋，況也永歎。」唐・
　　　李商隱《漫成》其一：「沈宋裁辭矜變律，王楊落筆得良朋。」

〔十一〕心腑：本義指心臟，此處比喻真誠肺腑之情。

【著錄】

　　　明・曹學佺編《石倉歷代詩選》卷四百五十五著錄此詩。

送徽州洪伄承瑞

　　　平生舉業〔一〕最疏慵〔二〕，挾冊〔三〕虛煩五月從。竹院檢方時論藥，
茆堂放鶴或開籠。憂時漫有孤忠〔四〕在，好古〔五〕全無一藝〔六〕工〔七〕。
念我還能來夜雪，逢人休說坐春風〔八〕。

【編年】

　　　此詩正德九年（1514）作於南京。束景南《王陽明年譜長編》：「《嘉靖徽
州府志》卷十二：『歲貢，洪伄，字承瑞，歙人。豐城教諭。』」〔註3〕

【校注】

〔一〕舉業：為應對科舉考試而準備的學業。《朱子語類》卷十三：「南安黃謙，父
　　　命之入郡學習舉業。」

〔二〕疏慵：疏懶。唐・元稹《臺中鞫獄憶開元觀舊事》：「疏慵日高臥，自謂輕人
　　　寰。」宋・梅堯臣《自詠》：「非同叔夜傲，切莫怪疏慵。」

〔三〕挾冊：隨身攜帶書籍，謂勤奮讀書。宋・宋庠《正月望夜聞影燈之盛齋中孤
　　　坐因寫所懷》：「春宵病客獨無悰，挾冊焚香坐虛牖。」宋・陸游《燈下晚飧
　　　示子遹》：「遹子挾冊于來，時與乃翁相論難。」

〔四〕孤忠：忠貞自持。宋・曾鞏《韓魏公輓歌詞》：「覆冒荒遐知大度，委蛇艱急
　　　見孤忠。」

〔五〕好古：謂喜愛古代的事物。《論語・述而》：「我非生而知之者，好古，敏以求

之者也。」

〔六〕一藝：謂一種才能或技藝。亦指「六藝」之一，指經學的一種。《史記‧儒林列傳》：「能通一藝以上，補文學掌故缺。」《漢書‧藝文志》：「古之學者，耕且養，三年而通一藝。」

〔七〕工：擅長。唐‧杜甫《暮冬送蘇四郎徯兵曹適桂州》：「早作諸侯客，兼工古體詩。」

〔八〕坐春風：如坐春風的簡稱，比喻承良師的教誨。宋‧朱熹《近思錄》卷十四：「朱公掞見明道於汝，歸謂人曰：『光庭在春風中坐了一箇月。』」

病中大司馬喬公有詩見懷次韻奉答二首

【編年】

　　此組詩正德十年（1515）作於南京。喬公，即喬宇。《國榷》卷四十九：「正德十年五月戊子，南京禮部尚書喬宇改南京兵部尚書。」

其一

　　十日無緣拜後塵〔一〕，病夫心地欲生榛。詩篇極見憐才意〔二〕，伎倆〔三〕慚非可用人。黃閣〔四〕望公長秉軸〔五〕，滄江容我老垂綸〔六〕。保釐〔七〕珍重回天手〔八〕，會看春風萬木新。

【校注】

〔一〕後塵：在他人之後。晉‧張協《七命》：「余雖不敏，請尋後塵。」唐‧杜甫《戲為六絕句》其五：「竊攀屈宋宜方駕，恐與齊梁作後塵。」

〔二〕憐才意：愛惜人才。唐‧杜甫《不見》：「不見李生久，佯狂真可哀。世人皆欲殺，吾意獨憐才。」唐‧溫庭筠《秘書省有賀監知章草題詩因有作》：「越溪漁客賀知章，任達憐才愛酒狂。」

〔三〕伎倆：技能，本領，此處是自謙之詞。唐‧貫休《戰城南》其一：「邯鄲少年輩，個個有伎倆。」

〔四〕黃閣：漢代丞相、太尉和漢以後的三公官署避用朱門，廳門塗黃色，以區別於天子。此處借指大司馬喬宇。唐‧杜甫《奉贈嚴八閣老》：「扈聖登黃閣，明公獨妙年。」

〔五〕秉軸：比喻執政。南朝‧梁‧江淹《為蕭驃騎讓太尉增封第三表》：「秉軸之鈞，心希在治。」

〔六〕垂綸：垂釣。傳說呂尚未出仕時曾隱居渭濱垂釣，後常以「垂綸」指隱居或退隱。北周・庾信《擬詠懷》其二：「赭衣居傅巖，垂綸在渭川。」唐・李頎《送喬琳》：「汀洲芳杜色，勸爾暫垂綸。」

〔七〕保釐：治理百姓，保護扶持使之安定。《書・畢命》：「越三日壬申，王朝步自宗周，至於豐，以成周之眾，命畢公保釐東郊。」孔傳：「用成周之民眾，命畢公使安理治正成周東郊，令得所。」唐・王維《送韋大夫東京留守》：「名器苟不假，保釐固其任。」

〔八〕回天手：舊以皇帝為天，凡能諫止皇帝改變意志者稱回天。回天手，謂權大勢重，能左右或扭轉難以挽回的局勢。宋・何澹《早梅二首》其二：「東君少試回天手，已占人間幾許春。」

其二

一自多歧分路塵，堂堂正道遂生榛。聊將膚淺窺前聖，敢謂心傳啟後人。淮海帝圖〔一〕須節制〔二〕，雲雷大造看經綸〔三〕。枉勞詩句裁風雅〔四〕，欲借盤銘獻日新〔五〕。

【校注】

〔一〕帝圖：本指帝王治國的謀略，引申為帝業。唐・李白《大庭庫》：「帝圖終冥沒，歎息滿山川。」

〔二〕節制：克制。《北史・長孫道生傳》：「君臨臣喪，自有節制，今乘輿屢降，恐乖典禮。」

〔三〕此句用典《周易・屯卦》：「《象》曰：雲雷，《屯》，君子以經綸。」唐・孔穎達疏：「經謂經緯，綸謂綱綸，言君子法此屯象有為之時，以經綸天下，約束於物。」《屯》之卦象是為雲雷聚，雲行於上，雷動於下。按《象傳》以雨比恩澤，以雷比刑，謂君子觀此卦象和卦名，則善於兼用恩澤與刑罰以經緯國家，即籌劃治理國家大事。

〔四〕風雅：指《詩經》中的《國風》和《大雅》、《小雅》，亦用以指代《詩經》。漢・班固《東都賦》：「臨之以王制，考之以風雅。」唐・杜甫《戲為六絕句》其六：「別裁偽體親風雅，轉益多師是汝師。」此處是指喬公所寄詩文之事。

〔五〕此句典出《禮記・大學》：「湯之盤銘曰：『苟日新，日日新，又日新。』」漢・鄭玄注：「盤銘，刻戒於盤也。」唐・孔穎達疏：「湯沐浴之盤，而刻銘為戒，必於沐浴之盤者，戒之甚也。」借用盤銘上的勸戒文辭以勉勵自己。

送諸伯生歸省

天涯送爾獨傷神，歲月龍山夢裏春。為謝江南諸故舊〔一〕，起居東嶽太夫人〔二〕。閒中書卷堪時展，靜裏工夫要日新。能向塵途薄〔三〕軒冕〔四〕，不妨簑笠〔五〕老江濱。

【編年】

此詩正德九年（1514）作於南京。束景南《王陽明年譜長編》考證：「陽明娶介庵諸讓之長女為妻，故與諸氏家族關係親密。大致諸讓生子諸經（用明），諸經生二子諸階、諸陽；諸緝（用文）生子諸陛（伯生）；諸忠生子諸斅，諸斅生子諸稱（揚伯）。前考證諸稱正德九年正月以部運過金陵，疑諸陛乃與同來金陵，留至十月遂往遊嶽麓。」〔註4〕

【校注】

〔一〕諸故舊：陽明妻子家中的親戚友人。

〔二〕此句擬用杜甫《奉送蜀州詩》：「遷轉五州防御使，起居八座太夫人。」清‧仇兆鰲注：「《後漢‧岑彭傳》：大長秋以朔望問太夫人起居。」起居即問候、問安之意。

〔三〕薄：輕視，鄙薄。《孟子‧盡心上》：「孟子曰：『於不可已而已者，無所不已。於所厚者薄，無所不薄也。』」

〔四〕軒冕：古時大夫以上官員的車乘和冕服，此處借指官位爵祿。《莊子‧繕性》：「古之所謂得志者，非軒冕之謂也，謂其無以益其樂而已矣。」唐‧王維《春夜竹亭贈錢少府歸藍田》：「羨君明發去，采蕨輕軒冕。」

〔五〕簑笠：簑衣和笠帽，此處借指歸隱江邊垂釣。唐‧柳宗元《江雪》：「孤舟簑笠翁，獨釣寒江雪。」宋‧蘇軾《藉田》：「江湖來夢寐，簑笠負平生。」

寄馮雪湖二首

【編年】

此組詩正德十年（1515）作於南京。馮雪湖，即馮蘭。《雍正浙江通志》卷一百八十：「馮蘭，《姚江逸詩傳》：『字佩之，成化己丑進士，選庶吉士，仕至江西提學副使。其在京師，與李東陽、謝遷雅相好。遷既歸田，與蘭唱和無虛日間書之以寄東陽，東陽亦一一和之。是時東陽為一世宗工，而於蘭則敬

〔註4〕束景南《王陽明年譜長編》，第793頁。

為老友，各有樂府詠史詩，號為新體。』」

其一

竿竹誰隱扶桑〔一〕東？白眉之叟今龐公。隔湖聞雞謝墅〔二〕接，渡海有鶴蓬山〔三〕通。鹵田〔四〕經歲苦秋雨，浪痕半壁驚湖風。歌聲屋低似金石〔五〕，點也此意當能同。

【校注】

〔一〕扶桑：傳說日出於扶桑之下，拂其樹杪而升，因謂為日出處。《楚辭·九歌·東君》：「暾將出兮東方，照吾檻兮扶桑。」漢·王逸注：「日出，下浴於湯谷，上拂其扶桑，爰始而登，照曜四方。」晉·陶潛《閒情賦》：「悲扶桑之舒光，奄滅景而藏明。」

〔二〕謝墅：晉謝安在會稽東山及建康俱有別墅，後人概稱「謝墅」，此處指馮氏歸隱居處。唐·李商隱《彭城公薨後贈杜二十七勝李十七潘二君並與愚同出故尚書安平公門下》：「謝墅庾樓相弔後，自今岐路各西東。」

〔三〕蓬山：蓬萊山，相傳為仙人所居。南朝·梁·沈約《桐柏山金庭館碑》：「望玄洲而駿驅，指蓬山而永鶩。」唐·李商隱《無題》：「蓬山此去無多路，青鳥殷勤為探看。」

〔四〕鹵田：鹽城地。《資治通鑑·後周世宗顯德五年》：「唐主使陳覺白帝，以江南無鹵田，願得海陵監南屬以贍軍。」宋·胡三省注：「鹵田，今謂之鹼地。」

〔五〕金石：鐘磬一類樂器。《國語·楚語上》：「而以金石匏竹之昌大、囂庶為樂。」三國·吳·韋昭注：「金，鐘也；石，磬也。」

【著錄】

明·曹學佺編《石倉歷代詩選》卷四百五十五著錄此詩。

其二

海岸西頭湖水東，他年簑笠擬從公。釣沙碧海群鷗借，樵徑〔一〕青雲〔二〕一鳥通。

席有春陽堪坐雪，門垂五柳好吟風。於今猶是天涯夢，悵望青霄月色同。

【校注】

〔一〕樵徑：打柴人走的小路。唐·李華《仙游寺》：「捨事入樵迳，雲木深谷口。」

〔二〕青雲：高空的雲，此處借指高空。《楚辭·遠游》：「涉青雲以泛濫兮，忽臨睨夫舊鄉。」

諸用文歸用子美韻〔一〕為別

一別煙雲歲月深，天涯相見二毛〔二〕侵。孤帆江上親朋意，樽酒燈前故國心。冷雪晴林還作雨，鳥聲幽谷自成吟。飲餘莫上峰頭望，煙樹迷茫思不禁。

【編年】

此詩正德九年（1514）作於滁州。束景南《王陽明年譜長編》：「從內兄諸用文以部運過南京，來滁相見，為其書卷題字，並屬徐愛作序，有詩送別。」據束景南考證：「徐愛二月即行部江南出南都，故可知諸用文之來滁在正月中。」〔註5〕

【校注】

〔一〕用子美韻：即杜甫《舍弟觀赴藍田取妻子到江陵喜寄三首》其二：「馬度秦關雪正深，北來肌骨苦寒侵。他鄉就我生春色，故國移居見客心。賸欲提攜如意舞，喜多行坐白頭吟。巡檐索共梅花笑，冷蕊疏枝半不禁。」

〔二〕二毛：斑白的頭髮。《左傳·僖公二十二年》：「君子不重傷，不禽二毛。」晉·杜預注：「二毛，頭白有二色。」宋·文天祥《病中作》：「歲月侵尋見二毛，劍花冷落鸊鵜膏。」

題王實夫畫

隨處山泉著草廬，底須〔一〕松竹掩柴扉。天涯遊子何曾出？畫裏孤帆未是歸。小酉〔二〕諸峰開夕照，虎溪〔三〕春寺入煙霏。他年還向辰陽望，卻憶題詩在翠微。

【編年】

此組詩正德九年（1514）作於南京。

【校注】

〔一〕底須：何須。元·許有壬《摸魚子·和明初韻》：「傾綠醑，底須按樂天池上霓裳譜！」

〔二〕小酉：山名。《光緒湖南通志》卷二十四：「小酉山，在縣西北二十里。一名鳥連山，亦名酉陽山。」

〔註5〕束景南《王陽明年譜長編》，第738頁。

〔三〕虎溪：見前注《辰州虎溪龍興寺聞楊名父將到留韻壁間》。

【著錄】

　　明・曹學佺編《石倉歷代詩選》卷四百五十五、清・《題畫詩》卷十五山水類、清・錢謙益輯《列朝詩集》丙集卷四著錄此詩。

贈潘給事

　　五月滄浪濯足歸，正堪荷葉製初衣〔一〕。甲非乙是君休問，酉水〔二〕辰山〔三〕志未違。沙鳥不須疑雀舫〔四〕，江雲先為掃魚磯〔五〕。武陵溪壑猶深僻，莫更移家入翠微。

【編年】

　　此詩正德十年（1515）五月作於南京。潘給事，即潘棠，字希召，號雲巢，辰州人。《乾隆辰州府志》卷三十六：「潘棠，字希召，號雲巢，辰州衛人。少聰穎，學誠甚優。弘治乙卯，舉於鄉。乙丑，成進士。」〔註6〕

【校注】

　〔一〕初衣：入仕前的衣著。唐・李白《送賀監歸四明應制》：「久辭榮祿遂初衣，曾向長生說息機。」

　〔二〕酉水：又名西溪，古武陵郡境內五溪之一，即今源出湖北鶴峰西北，南流折東流至湖南沅陵城南注入沅水的北河和酉水。

　〔三〕辰山：在今湖南安化。

　〔四〕雀舫：形似鳥狀的遊船。唐・白居易《池上小宴問程秀才》：「雨滴篷聲青雀舫，浪搖花影白蓮池。」

　〔五〕魚磯：可供垂釣的水邊巖石。唐・戴叔倫《越溪村居》：「負米到家春未盡，風蘿閒掃釣魚磯。」

【著錄】

　　明・曹學佺編《石倉歷代詩選》卷四百五十五、清・錢謙益輯《列朝詩集》丙集卷四著錄此詩。

與沅陵郭掌教

　　記得春眠寺閣雲〔一〕，松林水鶴日為群。諸生問業沖星入〔二〕，稚子

〔註6〕束景南《王陽明年譜長編》，第804頁。

拈香靜夜焚。世事暗隨江草換，道情曾許碧山聞。別來點瑟還誰鼓？悵望煙花此送君。

【編年】

　　此組詩正德十年（1515）作於南京。郭掌教，即郭轔。《乾隆辰州府志》卷三十四：「郭轔，閩縣人。正德三年，教諭沅陵，勤於課誨，士之有才者，多方振拔。改學宮，建書院，皆力為之倡，學者敬愛之。去之日，繪其像，留祀名宦祠。」〔註7〕

【校注】

　　〔一〕寺閣：指隆興寺憑虛樓。束景南《王陽明年譜長編》：「郭轔或是正德五年春陽明自龍場驛歸經辰州時來問學，詩所云『寺閣』，即隆興寺憑虛樓也。」〔註8〕

　　〔二〕此句比喻當時前來聽講問學的學生之多。

別族太叔克彰

　　情深宗族誼同方〔一〕，消息那堪別後荒。江上相逢疑未定，天涯獨去意重傷。身閒最覺湖山靜，家近殊聞草木香。雲路〔二〕莫嗟遲發軔〔三〕，世塗〔四〕崎曲〔五〕盡羊腸。

【編年】

　　此詩正德九年八月（1514）作於南京。束景南《王陽明年譜長編》考證此詩，在《王陽明全集》置於正德九年詩中。《與克彰太叔》云：「（立志）此守仁邇來所新得者，願毋輕擲」，即指陽明為王守文作《立志說》，故可知陽明送別王克彰歸餘姚當在正德九年八月中。疑王克彰與王守文同在七月來南都受學，一月而歸，『新得者』，蓋去七月不遠也。

　　王克彰，錢德洪於《與克彰太叔》下題云：「克彰號石川，師之族叔祖也。聽講就弟子列，退坐私室，行家人禮。」可見王克彰雖為太叔，亦是陽明「弟子」也。按陽明太叔輩中，有王世昌生四子：王瑞、王臣、王澤、王豪，疑王克彰即此王瑞。《王陽明全集》卷二十六另有《又與克彰太叔》，作於正德十五年，可見陽明與王克彰關係尤密。〔註9〕

〔註7〕束景南《王陽明年譜長編》，第 804 頁。
〔註8〕束景南《王陽明年譜長編》，第 804 頁。
〔註9〕束景南《王陽明年譜長編》，第 789 頁。

【校注】

〔一〕同方：志向相同。《禮記・儒行》：「儒有合志同方，營道同術。」《逸周書・官人》：「合志而同方，共其憂而任其難，行忠信而不疑。」清・朱右曾校釋：「方，向，志之所向。」宋・范成大《次韻嚴子文旅中見贈》：「交情敢說同方友，句法甘從弟子員。」

〔二〕雲路：遙遠的路程。南朝・陳・張正見《從軍行》：「雁塞秋聲遠，龍沙雲路迷。」唐・錢起《登復州南樓》：「故人雲路隔，何處寄瑤華。」

〔三〕發軔：拿掉支住車輪的木頭，使車前進，借指出發，起程。《楚辭・離騷》：「朝發軔於蒼梧兮，夕余至乎縣圃。」宋・朱熹集注：「軔，揭車木也，將行則發之。」唐・杜甫《昔遊》：「余時遊名山，發軔在遠墅。」

〔四〕世塗：塵世的道路，人生的歷程。唐・秦韜玉《寄李處士》：「世塗必竟皆應定，人事都來不在忙。」

〔五〕崎曲：曲折。晉・陶潛《庚子歲五月中從都還阻風於規林》其一：「鼓棹路崎曲，指景限西隅。」

登憑虛閣和石少宰韻

山閣新春負一登，酒邊孤興〔一〕晚堪乘〔二〕。松間鳴瑟〔三〕驚棲鶴，竹裏茶煙起定僧〔四〕。望遠每來成久坐，傷時有淚恨無能。峰頭見說連閶闔，幾欲排雲〔五〕尚未曾。

【編年】

此組詩正德十年（1515）作於南京。

束景南《王陽明年譜長編》：「憑虛閣在雞籠山雞鳴寺，呂律《憑虛閣記略》：『憑虛閣在雞鳴山之陽，山高三十丈餘，而閣駕出其上。國初，建佛寺，以崇寶志公祠事，茲閣未有。宣德間，始構焉。而規制弱小。至成化中，已垂蔽矣。時吾鄉康敏白公來尹茲土，乃廣之，為間凡五，軒豁爽塏，迄今屹然。緣崖插壁，平臨木梢，俯瞰山麓，空籦若寄太虛然。』（《金陵梵刹志》卷十七），故登憑虛閣實即遊雞鳴寺也。『少宰』指吏部侍郎，《國榷》卷四十九：『正德十年五月戊戌，南京吏部左侍郎石珤為禮部右侍郎。』由此可以確知陽明此詩作於正德十年春正月。」〔註10〕

〔註10〕束景南《王陽明年譜長編》，第 796 頁。

【校注】

〔一〕孤興：孤獨無伴時的心緒。《文選‧陸機〈文賦〉》：「或託言於短韻，對窮跡而孤興。」唐‧李善注：「跡窮而無偶，故曰孤興。」唐‧岑參《送王大昌齡赴江寧》：「舟中饒孤興，湖上多新詩。」陽明亦有詩《泊金山寺二首十月將趨行在》其一：「難後詩懷全欲減，酒邊孤興尚堪憑。」

〔二〕乘：登、升。此處意為登閣。

〔三〕鳴瑟：彈奏琴瑟。唐‧韓愈《感春五首》其一：「已呼孺人戞鳴瑟，更遣稚子傳清杯。」

〔四〕定僧：坐禪入定的和尚。唐‧劉得仁《宿僧院》：「樹搖幽鳥夢，螢入定僧衣。」

〔五〕排雲：排開雲層，亦是比喻山峰極高。晉‧郭璞《遊仙詩》其六：「神仙排雲出，但見金銀臺。」南朝‧梁‧沈約《詠孤桐》：「龍門百尺時，排雲少孤立。」

【著錄】

明‧曹學佺編《石倉歷代詩選》卷四百五十五、清‧錢謙益輯《列朝詩集》丙集卷四著錄此詩。

登閱江樓

絕頂〔一〕樓荒舊有名，高皇〔二〕曾此駐龍旌〔三〕。險存道德虛天塹，守在蠻夷豈石城？山色古今餘王氣〔四〕，江流天地變秋聲。登臨授簡誰能賦〔五〕？千古新亭一愴情〔六〕！

【編年】

此組詩正德十年（1515）作於南京。《南京都察院志‧古蹟》卷二十二：「閱江樓，址在盧龍山頂，擬建，不果。」

【校注】

〔一〕絕頂：山之最高峰。南朝‧梁‧沈約《早發定山》：「傾壁忽斜豎，絕頂復孤圓。」唐‧杜甫《望嶽》：「會當凌絕頂，一覽眾山小。」

〔二〕高皇：明太祖朱元璋。

〔三〕龍旌：畫有龍的旗幟，天子儀仗之一。南朝‧宋‧謝莊《侍宴蒜山詩》：「龍旌拂紆景，鳳蓋起流雲。」

〔四〕王氣：指象徵帝王運數的祥瑞之氣。唐‧韋莊《北原閒眺》：「千年王氣浮清

洛，萬古坤靈鎮碧嵩。」唐・劉禹錫《西塞山懷古》：「王濬樓船下益州，金
陵王氣黯然收。」

〔五〕此句用典南朝・宋・謝惠連《雪賦》：「梁王不悅，遊於兔園……授簡於司馬
大夫，曰：『抽子秘思，騁子妍辭，侔色揣稱，為寡人賦之。』」授簡，給予
簡札，謂囑人寫作。唐・杜甫《又作此奉衛公》：「白頭授簡焉能賦，媿似相
如為大夫。」

〔六〕此句典出南朝・宋・劉義慶《世說新語・言語》：「過江諸人，每至美日，輒
相邀新亭，藉卉飲宴。周侯中坐而歎曰：『風景不殊，正自有山河之異！』皆
相視流淚。唯王丞相愀然變色曰：『當共戮力王室，克復神州，何至作楚囚相
對！』」謂懷念故國或憂國傷時的悲憤心情。宋・陸游《追感往事》其五：「不
望夷吾在江左，新亭對泣亦無人。」

【著錄】

清・彭孫貽輯《明詩鈔》卷九著錄此詩，題為《登閱江閣》；清・錢謙益
輯《列朝詩集》丙集卷四著錄此詩。

獅子山

殘暑須還一雨清，高峰極目〔一〕快新晴〔二〕。海門〔三〕潮落江聲急，
吳苑〔四〕秋深樹腳明。烽火正防胡騎入〔五〕，羽書〔六〕愁見朔雲橫。百
年未有涓埃報〔七〕，白髮今朝又幾莖？

【編年】

此組詩正德十年（1515）作於南京。《南京都察院志・山川》卷二十二：
「獅子山，以行名，在北二十里。晉元帝初渡江，見山嶺綿延遠接石頭，以比
北地盧龍，故其初名盧龍山。遠望松檜行列，宛若猭猊雄峙。都城之北，聖祖
嘗伏兵大破陳友亮於此山下。」

【校注】

〔一〕極目：滿目，充滿視野。南北朝・蕭綱《登城北望詩》：「茲焉聊回眺，極目
杳難分。」

〔二〕新晴：剛放晴的天氣。晉・潘岳《閒居賦》：「微雨新晴，六合清朗。」

〔三〕海門：入海口處。唐・韋應物《賦得暮雨送李冑》：「海門深不見，浦樹遠含
滋。」

〔四〕吳苑：吳地的園囿，因借指吳地或蘇州。唐·馬戴《送顧非熊下第歸江南》：
「草際楚田雁，舟中吳苑人。」

〔五〕此句暗合當時時事。《明通鑑》卷四十六：「正德十年八月丙寅，小王子以十
萬餘騎自花馬池入固原，聯營七十餘里，肆行剽殺，城堡為空。巡按陝西御
史常在奏劾總兵官潘浩、都御史邊憲及太監廖堂等，詔遣給事中一人往會巡
按御史勘實以聞。」

〔六〕羽書：猶羽檄。《後漢書·西羌傳論》：「傷敗踵係，羽書日聞。」唐·李賢注：
「羽書即檄書也。」唐·高適《燕歌行》：「校尉羽書飛瀚海，單于獵火照狼
山。」

〔七〕涓埃報：涓埃即細流與微塵，比喻微小的報答。典出《周書·蕭撝傳》：「臣
披款歸朝，十有六載，恩深海岳，報淺涓埃。」唐·杜甫《野望》：「惟將遲
暮供多病，未有涓埃答聖朝。」

遊清涼寺三首

【編年】

此組詩正德十一年（1516）作於南京。《金陵梵剎志》：「石頭山清涼寺，
在都城西清江門內……吳順義中，徐溫建為興教寺。南唐改石頭清涼大道
場。宋太平興國五年，改清涼廣惠禪寺。後數廢。國初洪武間，周王重建，改
額清涼陟寺。」〔註11〕

其一

春尋載酒〔一〕本無期，乘興還嫌馬足遲〔二〕。古寺共憐春草沒，遠
山偏與夕陽宜。雨晴澗竹消蒼粉，風暖巖花落紫蕤。昏黑更須凌絕頂，
高懷想見少陵詩〔三〕。

【校注】

〔一〕載酒：備酒。唐·皮日休《習池晨起》：「清曙蕭森載酒來，涼風相引繞亭臺。」
唐·杜牧《遣懷》：「落魄江南載酒行，楚腰腸斷掌中輕。」

〔二〕馬足遲：嫌馬走的慢。唐·李洞《感知上刑部鄭侍郎》：「緣杖蟲聲切，過門
馬足遲。」

〔三〕少陵：指杜甫《望嶽》。

〔註11〕束景南《王陽明年譜長編》，第 879 頁。

【著錄】

　　明・曹學佺編《石倉歷代詩選》卷四百五十五、明・葛寅亮撰《金陵梵剎志》卷十九著錄此詩。

其二

　　積雨山行已後期〔一〕，更堪多病益遲遲〔二〕。風塵漸覺初心負〔三〕，丘壑真與野性宜〔四〕。綠樹陰層新作蓋〔五〕，紫蘭香細尚餘蕤〔六〕。輞川圖畫〔七〕能如許，絕是無聲亦有詩。

【校注】

〔一〕後期：遲誤期限。《史記・大宛列傳》：「騫為衛尉，與李將軍俱出右北平擊匈奴。匈奴圍李將軍，軍失亡多；而騫後期當斬，贖為庶人。」

〔二〕遲遲：徐行貌。《詩經・邶風・谷風》：「行道遲遲，中心有違。」毛傳：「遲遲，舒行貌。」此處當作延遲慢走。唐・司空圖《僧舍貽友人》：「舊山歸有阻，不是故遲遲。」

〔三〕初心負：違背了最初的本意。宋・朱熹《次旬父韻》：「功名終好在，且莫負初心。」

〔四〕野性宜：符合自己喜愛自然，樂居田野的性情。唐・韜光《謝白樂天招》：「山僧野性好林泉，每向巖阿倚石眠。」宋・陸游《野性》：「野性從來與世疏，俗塵自不到吾廬。」

〔五〕蓋：覆蓋。《尚書・蔡仲之命》：「爾尚蓋前人之愆。」《淮南子・說林訓》：「日月欲明而浮雲蓋之。」漢・高誘注：「蓋，猶蔽也。」

〔六〕蕤：指花。三國・魏・王粲《初征賦》：「春風穆其和暢兮，庶卉煥以敷蕤。」晉・陸機《文賦》：「播芳蕤之馥馥，發青條之森森。」

〔七〕詳注見前詩《即席次王文濟少參韻二首》其一。

【著錄】

　　明・曹學佺編《石倉歷代詩選》卷四百五十五著錄此詩、明・葛寅亮撰《金陵梵剎志》卷十九著錄此詩。

其三

　　不顧尚書〔一〕此日期，欲為花外板輿遲。繁絲急管人人醉，竹徑松堂處處宜。雙樹暗芳春寂寞，五峰晴秀晚羲蕤。暮鐘杳杳催歸騎，惆悵煙光〔二〕不盡詩。

【校注】

〔一〕尚書：指南京戶部尚書鄧庠。《明清進士錄》：「鄧庠，成化八年三甲一百五十
　　　名進士。湖廣宜章人，字宗周，號東溪。」

〔二〕煙光：指春天的風光。唐・黃滔《祭崔補闕》：「閩中二月，煙光秀絕。」

寄張東所次前韻

　　遠趨君命忽中違，此意年來識者稀。黃綺〔一〕曾為炎祚〔二〕出，子
陵終向富春歸〔三〕。江船一話千年闊，塵夢今驚四十非！何日孤帆過天
目〔四〕，海門春浪掃漁磯。

【編年】

　　此組詩正德九年（1514）作於南京。據束景南《王陽明年譜長編》考證：
「張詡，白沙弟子，故為陽明所重。據黃佐傳，當是正德八年冬高公韶疏薦
張詡，張詡在正德九年春赴南畿，至南都見陽明當已在五月。詩『千年闊』當
是『十年闊』之誤。」〔註12〕

【校注】

〔一〕黃綺：漢初隱士商山四皓中夏黃公、綺里季的簡稱。晉・陶潛《飲酒》其六：
　　　「咄咄俗中愚，且當從黃綺。」唐・李白《東武吟》：「書此謝知己，吾尋黃
　　　綺翁。」

〔二〕炎祚：五行家謂劉漢、趙宋皆以火德王，因以「炎祚」指漢或宋的國統。

〔三〕此句典出《後漢書・逸民傳・嚴光》：「嚴光，字子陵，一名遵會，稽餘姚人
　　　也。少有高名，與光武同遊學。及光武即位，乃變名姓，隱身不見。……除
　　　為諫議大夫，不屈，乃耕於富春山，後人名其釣處為嚴陵瀨焉。」

〔四〕天目：指天目山。《乾隆江南通志》卷十三：「天目山，在泰州東四十里。相
　　　傳有王仙翁嘗居此，山上有雙井，相對如目，水甚清冽。」

【著錄】

　　明・曹學佺編《石倉歷代詩選》卷四百五十五著錄此詩。

別余縉子紳

　　不須買棹往來頻，我亦攜家向海濱〔一〕。但得青山隨鹿豕，未論黃

〔註12〕束景南《王陽明年譜長編》，第776頁。

閣〔二〕畫麒麟〔三〕。喪心疾已千年痼〔四〕，起死方存六籍〔五〕真。歸向蘭溪溪上問，桃花春水正迷津。

【編年】

　　此組詩正德十年（1515）作於南京。

【校注】

〔一〕海濱：海邊。《尚書·禹貢》：「厥土白墳，海濱廣斥。」唐·孔穎達疏：「海畔迴闊，地皆斥鹵，故云廣斥。」唐·李白《贈友人》其三：「虎伏避故塵，漁歌游海濱。」

〔二〕黃閣：漢代丞相、太尉和漢以後的三公官署避用朱門，廳門塗黃色，以區別於天子。此處借指大司馬喬宇。唐·杜甫《奉贈嚴八閣老》：「扈聖登黃閣，明公獨妙年。」

〔三〕畫麒麟：指建立卓越功勳，名垂青史。《漢書·蘇武傳》：「甘露三年，單于始入朝。上思股肱之美，乃圖畫其人於麒麟閣，法其形貌，署其官爵姓名。」唐·顏師古注引張晏曰：「武帝獲麒麟時作此閣，圖畫其象於閣，遂以為名。」唐·杜甫《季夏送鄉弟韶陪黃門從叔朝謁》：「莫度清秋吟蟋蟀，早聞黃閣畫麒麟。」

〔四〕此句謂「良知」不顯已千年痼疾。

〔五〕六籍：即六經。漢·班固〈東都賦〉：「蓋六籍所不能談，前聖靡得言焉。」唐·李善注：「六籍，六經也。」晉·陶潛《飲酒》其二十：「如何絕世下，六籍無一親。」

【著錄】

　　明·曹學佺編《石倉歷代詩選》卷四百五十五著錄此詩。

送劉伯光

　　五月茅茨靜竹扉，論心方洽忽辭歸。滄江獨棹衝新暑，白髮高堂戀夕暉。謾道《六經》皆注腳〔一〕，還誰一語悟真機〔二〕？相知〔三〕若問年來意，已傍西湖買釣磯。

【編年】

　　此組詩正德九年（1514）作於南京。束景南《王陽明年譜長編》考證：「《明儒學案》卷十九《縣令劉梅源先生曉》：『劉曉，字伯光，號梅源，安福

人。鄉舉為新寧令，見陽明於南京，遂棄受焉。』可見劉曉乃在赴新寧令前，先來南都見陽明，蓋欲請陽明為《竹江劉氏族譜》作跋也。」〔註13〕

【校注】

〔一〕注腳：解釋字句的文字。宋・朱熹《答呂子約書》：「所論甚善，末後注腳尤好。」

〔二〕真機：玄妙之理，秘要。唐・楊巨源《送淡公歸嵩山龍潭寺葬本師》：「野煙秋火蒼茫遠，禪境真機去住閒。」宋・陳師道《和賈耘老春晚》：「一臥海城春又晚，不妨閒處得真機。」

〔三〕相知：互相瞭解，知心的朋友。唐・馬戴《下第再過崔邵池陽居》：「關內相知少，海邊來信稀。」

冬夜偶書

　　百事支離〔一〕力不禁，一官棲息病相侵。星辰魏闕江湖迴〔二〕，松柏茅茨歲月深。欲倚黃精〔三〕消白髮，由來空谷〔四〕有餘音。曲肱已醒浮雲夢〔五〕，荷蕢休疑擊磬心〔六〕。

【編年】

　　此組詩正德十年（1515）作於南京。

【校注】

〔一〕支離：世事繁瑣雜亂。漢・揚雄《法言・五百》：「或問：『天地簡易而法之，何《五經》之支離？』曰：『支離蓋其所以為簡易也。』」汪榮寶義疏：「支離、支繚，皆繁多歧出之意。」

〔二〕魏闕：古代宮門外兩邊高聳的樓觀，樓觀下常為懸布法令之所。此處借指朝廷。《莊子・讓王》：「身在江海之上，心居乎魏闕之下。」陽明此句與居夷時《次韻送陸文順僉憲》：「心馳魏闕星辰迴，路繞鄉山草木榮。」已經完全不同心態。

〔三〕黃精：多年生草本，藥草名，食之可以長壽。三國・魏・嵇康《與山巨源絕交書》：「又聞道士遺言，餌朮黃精，令人久壽，意甚信之。」明・李時珍《本草綱目・草一・黃精》：「黃芝、戊己芝、菟竹……黃精為服食要藥，故《別錄》列於草部之首，仙家以為芝草之類，以其得坤土之精粹，故謂之黃精。」

〔四〕空谷：空曠幽深的山谷，多指賢者隱居的地方。《詩經·小雅·白駒》：「皎皎
　　　白駒，在彼空谷。」唐·孔穎達疏：「賢者隱居，必當潛處山谷。」

〔五〕《論語·述而》：「飯疏食飲水，曲肱而枕之，樂在其中矣。不義而富且貴，於
　　　我如浮雲。」

〔六〕《論語·憲問》：「子擊磬於衛，有荷蕢而過孔氏之門者曰：『有心哉，擊磬
　　　乎！』既而曰：『鄙哉，硜硜乎！莫己知也，斯己而已矣。深則厲，淺則
　　　揭。』」

寄潘南山

　　秋風吹散錦溪雲，一笑南山雨後新。詩妙盡從言外得〔一〕，易微誰
見畫前真？登山腳健何妨老，留客情深不計貧〔二〕。朱呂〔三〕月林傳故
事，他年還許上西鄰。

【編年】

　　此組詩正德十一年（1516）作於南京。潘南山即潘府，《明史》卷二百八
十二：「潘府，字孔修，上虞人，成化末進士。」

【校注】

〔一〕詩句的美妙不在於文采辭美，而在於詩外無盡的餘味。宋·歐陽修《六一詩
　　　話》：「必能狀難寫之景，如在目前，含不盡之意，見於言外，然後為至矣。」

〔二〕此句擬化用宋·韋驤《中秋夜》：「坐無紅袖何妨樂，瑧有芳醪不計巡。」

〔三〕朱呂：朱熹和呂祖謙。

送胡廷尉

　　鍾陵〔一〕雪後市燈殘，簫鼓〔二〕江船發曉寒。山水總憐南國好，才
猷〔三〕須濟朔方艱〔四〕。彩衣得侍仙舟〔五〕遠，春色行應故里看。別去
中宵瞻北極，五雲〔六〕飛處是長安。

【編年】

　　此組詩正德十一年（1516）作於南京。束景南《王陽明年譜長編》考證：
「陽明所言『胡廷尉』，應即指胡東皋，字汝登，號方岡，餘姚人，陽明姻
親。時任南京刑部郎中，故陽明稱其為廷尉。」〔註14〕

―――――――――――――

〔註14〕束景南《王陽明年譜長編》，第 877 頁。

【校注】

〔一〕鍾陵：即鍾山，即紫金山，在今江蘇省南京市東北。唐・李紳《過鍾陵》：「龍沙江尾抱鍾陵，水郭村橋晚景澄。」

〔二〕簫鼓：簫與鼓，泛指樂奏。南朝・梁・江淹《別賦》：「琴羽張兮簫鼓陳，燕趙歌兮傷美人。」唐・李白《發白馬》：「將軍發白馬，旌節渡黃河。簫鼓聒山嶽，滄溟湧濤波。」

〔三〕才猷：才能謀略。唐・錢起《巨魚縱大壑》：「喻士逢明主，才猷得所施。」宋・朱熹《挽周侍郎二首》其一：「德量推容物，才猷足濟時。」

〔四〕朔方艱：指小王子以十萬餘騎南下犯邊之事。朔方，指北方。《尚書・堯典》：「申命和叔，宅朔方，曰幽都。」宋・蔡沈集傳：「朔方，北荒之地。」

〔五〕仙舟：賢人所乘坐的船，此處是對胡廷尉的讚美。隋・江總《洛陽道》其一：「仙舟李膺棹，小馬王戎鑣。」唐・李嶠《送光祿劉主簿之洛》：「仙舟窅將隔，芳罜暫云同。」

〔六〕五雲：青、白、赤、黑、黃五種雲色，古人視雲色占吉凶豐歉。此處指皇帝所在地。唐・王建《贈郭將軍》：「承恩新拜上將軍，當值巡更近五雲。」

與郭子全

　　相別翻憐相見時，碧桃〔一〕開盡桂花枝。光陰如許成虛擲〔二〕，世故〔三〕摧人總不知。雲路不須朱紱〔四〕去，歸帆且得彩衣〔五〕隨。嵐山風景濂溪近，此去還應自得師。

【編年】

　　此組詩正德十年（1515）作於南京。

【校注】

〔一〕碧桃：桃樹的一種，又名千葉桃。唐・郎士元《聽鄰家吹笙》：「重門深鎖無尋處，疑有碧桃千樹花。」

〔二〕虛擲：白白地丟棄、浪費。唐・白居易《三月三日懷微之》：「良時光景長虛擲，壯歲風情已闇銷。」

〔三〕世故：世上的事情。三國・魏・嵇康《與山巨源絕交書》：「機務纏其心，世故煩其慮。」唐・李商隱《為賀拔員外上李相公啟》：「世故推遷，年華荏苒。」

〔四〕朱紱：古代禮服上的紅色蔽膝，借指官服。《周易・困卦》：「困於酒食，朱

紱方來。利用享祀，征凶無咎。」宋・程頤傳：「朱紱，王者之服，蔽膝也。」

〔五〕彩衣：用老萊子「彩衣戲蝶」之典，後因以彩衣指孝養父母。

次欒子仁韻送別四首

子仁歸，以四詩請用其韻答之，言亦有過者，蓋因欒仁之病而藥之，病已則去其藥。

【編年】

此組詩正德九年（1514）作於南京。束景南《王陽明年譜長編》考：「欒惠余正月邂逅湛甘泉於蘭溪，得學聖人之要，歸西安後，即赴南都受學於陽明。」〔註15〕《兩浙名賢錄》卷六：「欒惠，字子仁，西安人。師事王文也，潛心理學。」

其一

從來尼父〔一〕欲無言，須信無言已躍然〔二〕。悟到鳶魚飛躍〔三〕處，工夫原不在陳編〔四〕。

【校注】

〔一〕尼父：對孔子的尊稱。孔子字仲尼，故稱。《左傳・哀公十六年》：「旻天不弔，不憖遺一老。俾屏餘一人以在位，煢煢餘在疚。嗚呼哀哉，尼父！無自律。」唐・李涉《懷古》：「尼父未適魯，屢屢倦迷津。」

〔二〕躍然：生動逼真地顯現出來。明・王守仁《大學問》：「思我師之教，平易切實，而聖智神化之機，固已躍然。」

〔三〕鳶魚飛躍：《詩經・大雅・旱麓》：「鳶飛戾天，魚躍于淵。」宋・朱熹《題景范廬》：「幾回魚躍鳶飛際，識破中庸率性圖。」

〔四〕陳編：指古籍、古書。唐・韓愈《進學解》：「踵常途之促促，窺陳編以盜竊。」

【集評】

〔明〕陳建《學蔀通辨》續編卷下：「王陽明《雜詩》云：『至道不外得，一悟失群闇。』又云：『悟後六經無一字，靜餘孤月湛虛明。』又云：『謾道六經皆注腳，憑誰一語悟真機。』又云：『悟到鳶飛魚躍處，工夫原不在陳編。』朱子嘗謂以悟為則，乃釋氏之法而吾儒所無有。又謂才說悟，便不是

〔註15〕束景南《王陽明年譜長編》，第 768 頁。

學問，不可窮詰，不可研究，一味說入虛談，最為惑人。陽明奈何以為至道？拾先賢所棄以自珍哉？嘗記昔人作舉用有過官吏判語一聯云：『將唾去之菓核，重上華筵；吹已棄之爐灰，再張虐燄。』陽明之講學，亦當以此語判之。」

其二

操持〔一〕存養〔二〕本非禪，矯枉〔三〕寧知已過偏〔四〕。此去好從根腳〔五〕起，竿頭百尺〔六〕未須前。

【校注】

〔一〕操持：操守。唐·杜甫《東津送韋諷攝閬州錄事》：「推薦非承乏，操持必去嫌。」明·方孝孺《王進德傳》：「跡進德操持，可謂篤義君子矣。」

〔二〕存養：存心養性。宋·朱熹《答何叔京》：「二先生拈出敬之一字，真聖學之綱領，存養之要法。」宋·陸游《存養堂為汪叔潛作》：「三旌五鼎俱妄想，致一工夫在存養。」

〔三〕矯枉：矯正彎曲。《孟子·滕文公下》「枉己者未有能直人者也。」漢·趙岐注：「人當以直矯枉耳。」《後漢書·朱祐景丹傳論》：「光武鑒前事之違，存矯枉之志。」唐·李賢注：「矯，正也。枉，曲也。」

〔四〕過偏：矯枉過正，指糾正偏差而超過應有的限度。

〔五〕根腳：原指植物或建築物的根基，引申為事物的基礎。唐·李咸用《小松歌》：「庭閒土瘦根腳獰，風搖雨拂精神醒。」宋·朱熹《朱子語類》卷一二一：「須盡記得諸家說方有簡襯簟處，這義理根腳方牢。」

〔六〕竿頭百尺：喻學問、事業有很高的成就。宋·朱熹《答陳同甫書》：「但鄙意更欲賢者百尺竿頭進取一步，將來不作三代以下人物。」竿頭，即竹竿的頂端，比喻至高境界。唐·張祜《大酺樂》：「小兒一伎竿頭絕，天下傳呼萬歲聲。」

其三

野夫非不愛吟詩，才欲吟詩即亂思〔一〕。未會性情〔二〕涵詠地，二南〔三〕還合是淫辭〔四〕。

【校注】

〔一〕亂思：擾亂思緒。宋·黃庭堅《錄夢篇》：「春風亂思兮吹管絃，春日醉人兮昏欲眠。」

〔二〕性情：人的稟性和氣質。《周易・乾卦》：「利貞者，性情也。」唐・孔穎達疏：
　　　「性者，天生之質，正而不邪；情者，性之欲也。」
〔三〕二南：指《詩》的《周南》和《召南》。《晉書・樂志上》：「周始二《南》，《風》
　　　兼六代。」南朝・梁・劉勰《文心雕龍・明詩》：「興發皇世，風流二《南》。」
　　　宋・歐陽修《王國風解》：「《周》《召》二《南》，至正之詩也。」
〔四〕淫辭：放蕩猥褻的言詞。南朝・梁・劉勰《文心雕龍・樂府》：「若夫豔歌婉
　　　孌，怨志訣絕，淫辭在曲，正響焉生？」唐・元稹《楚歌》其四：「襄王忽妖
　　　夢，宋玉復淫辭。」

其四

　　道聽塗傳〔一〕影響前，可憐絕學遂〔二〕多年。正須閉口林間坐，莫
道青山不解言。

【校注】
〔一〕道聽塗傳：從道路上聽到的小道消息，泛指沒有根據的傳聞。《論語・陽貨》：
　　　「子曰：『道聽而塗說，德之棄也。』」邢昺疏引馬融曰：「聞之於道路，則傳
　　　而說之。」
〔二〕遂：因循。《荀子・王制》：「凡聽，威嚴猛厲，而不好假道人，則下畏恐而不
　　　親，周閉而不竭；若是，則大事殆乎弛，小事殆乎遂。」唐・楊倞注：「遂，
　　　因循也。」

書悟真篇答張太常二首

【編年】
　　此組詩正德十年（1515）作於南京。張太常，即張芮。《國榷》卷四十九：
「正德十年十二月己卯，前南京太常寺卿張芮卒。芮，安邑人。成化戊戌進
士，館選，授檢討，至學士。忤瑾，出守鎮江，再謫兩浙鹽運副使，稍遷處州
同知。瑾誅，拜南京尚寶司卿，進太常。性坦樸，以嗜酒於種學績文之事或
非所好，稍忝於學士云。」據束景南《王陽明年譜長編》考證：「陽明此二詩
意較隱晦，後人皆以為陽明此二詩旨在批評《悟真篇》，否定道教內丹悟真修
煉，乃大悟。按詩明云『誤真非是悟真篇』，乃是以悟真篇之說不誤，自是世
人多貪戀，為情欲所縛，不得悟真修煉而成也。所謂『悟真篇是誤真篇』，乃
是謂悟真篇亦有誤說之處（相對於性命圭旨），世人有誤解，注家有誤注，故

皆不得悟真修煉而成也。陽明此二詩意不過爾爾，何能以此二詩來證明陽明之『道教覺醒』耶？」〔註16〕

其一

悟真篇〔一〕是誤真篇，三注由來一手箋。恨殺妖魔圖利益，遂令迷妄競流傳。造端〔二〕難免張平叔〔三〕，首禍誰誣薛紫賢〔四〕。直說與君惟個字，從頭去看野狐禪。

【校注】

〔一〕悟真篇：北宋張伯端所撰一卷，用詩詞百篇演說道教煉丹的理論和方法，總結了北宋以前的內丹方術，同《參同契》互相發明。為北宋以來道教南宗的重要著述。注疏通行本有翁葆光的注疏四卷；連同薛道光、陸墅、陳致虛等注五卷，均收在明《正統道藏》洞真部玉訣類。

〔二〕造端：製造爭端。唐·柳宗元《詠荊軻》：「造端何其銳，臨事竟趑趄。」宋·陸游《病中作二首》其二：「造端無甚奇，至今稱太平。」

〔三〕張平叔：即張伯端。《三洞群仙錄》卷二：「張伯端，字平叔。嘗罄所得吟成律詩九九八十一首，號曰《悟真篇》。」

〔四〕薛紫賢：即薛道光。《歷世真仙體道通鑒》卷四十九：「薛道光，一名式，一名道源，陝府雞足山人也。一云閬州人，字太原，嘗為僧，法號紫賢，一號毗陵。」

其二

誤真非是《悟真篇》，平叔當時已有言。只為世人多戀著，且從情欲起因緣〔一〕。癡人前豈堪談夢？真性中難更說玄。為問道人還具眼〔二〕，試看何物是青天？

【校注】

〔一〕因緣：佛教語。佛教謂使事物生起、變化和壞滅的主要條件為因，輔助條件為緣。《四十二章經》卷十三：「沙門問佛，以何因緣，得知宿命，會其至道？」《翻譯名義集·釋十二支》：「前緣相生，因也；現相助成，緣也。」

〔二〕具眼：謂有識別事物的眼力。宋·陸游《冬夜對書卷有感》：「萬卷雖多當具眼，一言惟恕可銘膺。」

〔註16〕束景南《王陽明年譜長編》，第819頁。

贛州詩三十六首

正德丙子年九月升南贛僉都御史以後作。

丁丑二月征漳寇進兵長汀道中有感

　　將略〔一〕平生非所長，也提戎馬〔二〕入汀漳〔三〕。數峰斜日旌旗〔四〕遠，一道春風鼓角〔五〕揚。莫倚貳師〔六〕能出塞，極知充國善平羌〔七〕。瘡痍〔八〕到處曾無補〔九〕，翻憶鍾山舊草堂。

【編年】

　　此組詩正德十二年（1517）作於汀州。束景南《王陽明年譜長編》考證此詩題為《丁丑二月征漳寇進兵長汀道中有感》，有誤。據《嘉靖汀州府志》卷十七：「陽明《長汀道中□□詩》：『夜宿行臺，用韻於壁，時正德丁丑三月十三日。陽明□□□□□。將略平生非所長，也提戎馬入汀漳。數峰斜日旌旗遠，一道春風鼓角揚。莫倚貳師能出塞，極知充國善平羌。瘡痍到處曾無補，翻憶鍾山舊草堂。』」〔註1〕

【校注】

　　〔一〕將略：遣軍用將的謀略和才能。《三國志・蜀志・諸葛亮傳》：「然亮才，於治戎為長，奇謀為短，理民之幹，優於將略。」宋・王安石《贈尚書工部侍郎鄭公輓辭》：「南去伏波推將略，北來光祿擅詩名。」

　　〔二〕戎馬：軍馬，借指軍隊。

　　〔三〕汀漳：汀州和漳州，在今福建省西部和漳江畔地區。

〔四〕旌旗：軍隊中的戰旗。《周禮・春官・司常》：「凡軍事，建旌旗。」漢・應瑒
《弈勢》：「旌旆既列，權慮蜂。」漢・枚乘《七發》：「旍旗偃蹇，羽毛肅紛。」

〔五〕鼓角：戰鼓和號角，軍隊中用以報時、警眾或發出號令。唐・杜甫《閣夜》：
「五更鼓角聲悲壯，三峽星河影動搖。」宋・史彌寧《大閱》：「影搖瀕水旌
旗動，聲震文山鼓角雄。」

〔六〕貳師：漢貳師將軍李廣利。漢・司馬遷《報任少卿書》：「明主不深曉，以為
僕沮貳師，而為李陵游說，遂下於理。」北周・庾信《見征客始還遇獵》：「貳
師新受詔，長平正凱歸。」

〔七〕西漢名將趙充國善用《孫子兵法》平息羌亂。《漢書》卷六十八：「趙充國，
字翁孫，隴西上邽人也。後徙金城，令居。始為騎士，以六郡良家子善騎射，
補羽林。為人沈勇有大略，少好將帥之節而學兵法，通知四夷事。」

〔八〕瘡痍：指困苦的民眾。唐・杜甫《送韋諷上閬州錄事參軍》：「必若救瘡痍，
先應去蟊賊。」

〔九〕無補：無所幫助。《管子・禁藏》：「能移無益之事，無補之費，通幣行禮，而
黨必多，交必親矣。」唐・杜甫《野望》：「扁舟空老去，無補聖明朝。」

回軍上杭

　　山城經月駐旌戈，亦復幽尋到薜蘿。南國〔一〕已忻〔二〕回甲馬〔三〕，
東田〔四〕初喜出農蓑。溪雲曉度千峰雨，江漲新生兩岸波。暮倚七星瞻
北極，絕憐〔五〕蒼翠晚來多。

【編年】

　　此詩正德十二年（1517）作於上杭。據束景南《王陽明年譜長編》考證：
「此詩題作《回軍上杭》，有誤。陽明此詩手書真迹在二〇〇七年秋季拍賣會
（北京保利國際拍賣有限公司）上出現，並在『書法家王守仁個人網站』上
公布。」〔註2〕

【校注】

〔一〕南國：此處指巡撫地汀漳地區。

〔二〕忻：心喜。《墨子・經說上》：「譽之，必其行也，其言之忻，使人督之。」清・
孫詒讓間詁：「其言可忻悅也。」唐・韓愈《桃源圖》：「南宮先生忻得之，波

〔註2〕束景南《王陽明年譜長編》，第936頁。

濤入筆驅文辭。」

〔三〕回甲馬：謂戰事結束，班師。甲馬，鎧甲和戰馬，泛指軍備或戰事。唐·杜
甫《嚴氏溪放歌行》：「天下甲馬未盡銷，豈免溝壑常漂漂。」

〔四〕東田：泛指農田。唐·儲光羲《同王十三維偶然作》其九：「我念天時好，東
田有稼穡。」

〔五〕絕憐：謂極其喜愛。宋·楊萬里《暮寒》：「絕憐晴色好，無奈暮寒何。」

【著錄】

明·曹學佺編《石倉歷代詩選》卷四百五十五著錄此詩。

喜雨三首

【編年】

此組詩正德十二年（1517）作於班師上杭途中。

其一

即看一雨洗兵戈〔一〕，便覺光風轉石蘿〔二〕。順水飛檣來買舶，絕江
喧浪舞漁蓑。片雲東望懷梁國〔三〕，五月南征想伏波〔四〕。長擬歸耕猶
未得，雲門〔五〕初伴漸無多。

【校注】

〔一〕洗兵戈：謂戰爭勝利結束。漢·劉向《說苑·權謀》：「武王伐紂，過隧斬岸，
過水折舟，過谷發梁，過山焚萊，示民無返志也。至於有戎之隧，大風折
斾，散宜生諫曰：『此其妖歟。』武王曰：『非也，天落兵也。』風霽而乘以
大雨，水平地而嗇。散宜生又諫曰：『此其妖歟。』武王曰：『非也，天灑兵
也。』卜而龜熸，散宜生又諫曰：『此其妖歟。』武王曰：『不利以禱祠，利
以擊眾，是熸之已。』故武王順天地，犯三妖，而禽紂於牧野，其所獨見者
精也。」南北朝·蕭綱《隴西行三首》其二：「洗兵逢驟雨，送陣出黃雲。」
唐·劉長卿《平蕃曲》其一：「吹角報蕃營，迴軍欲洗兵。」

〔二〕石蘿：附生於石上的女蘿。南朝·梁·江淹《惜晚春應劉秘書》：「水苔方下蔓，
石蘿日上尋。」唐·杜甫《奉觀嚴鄭公廳事岷山沱江畫圖》：「霏紅洲蕊亂，拂
黛石蘿長。」

〔三〕梁國：《史記》卷五十八《梁孝王世家》：「梁孝王武者，孝文皇帝子也，而與
孝景帝同母。母，竇太后也。……孝王，竇太后少子也，愛之，賞賜不可勝

道。於是孝王築東苑，方三百餘里。廣睢陽城七十里。大治宮室，為復道，自宮連屬於平臺三十餘里。得賜天子旌旗，出從千乘萬騎。……招延四方豪桀，自山以東游說之士。莫不畢至，齊人羊勝、公孫詭、鄒陽之屬。」暗示宸濠堪比梁孝王，有窺鼎之圖。

〔四〕伏波：即馬援。《漢書·馬援傳》：「（建武）十七年，交阯女子徵側及女弟徵貳反，攻沒其郡，九真、日南、合浦蠻夷皆應之，寇略嶺外六十餘城，側自立為王。於是璽書拜援伏波將軍，以扶樂侯劉隆為副，督樓船將軍段志等南擊交阯。軍至合浦而志病卒，詔援並將其兵。遂緣海而進，隨山刊道千餘里。十八年春，軍至浪泊上，與賊戰，破之，斬首數千級，降者萬餘人。援追徵側等至禁谿，數敗之，賊遂散走。明年正月，斬徵側、徵貳，傳首洛陽。封援為新息侯，食邑三千戶。」詳注見前詩《夢中絕句》。

〔五〕雲門：山名。在浙江紹興南。亦名東山。山有雲門寺。南朝·梁處士何胤曾居於此。《梁書·文學傳下·王籍》：「除輕車湘東王諮議參軍，隨府會稽。郡境有雲門、天柱山，籍嘗遊之，或累月不反。」宋·方岳《水調歌頭·壽趙文昌》：「胸有雲門禹穴，筆有禊亭晉帖，風露洗脾肝。秋入紫宸殿，磨玉寫琅玕。」

其二

轅門〔一〕春盡猶多事，竹院空閑未得過。特放小舟乘急浪，始聞幽碧出層蘿。山田旱久兼逢雨，野老歡騰且縱歌〔二〕。莫謂可塘〔三〕終據險，地形原不勝人和〔四〕。

【校注】

〔一〕轅門：領兵將帥的營門。《六韜·分合》：「大將設營而陳，立表轅門。」唐·歐陽詹《許州送張中丞出臨潁鎮：「心誦《陰符》口不言，風驅千騎出轅門。」

〔二〕此句用杜甫《聞官軍收河南河北》：「白日放歌須縱酒，青春作伴好還鄉。」歡騰，歡喜得手舞足蹈，形容歡樂之極。

〔三〕可塘：《弘治八閩通志》卷二十一：「建寧府，可塘。」《乾隆福州府志》卷七：「安慶里，可塘。」

〔四〕此句典用《孟子·公孫丑下》：「天時不如地利，地利不如人和，三里之城七里之郭，環而攻之而不勝，夫環而攻之，必有得天時者矣。然而不勝者，是天時不如地利也。」

其三

吹角峰頭曉散軍，橫空萬騎下氤氳〔一〕。前旌已帶洗兵雨，飛鳥猶
驚卷陣雲〔二〕。南畝〔三〕漸忻農事動，東山〔四〕休共凱歌聞。正思鋒鏑
〔五〕堪揮淚，一戰功成未足云。

【校注】

〔一〕氤氳：本義指陰陽二氣交會和合之狀，此處比喻軍騎瀰漫散去揚起塵土朦朧
的樣子。

〔二〕卷陣雲：謂戰爭結束。陣雲，濃重厚積形似戰陣的雲，古人以為戰爭之兆。
南朝·梁·何遜《學古》其一：「陣雲橫塞起，赤日下城圓。」唐·高適《燕
歌行》：「殺氣三時作陣雲，寒聲一夜傳刁斗。」

〔三〕南畝：謂農田。南坡向陽，利於農作物生長，古人田土多向南開闢。《詩經·
小雅·大田》：「俶載南畝，播厥百穀。」唐·王維《田園樂七首》其二：「詎
勝耦耕南畝，何如高臥東窗。」唐·杜甫《進艇》：「南京久客耕南畝，北望
傷神坐北窗。」

〔四〕東山：《詩經·豳風·東山》：「我徂東山，慆慆不歸。」宋·朱熹集傳：「東
山，所征之地也。」後因以代指遠征或遠行之地。

〔五〕鋒鏑：刀刃和箭鏃，此處謂戰爭。唐·羅虬《比紅兒詩》其十一：「鋒鏑縱橫
不敢看，淚垂玉筯正汍瀾。」宋·文天祥《淮安軍》：「纍纍死人塚，死向鋒
鏑中。」

聞曰仁買田雪上攜同志待予歸二首

【編年】

此組詩正德十二年（1517）作於汀州。據束景南《王陽明年譜長編》考
證：「《嘉靖汀州府志》卷十七有陽明詩二首，分別是《四月壬戌復過行臺□
□□》以及《夜坐有懷故□□□次韻》下詩即此組詩，題不同且句有異。蓋
《嘉靖汀州府志》乃從壁詩著錄，猶存原貌；《王陽明全集》中此二詩，後經
過潤改。」〔註3〕

其一

見說相攜雪〔一〕上耕，連蓑應已出烏程〔二〕。荒畬〔三〕初墾功須倍，

〔註3〕束景南《王陽明年譜長編》，第938頁。

秋熟〔四〕雖微稅亦輕。雨後湖舠〔五〕兼學釣，餉餘〔六〕堤樹合閒行。山人久有歸農興〔七〕，猶向千峰夜度兵。

【校注】

〔一〕霅：霅溪，在今浙江省湖州市南。宋·韋居安《梅澗詩話》卷上：「賈收字耘老，霅之隱君子也，居城南。」宋·衛涇《沈氏書堂》：「早晚歸舟行霅上，青燈深夜聽伊吾。」

〔二〕烏程：謂古時名酒產地。宋·樂史《太平寰宇記·江南東道六·湖州》：「《郡國志》云：古烏程氏居此，能醞酒，故以名縣。」宋·歐陽修《送胡學士知湖州》：「橘柚秋苞繁，烏程春瓮醞。」宋·蘇軾《次韻答王鞏》：「今日扁舟去，白酒載烏程。」

〔三〕荒畬：荒蕪的田地。畬，開墾過三年的田地。《詩經·周頌·臣工》：「亦又何求？如何新畬。」毛傳：「田，二歲曰新，三歲曰畬。」陽明詩《南寧二首》其二：「燹餘破屋須先緝，雨後荒畬莫廢耕。」

〔四〕秋熟：秋天莊稼成熟。《史記·匈奴列傳》：「所給備善則已，不備，苦惡，則候秋孰，以騎馳蹂而稼穡耳。」晉·陶潛《桃花源記並詩》：「春蠶收長絲，秋熟靡王稅。」

〔五〕湖舠：乘舟泛湖。宋·陸游《村居四首》其四：「石帆山下樂誰如，八尺輕舠萬頃湖。」

〔六〕餉餘：飯後。宋·陸游《書適》：「清和巷陌單衣後，綠潤軒窗午餉餘。」

〔七〕歸農興：解甲歸田之意向，回鄉務農。唐·韓愈《論淮西事宜狀》：「賊平之後，易使歸農。」

【著錄】

明·曹學佺編《石倉歷代詩選》卷四百五十五、明·董斯張輯《吳興藝文補》卷五十七、清·嵇曾筠撰《雍正浙江通志》卷二百七十六、清·錢謙益輯《列朝詩集》丙集卷四著錄此詩。

其二

月夜高林坐夜沉，此時何限故園心〔一〕。山中古洞陰蘿合，江上孤舟春水深。百戰〔二〕自知非舊學，三驅〔三〕猶愧失前禽。歸期久負雲門伴，獨向幽溪雪後尋。

【校注】

〔一〕故園心：思念家鄉的情感。唐・杜甫《秋興八首》其一：「叢菊兩開他日淚，
　　　孤舟一繫故園心。」

〔二〕百戰：多次作戰。《吳子・料敵》：「三軍匈匈，欲前不能，欲去不敢，以半擊
　　　倍，百戰不怠。」唐・羅虯《比紅兒》其六十九：「幾拋雲髻恨金墉，淚洗花
　　　顏百戰中。」宋・王安石《烏江亭：「百戰疲勞壯士哀，中原一敗勢難迴。」

〔三〕三驅：古王者田獵之制，謂田獵時須讓開一面，三面驅趕，以示好生之德。
　　　《周易・比卦》：「九五，顯比，王用三驅。」唐・孔穎達疏：「褚氏諸儒皆以
　　　為三面著人驅禽。必知三面者，禽唯有背己、向己、趣己，故左右及於後，
　　　皆有驅之。」唐・陸龜蒙《五歌》其二：「三驅不以鳥捕鳥，矢下先得聞諸經。」
　　　宋・張舜民《君馬黃》：「乍可三驅失前禽，不可一朝為詭遇。」

【著錄】

　　明・曹學佺編《石倉歷代詩選》卷四百五十五、明・董斯張輯《吳興藝文
補》卷五十七、清・嵇曾筠撰《雍正浙江通志》卷二百七十六、清・錢謙益輯
《列朝詩集》丙集卷四著錄此詩。

祈雨二首

【編年】

　　此組詩正德十二年（1517）作於上杭。

　　其一

　　旬初一雨遍汀漳，將謂汀虔〔一〕是接疆〔二〕。天意豈知分彼此？人
情端合〔三〕有炎涼。月行今已虛纏畢，斗杓〔四〕何曾解挹漿！夜起中庭
成久立，正思民瘼〔五〕欲沾裳。

【校注】

〔一〕虔：江西省贛州市的簡稱。古代贛州先稱為虔州，宋朝時，虔州更名贛州，
　　　贛州的簡稱由此而來。

〔二〕接疆：接壤，比鄰。

〔三〕端合：應當、應該。宋・蘇軾《次韻子由三首》其二：「白髮蒼顏自照盆，董
　　　生端合是前身。」

〔四〕斗杓：即斗柄。《淮南子・天文訓》：「斗杓為小歲。」漢・高誘注：「斗，第

五至第七為杓。」宋・王安石《作翰林時》:「欲知四海春多少,先向天邊問斗杓。」此處引申為為人所敬仰者或眾人的引導者。

〔五〕民瘼:民眾的疾苦。《詩經・大雅・皇矣》:「監觀四方,求民之莫。」清・馬瑞辰通釋:「《漢書》、《潛夫論》及《文選》注,並引作『求民之瘼』。」《後漢書・循吏傳序》:「廣求民瘼,觀納風謠。」唐・李世民《出獵》:「所為除民瘼,非是悅林叢。」

其二

　　見說虔南惟苦雨〔一〕,深山毒霧長陰陰。我來偏遇一春旱,誰解挽回三日霖?寇盜郴陽〔二〕方出掠,干戈塞北還相尋。憂民無計淚空墮,謝病〔三〕幾時歸海潯?

【校注】

〔一〕苦雨:久下成災的雨。《左傳・昭公四年》:「春無淒風,秋無苦雨。」晉・杜預注:「霖雨為人所患苦。」唐・孔穎達疏:「《詩》云『以祈甘雨』,此云苦雨。雨水一也,味無甘苦之異養物為甘,害物為苦耳。」晉・陸機《贈尚書郎顧彥先》其一:「淒風迕時序,苦雨遂成霖。」宋・蘇軾《過海》:「參橫斗落轉三更,苦雨終風也解晴。」

〔二〕郴陽:郴州和桂陽,在今湖南省境內。

〔三〕謝病:託病引退或謝絕賓客。《戰國策・秦策三》:「應候因謝病,請歸相印。」宋・陸游《農家詩》:「心常厭多事,謝病又經句。」

【著錄】

　　明・曹學佺編《石倉歷代詩選》卷四百五十五著錄此詩。

還贛

　　積雨雩都〔一〕道,山途喜乍晴。溪流遲渡馬,岡樹隱前旌。野屋多移竈〔二〕,窮苗尚阻兵〔三〕。迎趨〔四〕勤父老,無補愧巡行〔五〕。

【編年】

　　此詩正德十二年(1517)作於雩都。

【校注】

〔一〕雩都:又稱于都,在江西省南部。《嘉靖贛州府志》卷一:「三國吳嘉禾五年,析廬陵,置南部都尉,于都領縣六贛。……洪武二年己酉,改路曰府,

領縣十贛。」

〔二〕移竄：逃離故土。

〔三〕阻兵：仗恃軍隊。《左傳・隱公四年》：「阻兵而安忍，阻兵，無眾；安忍，無親。」晉・杜預注：「恃兵則民殘。」

〔四〕迎趨：猶趨迎，指快步向前迎接。唐・許棠《將過單于》：「行李亦須攜戰器，趨迎當便著戎衣。」

〔五〕巡行：出行視察，此處指撫贛平寇。《禮記・月令》：「（孟夏之月）命司徒巡行縣鄙，命農勉作，毋休于都。」

【著錄】

明・曹學佺編《石倉歷代詩選》卷四百五十五著錄此詩。

借山亭

借山亭子近如何〔一〕？乘興時從夢裏過。尚想清池〔二〕環醉影，猶疑花徑駐鳴珂〔三〕。疏簾〔四〕細雨燈前局，碧樹涼風月下歌。傳語諸公〔五〕合頻賞，休令歲月亦蹉跎〔六〕。

【編年】

此詩正德十二年（1517）作於贛州。束景南《王陽明年譜長編》：「借山亭為白樓吳一鵬園亭，吳一鵬初號借山。」〔註4〕

【校注】

〔一〕非是問亭如何，而是問友人如何。

〔二〕清池：清澈的池塘。典出南朝・宋・劉義慶《世說新語・排調》：「隆初以不能受罰，既飲，攬筆便作一句云：『娵隅躍清池。』」

〔三〕鳴珂：顯貴者所乘的馬以玉為飾，行則作響。南朝・梁・何遜《車中見新林分別甚盛》：「隔林望行幰，下阪聽鳴珂。」唐・王昌齡《朝來曲》：「月昃鳴珂動，花連繡戶春。」

〔四〕疏簾：指稀疏的竹織窗簾。宋・張耒《夏日詩之一》：「落落疏簾邀月影，嘈嘈虛枕納溪聲。」明・金涓《方學士招飲不赴》：「莫將綵樹燈前酒，來醉梅花月下人。」

〔五〕諸公：指當年南京的好友吳一鵬、喬宇等人。

〔註4〕束景南《王陽明年譜長編》，第962頁。

〔六〕蹉跎：光陰虛度。南朝・齊・謝朓《和王長史臥病》：「日與歲眇邈，歸恨積蹉跎。」唐・李頎《放歌行答從弟墨卿》：「由是蹉跎一老夫，養雞牧豕東城隅。」

桶岡和邢太守韻二首

【編年】

此組詩正德十二年（1517）作於桶岡。邢太守，當為贛州知府邢珣。

其一

處處山田盡入畬，可憐黎庶〔一〕半無家〔二〕。興師正為民瘼甚，陟險寧辭鳥道斜！勝世真如瓴水建，先聲〔三〕不礙嶺雲遮。窮巢容有遭驅脅〔四〕，尚恐兵鋒〔五〕或濫加。

【校注】

〔一〕黎庶：黎民百姓。《史記・孟子荀卿列傳》：「騶衍睹有國者益淫侈，不能尚德，若《大雅》整之於身，施及黎庶矣。」宋・范仲淹《奏上時務書》：「國侵則害加黎庶，德敗則禍起蕭墻。」

〔二〕無家：無家可歸。漢・班彪《北征賦》：「野蕭條以莽蕩，迥千里而無家。」唐・羅鄴《出都門》：「自覺無家似潮水，不知歸處去還來。」

〔三〕先聲：昔日的威望。宋・蘇軾《送穆越州》：「舊政猶傳蜀父老，先聲已振越溪山。」宋・蘇轍《送李誠之知瀛州》：「春風吹旌旆，先聲遍城堡。」

〔四〕驅脅：驅使脅迫。唐・陸贄《普王荊襄江西等道兵馬都元帥制》：「驅脅丁壯，暴骸於原野；攘奪羸老，轉死於溝壑。」宋・廖行之《賦壓波亭呈益陽趙宰》：「陽侯客氣不自禁，驅脅罔象從群凶。」

〔五〕兵鋒：本義指兵器的尖端或銳利部分，此處引申為兵力，兵勢。《漢書・嚴助傳》：「此一舉，不挫一兵之鋒，不用一卒之死，而閩王伏辜，南越被澤，威震暴王，義存危國，此則陛下深計遠慮之所出也。」

【著錄】

明・劉節撰《嘉靖南安府志》卷十二藝文志二著錄此詩。

其二

戡亂〔一〕興師既有名，揮戈真已見風行。豈云薄劣〔二〕能驅策〔三〕？實仗皇威〔四〕自震驚。爛額〔五〕尚慚為上客〔六〕，徙薪〔七〕尤覺費經

營〔八〕。主恩未報身多病，旋凱須還隴上耕。

【校注】

〔一〕戡亂：安定叛亂，停止戰爭。

〔二〕薄劣：低劣，拙劣，此處為謙辭自指。南朝・宋・謝靈運〈九日從宋公戲馬
臺集送孔令詩〉：「彼美丘園道，喟焉傷薄劣。」唐・李周翰注：「美孔令得歸
丘園之道，歎傷己之薄劣不如也。」唐・杜甫《獨酌》：「薄劣慚真隱，幽偏
得自怡。」

〔三〕驅策：驅使，此處作效勞講，亦是自謙之詞。《三國志・魏志・蔣濟傳》：「行
稱一州，智效一官，忠信竭命，各奉其職，可並驅策，不使聖明之朝有專吏
之名也。」

〔四〕皇威：指皇帝的威力。漢・陳琳《檄吳將校部曲文》：「舟楫足以距皇威，江
湖可以逃靈誅。」晉・潘岳《西征賦》：「教敷而彝倫敘，兵舉而皇威暢。」

〔五〕爛額：戰爭犧牲慘重。宋・陸游《戍卒說沉黎事有感》：「焦頭爛額知何補？弭
患從來貴未形。」

〔六〕上客：本指尊客貴賓，此處自謂。

〔七〕徙薪：搬開灶旁柴禾，本謂預防火災，此處比喻先採取措施，防患於未然。
典出《漢書・霍光傳》：「人為徐生上書曰：『臣聞客有過主人者，見其灶直突，
傍有積薪，客謂主人，更為曲突，遠徙其薪，不者且有火患。主人嘿然不應。
俄而家果失火，鄰里共救之，幸而得息。於是殺牛置酒，謝其鄰人，灼爛者
在於上行，餘各以功次坐，而不錄言曲突者……今茂陵徐福數上書言霍氏且
有變，宜防絕之。鄉使福說得行，則國亡裂土出爵之費，臣亡逆亂誅滅之敗。
往事既已，而福獨不蒙其功，唯陛下察之，貴徙薪曲突之策，使居焦髮灼爛
之右。』」

〔八〕經營：規劃營治。《詩經・大雅・江漢》：「江漢湯湯，武夫洸洸。經營四方，
告成于王。」宋・劉克莊《端嘉雜詩二十首》其三：「由北圖南有混并，自南
取北費經營。」

【著錄】

明・劉節撰《嘉靖南安府志》卷十二藝文志二著錄此詩。

通天巖

青山隨地佳，豈必故園好？但得此身閒，塵寰〔一〕亦蓬島〔二〕。西

林日初暮，明月來何早！醉臥石床涼，洞雲秋未掃。

【編年】

此詩正德十五年（1520）作於贛州。

《嘉靖贛州府志》卷二：「通天，縣西二十里，巖下空峒如屋，僧即為居，石峰環列如屏，巔有一竅通天。宋元祐中，郡人陽行先隱於此，呼玉巖翁，有玉巖亭。嘉定丁丑，郡守留元剛建，登覽者甚多。」後附王守仁詩三首，即《通天巖》《遊通天巖次鄒謙之韻》《又次陳惟濬韻》。

【校注】

〔一〕塵寰：人世間。唐‧權德輿《送李城門罷官歸嵩陽：「歸去塵寰外，春山桂樹叢。」

〔二〕蓬島：蓬萊仙島，古代傳說中的神山。唐‧李白《古風》：「但求蓬島藥，豈思農鳸春。」

【著錄】

明‧曹學佺編《石倉歷代詩選》卷四百五十五、清‧聖祖玄燁《御選宋金元明四朝詩》卷二十三、清‧謝旻修《雍正江西通志》卷一百四十九、清‧張豫章輯《四朝詩》卷二十三、明‧董天錫撰《嘉靖贛州府志》卷二、明‧楊守勤撰《寧澹齋全集》詩集卷一著錄此詩。

遊通天巖次鄒謙之韻

天風吹我上丹梯〔一〕，始信青霄〔二〕亦可躋〔三〕。俯視氛寰成獨慨，卻憐人世尚多迷。東南真境〔四〕埋名久，閩楚諸峰入望低。莫道仙家全脫俗，三更日出亦聞雞。

【編年】

此詩正德十五年（1520）作於江西贛州。

【校注】

〔一〕丹梯：高入雲霄的山峰。南朝‧齊‧謝朓〈敬亭山詩〉：「要欲追奇趣，即此陵丹梯。」唐‧李善注：「丹梯，謂山也。」唐‧李白《夜泛洞庭尋裴侍御清酌：「遇憩裴逸人，巖居陵丹梯。」唐‧歐陽詹《送聞上人遊嵩山：「丹梯石磴君先去，為上青冥最上頭。」

〔二〕青霄：高空。晉‧左思《蜀都賦》：「干青霄而秀出，舒丹氣而為霞。」唐‧

濮陽瓘《出籠鵲》:「一點青霄裏,千聲碧落中。」

〔三〕躋:升登,達到。《周易‧震卦》:「躋于九陵。」唐‧孔穎達疏:「躋,升也。」

〔四〕真境:本指道教之地,此處讚美通天巖之語。唐‧王昌齡《武陵開元觀黃煉
　　　師院》其三:「暫因問俗到真境,便欲投誠依道源。」

又次陳惟濬韻

四山落木正秋聲,獨上高峰望眼明。樹色遙連閩嶠〔一〕碧,江流不
盡楚天清。雲中想見雙龍轉,風外時傳一笛橫。莫遣新愁添白髮〔二〕,
且呼明月醉沉舷〔三〕。

【編年】

此詩正德十五年(1520)作於江西贛州。

【校注】

〔一〕閩嶠:福建境內的山地。《嘉靖贛州府志》卷一:「瑞金軍門龍山,列峙於前,
　　　銅鉢龍霧疊映於後,隘山閩嶠蟠亙其左,螺峰石塔環抱其右。」

〔二〕此句擬宋‧柴望《除夕對梅》:「惆悵新愁添白髮,鬢邊如雪映寒花。」

〔三〕此句擬李白《月下獨酌四首》其一:「舉杯邀明月,對影成三人。」

忘言巖次謙之韻

意到已忘言〔一〕,興劇復忘飯〔二〕。坐我此巖中,是誰鑿混沌〔三〕?
尼父欲無言〔四〕,達者〔五〕窺其本;此道何古今?斯人去則遠。空巖不
見人,真成面牆立〔六〕。巖深雨不到,雲歸花亦濕。

【編年】

此詩正德十五年(1520)作於江西贛州。

【校注】

〔一〕忘言:心中領會其意,不須用言語來說明。典出《莊子‧外物》:「言者所以
　　　在意,得意而忘言。」魏晉‧傅咸《與尚書同僚詩》:「得意忘言,言在意後。
　　　夫惟神交,可以長久。」宋‧陳師道《次韻德麟植檜》:「蕭蕭孤竹君,忘言
　　　理相契。」

〔二〕忘飯:《論語‧述而》:「發憤忘食,樂以忘憂,不知老之將至云爾。」

〔三〕混沌:古代傳說中央之帝混沌,又稱渾沌,生無七竅,日鑿一竅,七日鑿成

而死，比喻自然淳樸的狀態。宋·張表臣《珊瑚鉤詩話》卷一：「篇章以含蓄天成為上，破碎雕鎪為下。如楊大年西崑體，非不佳也；而弄斤操斧太甚，所謂七日而混沌死也。」

〔四〕尼父：孔子字仲尼，故尊稱。《左傳·哀公十六年》：「旻天不弔，不憖遺一老。俾屏余一人以在位，煢煢余在疚。嗚呼哀哉，尼父！無自律。」漢·班固《白虎通·聖人》：「孔子反宇，是謂尼甫。」此句擬用宋·朱熹《齋居感興二十首》其二十：「玄天幽且默，仲尼欲無言。」

〔五〕達者：唐·杜甫《又示宗武》：「曾參與游夏，達者得升堂。」

〔六〕面牆立：《書·周官》：「不學牆面，蒞事惟煩。」孔傳：「人而不學，其猶正牆面而立，臨政事必煩。」唐·孔穎達疏：「人而不學，如面向牆無所睹見，以此臨事，則惟煩亂不能治理。」後因以「面牆」比喻不學而識見淺薄。漢·蔡邕《表太尉董公可相國》：「（邕）新來入朝，不更郎承，攝省文書，其由面牆。」《後漢書·左雄傳》：「郡國孝廉，古之貢士，出則宰民，宣協風教。若其面牆，則無所施用。」

圓明洞次謙之韻

群山走波浪，出沒龍蛇脊。巖棲寄盤渦〔一〕，沉淪〔二〕遂成癖。我來汲〔三〕東溟〔四〕，爛煮南山石〔五〕。千年熟一炊，欲餉巖中客。

【編年】

此詩正德十五年（1520）作於江西贛州。

【校注】

〔一〕盤渦：水旋流而形成的深渦。晉·郭璞〈江賦〉：「盤渦谷轉，凌濤山積。」張銑注：「盤渦，言水深風壯，流急相沖，盤旋作深渦如谷之轉。」唐·杜甫《愁》：「盤渦鷺浴底心性，獨樹花發自分明。」

〔二〕沉淪：可作兩解，一為動詞，謂沉迷其中。二作名詞，謂隱沒不遇的賢士。唐·李白《贈從弟南平太守之遙》其一：「彤庭左右呼萬歲，拜賀明主收沉淪。」

〔三〕汲：從井裏取水，亦泛指打水。《周易·井卦》：「井渫不食，為我心惻，可用汲。」唐·溫庭筠《秋日》：「芳草秋可藉，幽泉曉堪汲。」

〔四〕東溟：東海。南朝·宋·顏延之《車駕幸京口侍遊蒜山作》：「元天高北列，日觀臨東溟。」唐·李白《古風》其十一：「黃河走東溟，白日落西海。」

〔五〕此句擬用宋・周紫芝《酌明寂泉》：「洗我兩月塵，爛煮南山石。」南山，謂
終南山。《詩經・小雅・節南山》：「節彼南山，維石巖巖。」

【著錄】

明・曹學佺編《石倉歷代詩選》卷四百五十五著錄此詩。

潮頭巖次謙之韻

潮頭起平地，化作千丈雪。棹舟者〔一〕何人？試問巖頭月。

【編年】

此詩正德十五年（1520）作於江西贛州。

【校注】

〔一〕棹舟者：划船的人。《詩經・衛風・竹竿》：「檜楫松舟。」毛傳：「楫，所以
櫂舟也。」唐・李赤《丹陽湖》：「少女棹舟歸，歌聲逐流水。」前蜀・韋莊
《酬吳秀才雪川相送》：「摻袂客從花下散，棹舟人向鏡中歸。」

天成素有志於學茲得告東歸林居靜養其所就可知矣臨別以此紙索贈漫為賦此遂寄聲山澤諸賢

予有山林期，荏冉〔一〕風塵際。高秋〔二〕送將歸，神往〔三〕跡還滯。
回車〔四〕當盛年，養疴非遁世〔五〕。垂竿〔六〕鑒湖〔七〕雲，結廬〔八〕浮
峰〔九〕樹。愛日〔十〕遂庭趨〔十一〕，芳景添遊詣〔十二〕。捨生悟玄魄，妙
靜息緣慮。眇眇〔十三〕素心人〔十四〕，望望〔十五〕滄洲去。東行訪天沃
〔十六〕，雲中倘相遇。

【編年】

此詩正德十二年（1517）作於贛州。

【校注】

〔一〕荏冉：也作荏苒，形容時光易逝。晉・陶潛《雜詩》其五：「荏苒歲月頹，此心
稍已去。」唐・韓愈《陪杜侍御遊湘西兩寺》：「旅程愧淹留，徂歲嗟荏苒。」

〔二〕高秋：深秋。南朝・梁・何遜《贈族人秣陵兄弟》：「蕭索高秋暮，砧杵鳴四
鄰。」

〔三〕神往：內心向往，思慕。

〔四〕回車：回轉其車。漢・鄒陽《獄中上書》：「邑號朝歌，墨子回車。」《後漢書・

鍾離意傳》：「曾參回車於勝母之閭。」

〔五〕遯世：避世隱居。《孔叢子・記義》：「孔子讀《詩》及《小雅》，喟然而歎曰：
　　　『……於《考槃》見遯世之士而不悶也。』」《後漢書・陳蕃傳》：「以遯世為非
　　　義，故屢退而不去。」宋・蘇軾《阮籍嘯臺》：「阮生古狂達，遯世默無言。」

〔六〕垂竿：垂釣。南朝・齊・謝朓《始出尚書省》：「乘此終蕭散，垂竿深澗底。」

〔七〕鑒湖：見前注《次韻胡少參見過》。

〔八〕結廬：構築房舍。晉・陶潛《飲酒》之五：「結廬在人境，而無車馬喧。」唐・
　　　杜甫《杜鵑》其二：「我昔遊錦城，結廬錦水邊。」

〔九〕浮峰：詳見前注《遊牛峰寺四首》。

〔十〕愛日：珍惜時日。《呂氏春秋・上農》：「敬時愛日，至老不休。」漢・王符《潛
　　　夫論・愛日》：「聖人深知，力者乃民之本也而國之基，故務省役而為民愛日。」
　　　唐・杜甫《寒雨朝行視園樹》：「愛日恩光蒙借貸，清霜殺氣得憂虞。」宋・
　　　黃庭堅《寄耿令幾父過新堂邑作酒幾父舊治之地》：「勉哉思愛日，贈言同馬
　　　檛。」

〔十一〕庭趨：承受父親的教誨。《論語・季氏》：「〔孔子〕嘗獨立，鯉趨而過庭，曰：
　　　　『學詩乎？』對曰：『未也。』『不學詩，無以言。』鯉退而學詩。他日，又
　　　　獨立，鯉趨而過庭。曰：『學禮乎？』對曰：『未也。』『不學禮，無以立。』
　　　　鯉退而學禮。」此處非用此典。

〔十二〕遊詣：四處遊玩及拜訪友人。晉・陶潛《桃花源記並詩》：「童孺縱行歌，班
　　　　白歡遊詣。」

〔十三〕眇眇：孤單無依的樣子。《楚辭・東方朔〈七諫・怨世〉》：「卒不得效其心容
　　　　兮，安眇眇而無所歸薄。」漢・王逸注：「言己放流，不得內竭忠誠，外盡形
　　　　體，東西眇眇，無所歸附也。」晉・陶潛《始作鎮軍參軍經曲阿》：「眇眇孤
　　　　舟逝，綿綿歸思紆。」晉・曹植《情詩》：「眇眇客行士，遙役不得歸。」

〔十四〕素心人：心地純潔、世情淡泊的人。晉・陶潛《移居》其一：「聞多素心人，
　　　　樂與數晨夕。」

〔十五〕望望：瞻望的樣子。《禮記・問喪》：「其往送也，望望然，汲汲然，如有追而
　　　　弗及也。」漢・鄭玄注：「望望，瞻顧之貌也。」南朝・齊・謝朓《懷古人》：
　　　　「望望忽超遠，何由見所思？」唐・董思恭《感懷》：「望望情何極，浪浪淚
　　　　空沱。」宋・王安石《舟還江南阻風有懷伯兄》：「平皋望望欲何向，薄宦嗟
　　　　嗟空此行。」

〔十六〕天沃：天姥、沃州。唐·白居易《沃洲山禪院記》：「東南山水，越為首，剡
　　　　為面，沃洲、天姥為眉目。」《萬曆紹興府志》卷五：「天姥山，在縣東五十
　　　　里，高三千五百丈，圍六十里。其脈自括蒼山盤亙數百里，至關嶺入縣界，
　　　　層　疊嶂，萬狀千態……巖間又有楓樹高十餘丈，舊志東接天台華頂峰，西
　　　　北通沃洲山。」《萬曆紹興府志》卷五：「沃洲山，在縣東三十五里，山高五
　　　　百餘丈，圍十里，與天姥山對峙，道家稱為第十五福地。」

坐忘言巖問二三子

　　幾日巖棲事若何？莫將佳景〔一〕復虛過〔二〕。未妨雲壑淹留〔三〕久，
終是塵寰〔四〕錯誤〔五〕多。澗道〔六〕霜風疏草木，洞門〔七〕煙月〔八〕掛
藤蘿。不知相繼來遊者，還有吾儕此意麼？

【編年】

　　此詩正德十五年（1520）作於江西贛州。

【校注】

　〔一〕佳景：美景。唐·元稹《寄樂天》：「老逢佳景惟惆悵，兩地各傷何限神。」
　〔二〕虛過：白白地度過。北齊·顏之推《顏氏家訓·歸心》：「人生難得，無虛過
　　　　也。」
　〔三〕淹留：羈留。《楚辭·離騷》：「時繽紛其變易兮，又何可以淹留？」魏·曹丕
　　　　《燕歌行》：「慊慊思歸戀故鄉，君何淹留寄他方？」宋·賀鑄《浪淘沙》詞
　　　　之四：「為問木蘭舟，何處淹留？」
　〔四〕塵寰：塵世間。唐·權德輿《送李城門罷官歸嵩陽》：「歸去塵寰外，春山桂
　　　　樹叢。」
　〔五〕錯誤：錯過耽誤。宋·王禹偁《稠桑坡車覆》：「已被文章相錯誤，謫官猶載
　　　　一車書。」
　〔六〕澗道：山澗通道。南朝·梁·王臺卿《奉和往虎窟山寺》：「飛梁通澗道，架
　　　　宇接山基。」唐·杜甫《題張氏隱居》其一：「澗道餘寒歷冰雪，石門斜日到
　　　　林丘。」
　〔七〕洞門：洞穴的門口。唐·白居易《太湖石》：「風氣通巖穴，苔文護洞門。」
　〔八〕煙月：雲霧籠罩的月亮。唐·張九齡《初發道中贈王司馬》：「林園事益簡，
　　　　煙月賞恒餘。」後蜀·鹿虔扆《臨江仙》詞之一：「煙月不知人事改，夜闌還
　　　　照深宮。」

【著錄】

明・董天錫撰《（嘉靖）贛州府志》卷二著錄此詩。

留陳惟濬

聞說東歸〔一〕欲問舟，清遊〔二〕方此復離憂〔三〕。卻看陰雨相淹滯〔四〕，莫道山靈獨苦留。薜荔〔五〕巖高兼得月，桂花香滿正宜秋。煙霞到手休輕擲，塵土驅人易白頭〔六〕。

【編年】

此詩正德十二年（1517）作於贛州。

【校注】

〔一〕東歸：回故鄉。三國・魏・曹操《苦寒行》：「我心何怫鬱，思欲一東歸。」唐・鄭谷《送京參翁先輩歸閩中》：「解印東歸去，人情此際多。」

〔二〕清遊：清雅遊賞。晉・潘岳《螢火賦》：「翔太陰之玄昧，抱夜光以清遊。」宋・范成大《送汪仲嘉侍郎使虜》：「清遊不可遲，日日艤船待。」

〔三〕離憂：離別的憂思。唐・杜甫《長沙送李十一》：「李杜齊名真忝竊，朔雲寒菊倍離憂。」清・仇兆鰲注：「離憂，離別生憂也。」

〔四〕淹滯：拖延，久留。漢・枚乘《七發》：「所從來者至深遠，淹滯永久而不廢，雖令扁鵲治內，巫咸治外，尚何及哉！」唐・孟浩然《峴山送張去非遊巴東》：「去矣勿淹滯，巴東猿夜吟。」

〔五〕薜荔：又稱木蓮，一種植物名稱。唐・宋之問《早發始興江口至虛氏村作》：「薜荔搖青氣，桃榔翳碧苔。」

〔六〕此句擬宋・呂南公《題陶集》：「煙霞合定徘徊分，塵土剛侵勉強顏。」

棲禪寺雨中與惟乾同登

絕頂〔一〕深泥冒雨扳〔二〕，天於佳景亦多慳〔三〕。自憐久客頻移棹〔四〕，頗羨高僧獨閉關〔五〕。江草遠連雲夢澤〔六〕，楚雲長斷九疑山〔七〕。年來出處〔八〕渾無定，慚愧沙鷗盡日閒。

【編年】

此詩正德十二年（1517）作於贛州。

【校注】

〔一〕絕頂：山的頂峰。南朝・梁・沈約《早發定山》：「傾壁忽斜豎，絕頂復孤圓。」

唐・杜甫《望嶽》：「會當凌絕頂，一覽眾山小。」

〔二〕扱：攀援，即登山。

〔三〕慳：阻礙。唐・杜甫《銅官渚守風》：「早泊雲物晦，逆行波浪慳。」清・仇
兆鰲注：「慳，阻滯難行也。」

〔四〕移棹：乘舟漂泊。唐・劉長卿《送陸澧倉曹西上》：「舟從故里難移棹，家住
寒塘獨掩扉。」

〔五〕閉關：佛教徒閉居一室，靜修佛法。此處作閉門謝客，斷絕往來，比喻不為
塵事所擾。南朝・宋・顏延之〈五君詠・劉參軍〉：「劉伶善閉關，懷情滅聞
見。」唐・李周翰注：「言伶懷情不發，以滅聞見，猶閉關卻歸而無事也。」

〔六〕雲夢澤：古藪澤名。《周禮・夏官・職方氏》：「正南曰荊州，其山鎮曰衡山，
其澤藪曰雲瞢。」漢・鄭玄注：「衡山在湘南，雲瞢在華容。」南朝・陳・張
正見《賦得韓信》：「所悲雲夢澤，空傷狡兔情。」唐・李頻《湘口送友人》：
「去雁遠衝雲夢雪，離人獨上洞庭船。」

〔七〕九疑山：《山海經・海內經》：「南方蒼梧之丘，蒼梧之淵，其中有九嶷山，舜
之所葬，在長沙・零陵界中。」晉・郭璞注：「其山九谿皆相似，故云『九疑』。」
唐・李涉《寄荊娘寫真》：「蒼梧九疑在何處，斑斑竹淚連瀟湘。」

〔八〕出處：出仕和隱退。宋・劉克莊《寄湯季庸待郎》：「高情常寄紛華外，晚節
全觀出處間。」

【著錄】

明・曹學佺編《石倉歷代詩選》卷四百五十五著錄此詩；明・陳洪謨撰
《（嘉靖）常德府志》卷十九著錄此詩，題為《東禪寺》。

茶寮紀事

萬壑〔一〕風泉秋正哀，四山雲霧晚初開。不因王事〔二〕兼程〔三〕入，
安得閒行向北來？登陟未妨安石興，縱擒徒羨孔明才〔四〕。乞身〔五〕已
擬全師日〔六〕，歸掃溪邊舊釣臺。

【編年】

此詩正德十二年（1517）作於贛州。

【校注】

〔一〕萬壑：形容連綿的高山澗谷。唐・李白《聽蜀僧濬彈琴》：「為我一揮手，如

聽萬壑松。」

〔二〕王事：王命差遣的公事，指平亂汀漳寇亂之差事。《詩經·小雅·北山》：「四牡彭彭，王事傍傍。」晉·王讚《雜詩》：「王事離我志，殊隔過商參。」宋·張孝祥《題朱元順浯溪圖》：「去年到浯溪，王事有期程。」

〔三〕兼程：一天走兩天的路，以加倍速度趕路。唐·錢起《送原公南遊》：「有意兼程去，飄然二翼輕。」宋·梅堯臣《送子華拜掃》：「帶劍蓬池外，兼程困馬力。」

〔四〕用諸葛亮「七擒孟獲」之典。

〔五〕乞身：請求辭職致仕。《史記·張儀列傳》：「今齊王甚憎儀，儀之所在，必興師伐之，故儀願乞其不肖之身之梁，齊必興師伐之。」宋·蘇軾《玉堂栽花周正孺有詩次韻》：「故山桃李半荒榛，粗報君恩便乞身。」

〔六〕全師日：保全軍隊勝利班師。《後漢書·董卓傳》：「時眾軍敗退，唯卓全師而還。」

回軍九連山道中短述

百里妖氛〔一〕一戰清，萬峰雷雨洗回兵。未能干羽苗頑格〔二〕，深愧壺漿父老迎〔三〕。莫倚謀攻〔四〕為上策〔五〕，還須內治〔六〕是先聲。功微不願封侯賞，但乞蠲輸絕橫征。

【編年】

此詩正德十三年（1518）作於贛州。

【校注】

〔一〕妖氛：不祥的雲氣，多喻指凶災、禍亂。《左傳·昭公十五年》「吾見赤黑之祲。」晉·杜預注：「祲，妖氛也。」三國·魏·曹植《魏德論》：「神戈退指，則妖雰順制。」唐·權德輿《奉和張僕射朝天行》：「專城一鼓妖氛靜，擁斾十年天澤深。」

〔二〕干羽：本指古代舞者所執的舞具，文舞執羽，武舞執干。《書·大禹謨》：「帝乃誕敷文德，舞干羽於兩階。」此處指文德教化。宋·張孝祥《六州歌頭》：「干羽方懷遠，靜烽燧，且休兵。」

〔三〕壺漿父老迎：《孟子·梁惠王下》：「簞食壺漿，以迎王師。」原謂竹籃中盛著飯食，壺中盛著酒漿茶水，以歡迎王者的軍隊。此處指百姓歡迎、慰勞自己所擁護的軍隊。

〔四〕謀攻：謂謀劃進攻之事。《孫子・謀攻》：「必以全爭於天下，故兵不頓而利可全，此謀攻之法也。」宋・梅堯臣注：「全爭者，兵不戰，城不攻，毀不久，皆以謀而屈敵，是曰謀攻，故不鈍兵利自完。」宋・文彥博《題籌筆驛》：「臥龍纔起扶衰世，料敵謀攻後出師。」

〔五〕上策：高明的計策或辦法。《漢書・溝洫志》：「今行上策，徙冀州之民當水衝者，決黎陽遮害亭，放河使北入海。」

〔六〕內治：國內的政治。《管子・八觀》：「豪桀材臣，不務竭能，則內治不別矣。」

回軍龍南小憩玉石巖雙洞絕奇徘徊不忍去因寓以陽明別洞之號兼留此作三首

【編年】

此組詩正德十三年（1518）作於贛州。

其一

甲馬新從鳥道〔一〕回，覽奇還更陟崔嵬〔二〕。寇平漸喜流移〔三〕復〔四〕，春暖兼欣農務開〔五〕。兩竇〔六〕高明行日月，九關〔七〕深黑閉風雷。投簪〔八〕最好支茅地〔九〕，戀土〔十〕猶懷舊釣臺。

【校注】

〔一〕鳥道：險峻狹窄的山路。南朝・梁・沈約《愍塗賦》：「依雲邊以知國，極鳥道以瞻家。」唐・李白《蜀道難》：「西當太白有鳥道，可以橫絕峨眉巔。」

〔二〕陟崔嵬：騎馬登上高山。《詩經・周南・卷耳》：「陟彼崔嵬，我馬虺隤。」毛傳：「崔嵬，土山之戴石者。」唐・張說《過蜀道山》：「披林入峭蒨，攀磴陟崔嵬。」

〔三〕流移：因寇盜滋擾而流離失所的人。宋・劉宰《雅去鵲來篇》：「或因土瘠遂流移，歲久田侵人不知。」

〔四〕復：返回，流民返回家鄉安居。《周易・泰卦》：「無往不復。」漢・高亨注：「復，返也。」

〔五〕開：開墾或者開拓田地。

〔六〕兩竇：即玉石巖雙洞。竇，孔穴；洞。《禮記・禮運》：「（禮義）所以達天道，順人情之大竇也。」漢・鄭玄注：「竇，孔穴也。」唐・孔穎達疏：「孔穴開通，人之出入，禮義者亦人之所出入。」

〔七〕九關：九重天門或九天之關。《楚辭・招魂》：「魂兮歸來，君無上天些。虎豹

九關，啄害下人些。」漢・王逸注：「言天門凡有九重，使神虎豹執其關閉。」
此處形容雙洞極高。

〔八〕投簪：丟下固冠用的簪子，比喻棄官。晉・陸機《應嘉賦》：「苟形骸之可忘，
豈投簪其必谷。」唐・王勃《對酒春園作》：「投簪下山閣，攜酒對河梁。」
宋・朱松《次韻團練君侯新居二詩》其二：「歲晚投簪來卜築，柴門分占碧孱
顏。」

〔九〕支茅地：可以建造茅屋的地方。宋・陸游《衡門晚眺》：「幽居端似玉川生，茅
屋支撐不更營。」宋・陸游《茸舍》：「補漏支傾吾可笑，呼奴乘屋更添茅。」

〔十〕戀土：留戀鄉土。《後漢書・西羌傳・東號子麻奴》：「百姓戀土，不樂去舊。」
魏晉・嵇康《答二郭詩三首》其一：「戀土思所親，能不气憤盈。」唐・劉長
卿《落第贈楊侍御赴范陽》：「戀土函關外，瞻塵灞水東。」

其二

洞府人寰此最佳，當年空自費青鞋。麾幢〔一〕旖旎〔二〕懸仙仗〔三〕，
臺殿高低接緯階〔四〕。天巧固應非斧鑿〔五〕，化工〔六〕無乃太安排？欲
將點瑟攜童冠，就攬春雲結小齋。

【校注】

〔一〕麾幢：官員出行時儀仗中的旗幟。唐・白居易《敘德書情四十韻上歆宣崔中
丞》：「出入麾幢引，登臨劍戟隨。」

〔二〕旖旎：旌旗從風飄揚時的樣子。漢・揚雄〈甘泉賦〉：「夫何旟旐邲倔之旖旎
也。」唐・李善注引服虔曰：「旖旎，從風柔弱貌。」唐・李白《愁陽春賦》：
「蕩漾惚恍，何垂楊旖旎之愁人。」

〔三〕仙仗：對自己登山所拄拐杖的美稱。

〔四〕緯階：階梯高且陡峭。陽明亦有詩《夜宿香山林宗師房次韻二首》其一：「天
壁倒涵湖月曉，煙梯高接緯階平。」

〔五〕此句謂陽明別洞自然工巧而成，並非人力斧鑿有所加工。

〔六〕化工：指大自然的造化者。典出漢・賈誼《鵩鳥賦》：「且夫天地為鑪兮，造
化為工。」宋・范成大《荔枝賦》：「鍾具美於一物，繄化工之所難。」

其三

陽明山人舊有居，此地陽明景不如。但在乾坤俱逆旅，曾留信宿
〔一〕即吾廬。行窩〔二〕已許人先號，別洞何妨我借書。他日巾車〔三〕還

舊隱，應懷茲土復鄉閭〔四〕。

【校注】

〔一〕信宿：連宿兩夜。《詩經·豳風·九罭》：「公歸不復，於女信宿。」毛傳：「再宿曰信；宿，猶處也。」晉·陶潛《與殷晉安別並序》：「信宿酬清話，益復知為親。」

〔二〕行窩：宋人為接待邵雍仿其所居安樂窩而為之建造的居室。宋·邵伯溫《聞見前錄》卷二十：「十餘家如康節先公所居安樂窩，起屋以待其來，謂之行窩。故康節先公沒，鄉人挽詩有云：春風秋月嬉遊處，冷落行窩十二家。」後因指可以小住的安適之所。

〔三〕巾車：有帷幕的車子。晉·陶潛《歸去來辭》：「或命巾車，或棹孤舟。」宋·蘇軾《和寄天選長官：「何時命巾車，共陟雲外嶠？」

〔四〕鄉閭：古以二十五家為閭，一萬二千五百家為鄉，泛指民眾聚居之處。宋·曾鞏《應舉啟》：「足跡不遊於場屋，姓名不署於鄉閭。」

再至陽明別洞和邢太守韻二首

【編年】

此組詩正德十三年（1518）作於贛州。

其一

春山隨處款〔一〕歸程，古洞幽虛道意生。澗壑風泉時遠近，石門蘿月自分明。林僧住久炊遺火〔二〕，野老忘機〔三〕罷席爭〔四〕。習靜未緣成久坐，卻慚塵土逐虛名。

【校注】

〔一〕款：殷勤招待。此處詩人將青山擬作主人我為客，顯得生機勃勃。南朝·齊·謝朓《中庶直石頭詩》：「皇州總地德，迴江款巖微。」宋·戴復古《汪可見約遊青原》：「一茶可款從僧話，數局爭先對客棋。」

〔二〕遺火：本義指遺落的火種，此處指柴火燒後留下的印記。

〔三〕忘機：消除機詐之心，此處指甘於淡泊，與世無爭之心。唐·陳子昂《南山家園林木交暎盛夏五月幽然清涼獨坐思遠率成十韻》：「忘機委人代，閉牖察天心。」唐·杜甫《遣興》其三：「但訝鹿皮翁，忘機對芳草。」

〔四〕罷席爭：不爭座位，表示彼此融洽無間，不拘禮節。《莊子·寓言》：「其往也，

舍者迎將其家，公執席，妻執巾櫛，舍者避席，煬者避灶。其反也，舍者與之爭席矣。」晉・郭象注：「去其夸矜故也。」唐・王維《積雨輞川莊作》：「野老與人爭席罷，海鷗何事更相疑？」

【著錄】

明・曹學佺編《石倉歷代詩選》卷四百五十五著錄此詩。

其二

山水平生是課程〔一〕，一淹塵土遂心生。耦耕亦欲隨沮溺〔二〕，七縱何緣得孔明〔三〕？吾道羊腸須蠖屈〔四〕，浮名蝸角〔五〕任龍爭〔六〕。好山當面馳車過，莫漫尋山說避名〔七〕。

【校注】

〔一〕課程：本義是指規定數量和內容的工作或學習進程。《詩經・小雅・巧言》「奕奕寢廟，君子作之。」唐・孔穎達疏：「以教護課程，必君子監之，乃得依法制也。」此處指詩人性愛山水，將登山觀水當做每日必做的事情。

〔二〕此句用典《論語・微子》：「長沮桀溺耦而耕，孔子過之，使子路問津焉。長沮曰：『夫執輿者為誰？』子路曰：『為孔丘。』曰：『是魯孔丘與？』對曰：『是也。』曰：『是知津矣。』問於桀溺，桀溺曰：『子為誰？』曰：『為仲由。』曰：『是魯孔丘之徒與？』對曰：『然。』曰：『滔滔者，天下皆是也，而誰以易之。且而與其從避人之士，豈若從避世之士哉？』耰而不輟。」陽明用此典寓意有歸園之意。

〔三〕此句用諸葛亮七擒孟獲之典。《三國志・蜀志・諸葛亮傳》：「亮率眾南征，其秋悉平。」南朝・宋・裴松之注引《漢晉春秋》：「亮至南中，所在戰捷。聞孟獲者，為夷、漢所服，募生致之。既得，使觀於營陳之間，問曰：『此軍何如？』獲對曰：『向者不知虛實，故敗。今蒙賜觀看營陳，若秖如此，即定易勝耳。』亮笑，縱使更戰，七縱七禽，而亮猶遣獲。獲止不去，曰：『公，天威也，南人不復反矣。』」

〔四〕蠖屈：比喻人不遇時，屈居下位或退隱。晉・潘尼《贈侍御史王元貺》：「蠖屈固小往，龍翔迺大來。」宋・范仲淹《依韻和安陸孫司諫見寄》：「相其直道了無悔，寧爭蠖屈與鵬騫。」

〔五〕浮名蝸角：微不足道的空名。宋・蘇軾《滿庭芳・或注警悟》：「蝸角虛名，蠅頭微利，算來著甚乾忙。」

〔六〕龍爭：他人追名逐利的爭奪。唐・杜甫《桃竹杖引贈章留後》：「路幽必為鬼神奪，拔劍或與蛟龍爭。」

〔七〕避名：隱姓埋名。《後漢書・逸民傳・韓康》：「時有女子從康買藥，康守價不移，女子怒曰：『公是韓伯休那？乃不二價乎？』康歎曰：『我本欲避名，今小女子皆知有我，何用藥為？』乃遯入霸陵山中。」宋・翁卷《鮑使君閒居》：「多諳藥品曾因病，卻著荷衣欲避名。」

夜坐偶懷故山

　　獨夜殘燈夢未成，蕭蕭總是故園聲〔一〕。草深石徑麚麌〔二〕笑，雪靜空山猿鶴驚。漫有緘書〔三〕懷舊侶，常牽纓冕〔四〕負初情。雲溪〔五〕漠漠春風轉，紫菌黃花又自生。

【編年】

　　此詩正德十三年（1518）作於贛州。

【校注】

〔一〕此句化用宋・陸游《東關》：「三更酒醒殘燈在，臥听蕭蕭雨打篷。」

〔二〕麚麌：麚鼠與麌鼠，比喻志趣相投的親密朋友。宋・黃庭堅《書〈張仲謀詩集〉後》：「今竄逐蠻夷中，而仲謀來守施州，所謂麚麌同遊，蓬藋柱宇，而兄弟親戚謦欬其側者也。」宋・劉弇《石廊洞》：「麚麌笑舞助怪變，落日愁絕松風哀。」

〔三〕緘書：書信。唐・杜甫《奉漢中王手札》：「前後緘書報，分明餽玉恩。」

〔四〕纓冕：仕宦的代稱。南朝・梁・沈約《奏彈王源》：「忝籍世資，得參纓冕。」唐・錢起《山中酬楊補闕見過》：「卻慙身外牽纓冕，未勝杯前倒接䍦。」

〔五〕雲溪：亦作雲谿，雲霧繚繞的溪谷。唐・杜甫《行次鹽亭縣聊題四韻》：「雲谿花淡淡，春郭水泠泠。」

懷歸二首

【編年】

　　此組詩正德十三年（1518）作於贛州。

　　其一

　　深慚經濟〔一〕學封侯〔二〕，都付浮雲自去留。往事每因心有得，身

閒方喜世無求。狼煙〔三〕幸息昆陽患〔四〕，蠡測〔五〕空懷杞國憂〔六〕。一笑海天空闊處，從知吾道在滄洲。

【校注】

〔一〕經濟：經世濟民。《晉書・殷浩傳》：「足下沈識淹長，思綜通練，起而明之，足以經濟。」唐・袁郊《甘澤謠・陶峴》：「峴之文學，可以經濟；自謂疏脫，不謀宦遊。」宋・梅堯臣《汴渠》：「我實山野人，不識經濟宜。」

〔二〕封侯：封拜侯爵。指顯赫功名。唐・王昌齡《閨怨》：「忽見陌頭楊柳色，悔教夫婿覓封侯。」

〔三〕狼煙：古時邊防用作軍事上的報警信號，比喻戰火或戰爭。此處指

〔四〕昆陽患：漢光武帝曾於此大破王莽軍隊，是歷史上著名的昆陽之戰。

〔五〕蠡測：比喻以淺陋之見揣度事物。《漢書・東方朔傳》：「以筦闚天，以蠡測海。」唐・李商隱《詠懷寄秘閣舊僚》：「典籍將蠡測，文章若管窺。」

〔六〕杞國憂：即杞人憂天，比喻那些無端憂慮的人。《列子・天瑞》：「杞國有人，憂天地崩墜，身亡所寄，廢寢食者。」唐・劉禹錫《敬宗睿武昭愍孝皇帝挽歌三首》其二：「欲遂東人幸，寧虞杞國憂。」宋・孫覿《次韻王子欽秋懷二首》其一：「南山危坐高稜見，杞國區區豈我憂。」

其二

身經多難〔一〕早知非，此事年來識者稀。老大有情成舊德〔二〕，細謀無計解重圍〔三〕。意常不足真夷道〔四〕，情到方濃是險機〔五〕。悵望〔六〕衡茅〔七〕無事日，漫吹松火〔八〕織秋衣〔九〕。

【校注】

〔一〕多難：猶多故，多患難。《詩經・周頌・小毖》：「未堪家多難。」漢・鄭玄箋：「我又會於辛苦，遇三監及淮夷之難也。」《禮記・檀弓上》：「吾君老矣，子少，國家多難。」唐・孔穎達疏：「國家多有危難。」唐・杜甫《登樓》：「花近高樓傷客心，萬方多難此登臨。」

〔二〕舊德：謂先人的德澤，往日的恩德。《周易・訟卦》：「食舊德，貞厲，終吉。」唐・韓愈《題楚昭王廟》：「猶有國人懷舊德，一間茅屋祭昭王。」

〔三〕重圍：謂層層包圍。

〔四〕夷道：平易之道。《老子》：「明道若昧，進道若退，夷道若纇。」馬敘倫校詁引易順鼎曰：「夷，平也。昭二十八年《左傳》『刑之頗纇』，服注：『纇，不

　　　平也。』纇與夷正相反，故曰夷道若纇。」

〔五〕險機：機詐險惡。

〔六〕悵望：惆悵地看望或想望。唐・杜甫《詠懷古蹟》其二：「悵望千秋一灑淚，
　　　蕭條異代不同時。」

〔七〕衡茅：衡門茅屋，簡陋的居室。晉・陶潛《辛丑歲七月赴假還江陵夜行塗口》：
　　　「養真衡茅下，庶以善自名。」

〔八〕松火：燃松柴的火。唐・戴叔倫《南野》：「茶烹松火紅，酒吸荷杯綠。」

〔九〕秋衣：秋日所穿的衣服。唐・李白《陪族叔刑部侍郎曄及中書賈舍人至遊洞
　　　庭》其四：「醉客滿船歌《白苧》，不知霜露入秋衣。」唐・戴叔倫《山居即
　　　事》：「養花分宿雨，翦葉補秋衣。」

送德聲叔父歸姚

　　守仁與德聲叔父共學於家君龍山先生。叔父屢困場屋，一旦以親老辭廩歸養。交遊強之出，輒笑曰：「古人一日養，不以三公易。吾豈以一老母博一弊儒冠乎？」嗚呼！若叔父可謂真知內外輕重之分矣。今年夏，來贛視某，留三月。飄然歸，興不可挽，因謂某曰：「秋風菁鱸，知子之興無日不切。然時事若此，恐即未能脫，吾不能俟子之歸舟。吾先歸，為子開荒陽明之麓，如何？」嗚呼！若叔父可謂真知內外輕重之分矣。某方有詩戒，叔父曰：「吾行，子可無言？」輒為賦此。

　　猶記垂髫〔一〕共學年，於今鬢髮兩蒼然〔二〕。窮通只好浮雲看，歲月真同逝水懸〔三〕。歸鳥長空隨所適，秋江落木正無邊〔四〕。何時卻返陽明洞，蘿月〔五〕松風〔六〕掃石眠〔七〕。

【編年】

　　此詩正德十三年（1518）作於贛州。王德聲，應即王德盛，《李家塔譜》載：「行春三十，諱慴，字德盛，號養性，《易經》補邑庠生。豪公長子。配方氏，合葬長龍。生一子：守緒。」〔註5〕

【校注】

〔一〕垂髫：兒童或童年。髫，兒童垂下的頭髮。晉・陶潛《桃花源記》：「黃髮垂
　　　髫，並怡然自樂。」

〔註5〕束景南《王陽明年譜長編》，第 1062 頁。

〔二〕蒼然：白髮蒼蒼。蒼，灰白色。

〔三〕此句似唐·許渾《重遊練湖懷舊》：「榮枯盡寄浮雲外，哀樂猶驚逝水前。」

〔四〕秋江落木正無邊：此句與「無邊落木蕭蕭下」有異曲同工之妙。

〔五〕蘿月：藤蘿間的明月。

〔六〕松風：松林之風。《南史·隱逸傳下·陶弘景》：「特愛松風，庭院皆植松，每聞其響，欣然為樂。」唐·杜甫《玉華宮》：「溪迴松風長，蒼鼠竄古瓦。」

〔七〕掃石眠：清掃山中場地，多指修身養生者的居處。陽明《山中懶睡》其二：「掃石焚香任意眠，醒來時有客談玄。」

示憲兒

　　幼兒曹〔一〕，聽教誨：勤讀書，要孝弟〔二〕；學謙恭，循禮義；節飲食，戒遊戲；毋說謊，毋貪利；毋任情，毋鬥氣；毋責人，但自治〔三〕。能下人〔四〕，是有志；能容人，是大器。凡做人，在心地；心地好，是良士；心地惡，是凶類。譬樹果，心是蒂；蒂若壞，果必墜。吾教汝，全在是。汝諦聽〔五〕，勿輕棄！

【編年】

　　此詩正德十三年（1518）作於贛州。

【校注】

〔一〕兒曹：兒輩。唐·韓愈《示兒》：「詩以示兒曹，其無迷厥初。」

〔二〕孝弟：孝順父母，敬愛兄長。《論語·學而》：「其為人也孝弟，而好犯上者鮮矣。」宋·朱熹集注：「善事父母為孝，善事兄長為弟。」

〔三〕自治：修養自身的德性。宋·程頤《辭免西京國子監教授表》：「伏念臣才識迂疏，學術膚淺，自治不足，焉能教人。」

〔四〕下人：對人謙讓，能居於人之後。《周易·繫辭》：「勞而不伐，有功而不德，厚之至也，語以其功下人者也。」唐·孔穎達疏：「能以有功卑下於人者也。」

〔五〕諦聽：仔細聽。唐·白居易《霓裳羽衣歌》：「當時乍見驚心目，凝視諦聽殊未足。」

贈陳東川

　　白沙詩裏莆陽子〔一〕，盡是相逢逆旅間。開口向人談古禮〔二〕，拂衣〔三〕從此入雲山〔四〕。

【編年】

此詩正德十三年（1518）作於贛州。

【校注】

〔一〕莆陽子：陳獻章《與陳聰》：「秋風兩見莆陽子」，故陽明稱「白沙詩裏莆陽子」。陳東川，名聰，莆陽人。〔註6〕

〔二〕古禮：古時的禮制，儒家所謂的古禮一般指周禮。《論語·八佾》：「子曰：『夏禮吾能言之，杞不足徵也。殷禮吾能言之，宋不足徵也。文獻不足故也，足，則吾能徵之矣。』」《史記·劉敬叔孫通列傳》：「禮者，因時世人情為之節文者也。故夏、殷、周之禮所因損益可知者，謂不相復也。臣願頗採古禮與秦儀雜就之。」

〔三〕拂衣：振衣而去，謂歸隱。南朝·宋·謝靈運《述祖德》：「高揖七州外，拂衣五湖裏。」唐·王維《送張五歸山》：「幾日同攜手，一朝先拂衣。」

〔四〕雲山：遠離塵世的居處。南朝·梁·江淹《蕭被侍中敦勸表》：「臣不能遵煙洲而謝歧伯，迎雲山而揖許由。」唐·元稹《修龜山魚池示眾僧》：「雲山莫厭看經坐，便是浮生得道時。」

〔註6〕束景南《王陽明年譜長編》，第 1076 頁。

江西詩一百二十首

正德乙卯年，奉勅往福建處叛軍。至豐城，遭宸濠之變，趨還吉安，集兵平之。八月，陞副都御史，巡撫江西。

鄱陽戰捷〔一〕

甲馬〔二〕秋驚鼓角風，旌旗曉拂陣雲〔三〕紅。勤王敢在汾淮〔四〕後，戀闕真隨江漢東。群醜〔五〕漫勞同吠犬，九重端合是飛龍〔六〕。涓埃〔七〕未遂酬滄海，病懶先須伴赤松〔八〕。

【編年】

此詩正德十四年（1519）七月作於江西南昌。

【校注】

〔一〕鄱陽戰捷：指王陽明七月二十六日生擒寧王朱宸濠，寧王叛亂平定。王陽明正德十四年（1519）十四年七月三十日所上《擒獲宸濠捷音疏》：「二十六日，寧王方朝群臣，拘集所執三司各官，責其間以不致死力、坐觀成敗者。將引出斬之，爭論未決，而我兵已奮擊，四面而集，火及寧王副舟，眾遂奔散。寧王與妃嬪泣別，妃嬪宮人皆赴水死。我兵遂執寧王，并其世子、郡王、將軍、儀賓及偽太師、國師、元帥、糸贊、尚書、都督、都指揮、千百戶等官。」

〔二〕甲馬：鎧甲和戰馬。《新唐書·兵志》：「安祿山以內外閑廄都使兼知樓煩監，陰選勝甲馬歸范陽，故其兵力傾天下而卒反。」

〔三〕陣雲：戰陣一般濃厚的雲，古人認為是戰爭的徵兆。《史記·天官書》：「陣雲如立垣，杼雲類杼軸。」司馬貞《史記索隱》：「姚氏案：《兵書》云：營上雲

氣如織，勿與戰也。」

〔四〕汾淮：郭子儀、李光弼。因平定安史之亂有功，郭子儀被封為汾陽郡王，李
光弼被封為臨淮郡王。

〔五〕群醜：本義為群眾。《詩經·小雅·吉日》：「田車既好，四牡孔阜。升彼大阜，
從其群醜。」鄭箋云：「醜，眾也。」此處指追隨寧王叛亂之人。

〔六〕飛龍：帝王。《周易·乾卦》：「九五，飛龍在天，利見大人。」王弼注：「不
行不躍，而在乎天，非飛而何？故曰飛龍也。龍德在天，則大人之路亨也。
夫位以德興，德以位敘，以至德而處盛位，萬物之睹，不亦宜乎？」

〔七〕涓埃：溪流和微塵，比喻微薄的貢獻。唐·杜甫《野望》：「惟將遲暮供多病，
未有涓埃答聖朝。」

〔八〕赤松：赤松子，傳說中的上古神仙。《史記·留侯世家》：「願棄人間事，欲從
赤松子遊耳。」

【著錄】

明·章潢撰《萬曆新修南昌府志》卷三十、清·謝旻修《雍正江西通志》
卷一百五十五、清·來集之撰《倘湖樵書》卷六、清·陶元藻輯《全浙詩話》
卷三十一著錄此詩。

書草萍驛二首

九月獻俘北上，駐草萍，時已暮。忽傳王師已及徐淮，遂乘夜速
發。次壁間韻紀之二首。

【編年】

此組詩正德十四年（1519）作於浙江常山。「九月獻俘北上」，是指九月
十一日陽明獻俘寧王發南昌之事。王陽明《案行浙江按察司交割逆犯暫留養
病》：「又因宸濠連日不食，慮恐物故，無以獻俘奏凱，彰朝廷討賊之義。兼之
合省內外，人情洶洶，或生他變。當具本題知，於九月十一日啟行，將宸濠及
逆黨宮眷解赴軍門。」

其一

一戰功成未足奇，親征〔一〕消息尚堪危。邊烽西北方傳警〔二〕，民
力東南已盡疲〔三〕。萬里秋風嘶甲馬，千山斜日度旌旗。小臣何爾驅馳
急，欲請回鑾罷六師。

【校注】

〔一〕親征：正德十四年（1519）八月二十日，明武宗發京師，親征寧王之亂。《明史・武宗本紀》：「（正德十四年）七月甲辰，帝自將討宸濠，安邊伯朱泰為威武副將軍，帥師為先鋒。八月癸未，車駕發京師。」

〔二〕此句是指小王子侵犯西北邊疆之事。《明史・武宗本紀》：「（正德十二年）十月甲辰，小王子犯陽和，掠應州。丁未，親督諸軍禦之，戰五日。辛亥，寇引去。」

〔三〕此句是說東南遭遇災荒，百姓困苦不堪。《明史・武宗本紀》：「（正德十四年）夏四月甲子，免南畿被災稅糧。五月己亥，詔山西、山東、陝西、河南、湖廣流民歸業者，官給稟食、廬舍、牛種，復五年。」且武宗親征，勞師糜餉，地方供奉，百姓負擔加重。楊一清《司禮太監張公永墓誌銘》載王陽明與太監張永關於武宗親征的爭論，「守仁曰：『公非負國，何為令主上南征？』永曰：『南征亦何害？』守仁曰：『自寧藩圖釁，江右為墟。頃又繼以軍興郊郭，數千里間，無不析骸而炊，易子而食者。』」

【著錄】

明・曹學佺編《石倉歷代詩選》卷四百五十五、清・張英撰《淵鑒類函》卷三百四十八、清・錢謙益輯《列朝詩集》丙集卷四、清・謝旻修《雍正江西通志》卷一百五十五著錄此詩。

其二

千里風塵〔一〕一劍當，萬山秋色〔二〕送歸航。堂垂雙白虛頻疏，門已三過〔三〕有底忙。羽檄西來秋黯黯，關河北望夜蒼蒼。自嗟力盡螳蜋臂〔四〕，此日回天〔五〕在廟堂。

【校注】

〔一〕千里風塵：宋・陸游《舟中夜賦》：「千里風塵季子裘，五湖煙浪志和舟。」

〔二〕萬山秋色：明・于謙《聞蟬聲》：「早晚涼飆天際起，萬山秋色又蒼蒼。」

〔三〕門已三過：《孟子・滕文公上》：「當是時也，禹八年於外，三過其門而不入。」

〔四〕此句用螳臂當車之典。《莊子・人間世》：「汝不知夫螳蜋乎？怒其臂以當車轍，不知其不勝任也。」《韓詩外傳》卷八：「齊莊公出獵，有螳蜋舉足將搏其輪。問其御曰：『此何蟲也？』御曰：『此螳蜋也。其為蟲，知進而不知退，不量力而輕就敵。』」

〔五〕回天：勸諫天子改變意志，收回成命。《舊唐書‧張玄素傳》：「魏徵歎曰：『張公論事，遂有廻天之力，可謂仁人之言，其利溥哉！』」

【著錄】

清‧錢謙益輯《列朝詩集》丙集卷四、清‧謝旻修《雍正江西通志》卷一百五十五著錄此詩。

西湖

靈鷲〔一〕高林暑氣清，竺天石壁雨痕晴。客來湖上逢雲起，僧住峰頭話月明。世路久知難直道，此身那得尚虛名！移家早定孤山〔二〕計，種菜支茅卻易成。

【編年】

此詩正德十四年（1519）作於浙江杭州。是年十月，王陽明抵達杭州，將寧王朱宸濠等囚犯交付太監張永，稱病杭州西湖。王陽明《案行浙江按察司交割逆犯暫留養病》：「自度病勢日重，猝未易愈，前進既有不能，退回愈有不可，若再遲延，必成兩誤。除本職暫留當地，請醫調治，俟稍痊可，一面仍回省城，或仍前進，沿途迎駕，一面具本乞恩養病另行外。所據原解逆犯，合就查明交割，帶回省城，聽候駕臨審處通行。為此仰抄案回司，著落官吏備呈欽差提督軍務資畫機密軍務御用監太監張，煩請會同監軍御史，公同當省都、布、按、三司等官，將見解逆首宸濠及逆黨劉吉等各犯，並宮眷馬匹等項，逐一交查明白，仍請徑自另委相應官員兵快人等管押，帶回省城，從宜審處施行。」

【校注】

〔一〕靈鷲：杭州西湖飛來峰。《乾隆浙江通志》卷九：「飛來峰：《咸淳臨安志》：『晉咸和元年，西天僧慧理登茲山，歎曰：『此是中天竺國靈鷲山之小嶺，不知何年飛來？佛在世日，多為仙靈所隱，今此亦復爾邪？』因掛錫造靈隱寺，號其峰曰飛來。」

〔二〕孤山：《乾隆浙江通志》卷九：「孤山：《咸淳臨安志》：『在湖中稍西，一巘聳立，旁無聯附，為湖山勝絕處。』」

【著錄】

明‧曹學佺編《石倉歷代詩選》卷四百五十五著錄此詩；明‧吳之鯨撰

《武林梵志》卷五著錄此詩，題為《遊靈隱寺》。

寄江西諸士夫

甲馬驅馳已四年，秋風歸路更茫然。慚無國手〔一〕醫民病，空有官銜糜俸錢〔二〕。湖海風塵〔三〕雖暫息，江湘水旱尚相沿。題詩忽憶并州句〔四〕，回首江西亦故園。

【編年】

此詩正德十四年（1519）作於浙江杭州。

【校注】

〔一〕國手：技藝精湛的醫生。宋·楊萬里《寄題張欽夫春風樓》：「只餘平生醫國手，未忍旁觀縮袖間。」

〔二〕俸錢：俸祿。陽明詩中屢用之，如《林間睡起》：「林間盡日掃花眠，秖是官閒媿俸錢。」《重遊開元寺戲題壁》：「尚為妻孥守俸錢，至今未得休官去。」

〔三〕湖海風塵：指寧王叛亂之事。

〔四〕并州句：即并州歌。宋·郭茂倩《樂府詩集》卷八十五《并州歌》：「《樂府廣題》曰：『晉汲桑力能扛鼎，呼吸聞數里，殘忍少恩。六月盛暑，重裘累裀，使人扇之，忽不清涼，便斬扇者。并州大姓田蘭、薄盛斬於平原，士女慶賀，奔走道路而歌之。』士為將軍何可羞？六月重茵披豹裘。不識寒暑斷他頭，雄兒田蘭為報仇，中夜斬首謝并州。」

太息

一日復一日〔一〕，中夜坐嘆息〔二〕。庭中有嘉樹，落葉何淅瀝〔三〕。蒙翳亂藤纏，寧知絕根脈。丈夫貴剛腸，光陰勿虛擲。頭白眼昏昏，吁嗟亦何及！

【編年】

此詩正德十四年（1519）作於浙江杭州。

【校注】

〔一〕一日復一日：日復一日。晉·阮籍《詠懷》：「一日復一夕，一夕復一朝。顏色改平常，精神自損消。」唐·韓愈《與張十八同效阮步兵一日復一》：「一日復一日，一朝復一朝。秖見有不如，不見有所超。」

〔二〕中夜起歎息：晉·陸機《擬青青河畔草》：「空房來悲風，中夜起歎息。」

〔三〕淅瀝：象聲詞，形容落葉的聲音。唐·韋應物《樓中閱清管》：「淅瀝危葉振，蕭瑟涼氣生。」

宿淨寺四首

十月至杭，王師遣人追寧濠，復還江西。是日，遂謝病，退居西湖。

【編年】

此組詩正德十四年（1519）作於浙江杭州。

其一

老屋深松覆古藤，羈棲猶記昔年曾〔一〕。棋聲竹裏消閒晝，藥裏窗前對病僧〔二〕。煙艇避人長曉出，高峰望遠亦時登。而今更是多牽繫〔三〕，欲似當時又不能。

【校注】

〔一〕羈棲猶記昔年曾：指王陽明正德二年四月，臥病靜慈寺且作有《臥病靜慈寫懷》詩。

〔二〕此二句模擬宋·范成大《早衰》：「一窗煖日棋聲裏，四壁寒燈藥氣中。」

〔三〕牽繫：牽扯阻撓。宋·范仲淹《剔銀燈·與歐陽公席上分題》：「只有中間，些子少年，忍把浮名牽繫。」

【著錄】

明·曹學佺編《石倉歷代詩選》卷四百五十五、清·錢謙益輯《列朝詩集》丙集卷四著錄此詩。

其二

常苦人間不盡愁〔一〕，每拚須是入山休。若為此夜山中宿，猶自中宵煎百憂〔二〕。百戰西江方底定〔三〕，六飛〔四〕南甸尚淹留。何人真有回天力，諸老能無取日〔五〕謀。

【校注】

〔一〕常苦人間不盡愁：宋·劉過《萱草》：「不盡人間萬古愁，卻憑萱草解忘憂。」

〔二〕煎百憂：宋·黃裳《答仲時高軒小酌之什》：「東野先生窮且愁，蚯蚓竅中煎百憂。」

〔三〕底定：平定。晉‧陸機《辯亡論》：「誅叛柔服，而江外底定；飭法脩師，則威德翕赫。」

〔四〕六飛：古代皇帝車駕六馬，疾馳如飛，故曰六飛，亦指代皇帝。唐‧羅隱《岐王宅》：「承平舊物惟君在，猶寫雕鞍伴六飛。」

〔五〕取日：挽回落日，此處指勸諫武宗取消南征。唐‧呂溫《狄梁公立廬陵王傳讚》：「取日虞淵，洗光咸池。」宋‧朱熹《齋居感興》：「向非狄張徒，誰辦取日功！」

【著錄】

清‧錢謙益輯《列朝詩集》丙集卷四著錄此詩。

其三

百戰歸來〔一〕一病身，可堪時事更愁人〔二〕。道人莫問行藏〔三〕計，已買桃花洞裏春。

【校注】

〔一〕百戰歸來：元‧張宏範《南征》：「百戰歸來氣未鬆，紫泥又起作元戎。」

〔二〕更愁人：唐‧劉長卿《潁川留別司倉李萬》：「已恨良時空此別，不堪秋草更愁人。」

〔三〕行藏：出處行止。《論語‧述而》：「用之則行，捨之則藏。」南朝‧陳‧徐陵《晉陵太守王勵德政碑本》：「勢利無擾於胸襟，行藏不裹於懷抱。」

其四

山僧對我笑，長見說歸山〔一〕。如何十年別〔二〕，依舊不曾閒。

【校注】

〔一〕歸山：歸隱山林，指隱居。唐‧杜甫《重過何氏》：「何路霑微祿，歸山買薄田。」

〔二〕十年別：正德二年王陽明臥病靜慈寺，至本年，時間已過十二年。

歸興

一絲無補聖明朝〔一〕，兩鬢徒看長二毛〔二〕。自識淮陰〔三〕非國士，由來康節〔四〕是人豪。時方多難容安枕，事已無能欲善刀〔五〕。越水東頭尋舊隱，白雲茅屋數峰高。

【編年】

此詩正德十四年（1519）作於浙江杭州。

【校注】

〔一〕聖明朝：猶聖朝，傳統社會對本朝的尊稱。唐·杜甫《野望》：「扁舟空老去，無補聖明朝。」

〔二〕二毛：頭髮斑白者，指老年人。《左傳·僖公二十二年》：「君子不重傷，不禽二毛。」杜預注：「二毛，頭白有二色。」

〔三〕淮陰：韓信，因功被漢高祖封為淮陰侯。

〔四〕康節：邵雍，謚號康節。

〔五〕善刀：拭刀。《莊子·養生主》：「提刀而立，為之四顧，為之躊躇滿志，善刀而藏之。」晉·郭象注：「善，猶拭也。」

即事漫述四首

【編年】

此組詩正德十四年（1519）作於浙江杭州。

其一

從來野性只山林，翠壁丹梯處處尋。一自浮名縈世網〔一〕，遂令真訣〔二〕負初心。夜馳險寇天峰雪，秋虜強王漢水陰。辛苦半生成底事？始憐莊舄亦哀吟〔三〕。

【校注】

〔一〕世網：比喻塵世的法律、禮教、功名等對人的束縛。唐·李白《潁陽別元丹丘之淮陽》：「嘗恨迫世網，銘意俱未伸。」

〔二〕真訣：妙訣。唐·李白《送賀監歸四明應制》：「真訣自從茅氏得，恩波寧阻洞庭歸。」

〔三〕莊舄哀吟：《史記·張儀列傳》：「陳軫適至。秦惠王曰：『子去寡人之楚，亦思寡人不？』陳軫對曰：『王聞夫越人莊舄乎？』王曰：『不聞。』曰：『越人莊舄仕楚執珪，有頃而病。楚王曰：舄故越之鄙細人也，今仕楚執珪，貴富矣，亦思越不？中謝對曰：凡人之思，故在其病也。彼思越則越聲，不思越則楚聲。使人往聽之，猶尚越聲也。今臣雖棄逐之楚，豈能無秦聲哉？』」

其二

百戰深秋始罷兵〔一〕，六師冬盡尚南征〔二〕。誠微未足回天意，性僻還多拂世情。煙水滄江從鶴好，風雲溟海任龍爭。他年若訪陶元亮〔三〕，五柳新居〔四〕在赤城〔五〕。

【校注】

〔一〕正德十四年八月二十六日，王陽明擒獲寧王朱宸濠，宸濠之亂漸次平定，已是深秋時節，故曰「深秋始罷兵」。

〔二〕正德十四年十二月初一日，明武宗南征軍隊抵達揚州，已是冬盡時節。武宗親征，一路擾民事實甚多，姑舉一例如下：《明武宗毅皇帝實錄》卷一百八十一：「正德十四年十二月辛酉朔，上至揚州府。先是太監吳經至揚選民居壯麗者改為提督府，將駐蹕焉。經矯上意，刷處女寡婦，民間洶洶，有女者一夕皆適人，乘夜爭門逃匿不可禁。知府蔣瑤詣經懇免，經大怒曰：『汝小官，敢爾汝頭顧欲斫邪？』瑤不為動。徐曰：『小官苟逆上意，自分必死。但百姓者，朝廷之百姓，倘激生他變，恐將來責有所歸。』經怒猶未解，揮使去。經密覘知寡婦及娼者家，夜半忽遣騎卒數人，開城門，傳呼駕至，令通衢燃炬光如白日。經遍入其家，捽諸婦以出，有匿者，破垣毀屋，必得乃已，無一脫者。哭聲振遠近，尋以諸婦分送尼寺。寄住有二人，憤恚不食死，瑤為具棺殮之。自是諸婦家皆以金贖，乃得歸。貧者悉收入總督府云。」

〔三〕陶元亮：陶潛，字元亮。

〔四〕五柳新居：陶潛嘗著《五柳先生傳》，其文曰：「先生不知何許人，不詳姓字，宅邊有五柳樹，因以為號焉。」

〔五〕赤城：仙境。《神仙傳》：「茅蒙，字初成，乃於華山之中乘雲駕龍，向日昇天，歌曰：『神仙得者茅初成，駕龍上昇入泰清，時下玄洲戲赤城。』」

其三

窅窅〔一〕深愁伴客居，江船風雨夜燈虛。尚勞車駕臣多缺〔二〕，無補瘡痍術已疏〔三〕。親老豈堪還遠別，時危那得久無書〔四〕。明朝且就君平卜，要使吾心不負初。

【校注】

〔一〕窅窅：深邃之貌。唐·柳宗元《永州龍興寺東丘記》：「丘之幽幽，可以處休；丘之窅窅，可以觀妙。」

〔二〕多缺：多有缺陷。《晉書·天文志》：「孝武寧康元年九月癸巳，熒惑入太微。
　　　是時女主臨朝，政事多缺。」

〔三〕術已疏：宋·文彥博《臣伏蒙聖恩今月二日就瓊林苑特遣中使寵賜御詩仰味
　　　聖言恭披宸翰曲推恩禮過獎愚臣感愧之深負荷弗克輒課愚陋恭和聖製》：「康
　　　時有志才終短，報國無功術已疏。」

〔四〕此句模擬唐·杜甫《雨》：「時危覺凋喪，故舊短書稀。」

其四

茅茨〔一〕松菊〔二〕別多年，底事寒江尚客船。強所不能〔三〕儒作將，
付之無奈數由天〔四〕。徒聞諸葛能興漢〔五〕，未必田單解誤燕〔六〕。最羨
漁翁閒事業，一竿明月一蓑煙。

【校注】

〔一〕茅茨：茅屋。《墨子·三辯》：「昔者堯舜有茅茨者，且以為禮，且以為樂。」

〔二〕松菊：晉·陶潛《歸去來兮辭》：「三逕就荒，松菊猶存。」唐·杜甫《赤谷
　　　西崦人家》：「鳥雀依茅茨，藩籬帶松菊。」

〔三〕強所不能：宋·司馬光《夜坐》：「奪其性所樂，強以所不能。」

〔四〕數由天：元·陸文圭《有感》：「憂樂在人均是命，盛衰有數總由天。」

〔五〕諸葛能興漢：三國·蜀·諸葛亮《前出師表》：「今南方已定，兵甲已足，當
　　　獎率三軍，北定中原，庶竭駑鈍，攘除姦凶，興復漢室，還於舊都。」明·
　　　薛瑄《諸葛武侯廟》：「每有孤忠興漢室，可無長策定中原。」

〔六〕田單解誤燕：指齊將田單用反間計、火牛陣戰敗燕國之事。《史記·田單傳》：
　　　「燕昭王卒，惠王立，與樂毅有隙。田單聞之，乃縱反間於燕，宣言曰：『齊
　　　王已死，城之不拔者二耳。樂毅畏誅而不敢歸，以伐齊為名，實欲連兵南面
　　　而王齊。齊人未附，故且緩攻即墨以待其事。齊人所懼，唯恐他將之來，即
　　　墨殘矣。』燕王以為然，使騎劫代樂毅。樂毅因歸趙，燕人士卒忿。而田單
　　　乃令城中人食必祭其先祖於庭，飛鳥悉翔舞城中下食。燕人怪之。田單因宣
　　　言曰：『神來下教我。』乃令城中人曰：『當有神人為我師。』有一卒曰：『臣
　　　可以為師乎？』因反走。田單乃起，引還，東鄉坐，師事之。卒曰：『臣欺君，
　　　誠無能也。』田單曰：『子勿言也。』因師之。每出約束，必稱神師。乃宣言
　　　曰：『吾唯懼燕軍之劓所得齊卒，置之前行，與我戰，即墨敗矣。』燕人聞之，
　　　如其言。城中人見齊諸降者盡劓，皆怒，堅守，唯恐見得。單又縱反間曰：

『吾懼燕人掘吾城外冢墓，僇先人，可為寒心。』燕軍盡掘壟墓，燒死人。
即墨人從城上望見，皆涕泣，共欲出戰，怒自十倍。田單知士卒之可用，乃
身操版插，與士卒分功，妻妾編於行伍之間，盡散飲食饗士。令甲卒皆伏，
使老弱女子乘城，遣使約降於燕，燕軍皆呼萬歲。田單又收民金，得千鎰，
令即墨富豪遺燕將，曰：『即墨即降，願無虜掠吾族家妻妾，令安堵。』燕將
大喜，許之。燕軍由此益懈。田單乃收城中得千餘牛，為絳繒衣，畫以五綵
龍文，束兵刃於其角，而灌脂束葦於尾，燒其端。鑿城數十穴，夜縱牛，壯
士五千人隨其後。牛尾熱，怒而奔燕軍，燕軍夜大驚。牛尾炬火光明炫燿，
燕軍視之皆龍文，所觸盡死傷。五千人因銜枚擊之，而城中鼓譟從之，老弱
皆擊銅器為聲，聲動天地。燕軍大駭，敗走。齊人遂夷殺其將騎劫。燕軍擾
亂奔走，齊人追亡逐北，所過城邑皆畔燕而歸田單，兵日益多，乘勝，燕日
敗亡，卒至河上，而齊七十餘城皆復為齊。乃迎襄王於莒，入臨菑而聽政。
襄王封田單，號曰安平君。」

泊金山寺二首
十月將趨行在。

【編年】

此組詩正德十四年（1519）作於江蘇鎮江。

其一

但過金山便一登，鳴鐘出迓〔一〕每勞僧。雲濤石壁深龍窟，風雨樓
臺迥佛燈。難後詩懷全欲減〔二〕，酒邊孤興〔三〕尚堪憑。巖梯未用妨苔
滑，曾踏天峰雪棧冰。

【校注】

〔一〕出迓：外出迎接。宋‧強至《回謝接伴並遠迎書》：「伏審進承詔音，出迓隣
　　使。」
〔二〕此句取法金‧王若虛《病中》：「詩情渾欲減，藥物但相親。」
〔三〕酒邊孤興：宋‧陳造《次前韻有歎》：「破除酒邊興，截斷口前句。」王陽明
　　《登憑虛閣和石少宰韻》：「山閣新春負一登，酒邊孤興晚堪乘。」

【著錄】

明‧曹學佺編《石倉歷代詩選》卷四百五十五著錄此詩。

其二

醉入江風酒易醒〔一〕，片帆西去雨冥冥。天回江漢〔二〕留孤柱，地缺東南〔三〕著此亭。沙渚亂更新世態，峰巒不改舊時青〔四〕。舟人指點龍王廟，欲話前朝不忍聽〔五〕。

【校注】

〔一〕酒易醒：唐·韋莊《搖落》：「搖落秋天酒易醒，淒淒長似別離情。」

〔二〕天回江漢：明·劉基《巫山高》：「巫山高哉鬱崔嵬，下有江漢浮天回。」

〔三〕地缺東南：《列子·湯問》：「共工氏與顓頊爭為帝，怒而觸不周之山，折天柱，絕地維。故天傾西北，日月星辰就焉；地不滿東南，故百川水潦歸焉。」南朝·陳·徐陵《在北齊與楊僕射書》：「天傾西北，地缺東南。」

〔四〕不改舊時青：明·劉基《雙帶子》：「雪裏芭蕉心長在，春來不改舊時青。」

〔五〕不忍聽：唐·李白《灞陵行送別》：「正當今夕斷腸處，驪歌愁絕不忍聽。」

舟夜

隨處看山〔一〕一葉舟〔二〕，夜深霜月〔三〕亦兼愁。翠華〔四〕此際遊何地？盡角中宵起戍樓。甲馬尚屯淮海北〔五〕，旌旗初散楚江頭〔六〕。洪濤滾滾乘風勢，容易開帆不易收。

【編年】

此詩正德十四年（1519）作於江蘇。

【校注】

〔一〕隨處看山：宋·吳錫疇《看山》：「一寒未辦買山貲，隨處看山總可詩。」

〔二〕一葉舟：唐·韓愈《湘中酬張十一功曹》：「休垂絕徼千行淚，共泛清湘一葉舟。」

〔三〕夜深霜月：宋·釋覺範《宿臨川禪居寺書方丈壁》：「夜深霜月涼於水，門外雲濤遠際天。」

〔四〕翠華：皇帝或御車的代稱。唐·杜甫《北征》：「都人望翠華，佳氣向金闕。」

〔五〕此句是指武宗親征的軍隊此時屯兵在淮海之北。

〔六〕此句是指寧王叛亂在鄱陽湖剛被平定。

【著錄】

明·曹學佺編《石倉歷代詩選》卷四百五十五、清·錢謙益輯《列朝詩

集》丙集卷四著錄此詩。

舟中至日〔一〕

歲寒尤嘆滯江濱〔二〕，漸喜陽回大地春〔三〕。未有一絲添袞繡〔四〕，謾提三尺〔五〕淨風塵〔六〕。丹心倍覺年來苦，白髮從教鏡裏新〔七〕。若待完名始歸隱，桃花笑殺武陵人。

【編年】

此詩正德十四年（1519）作於江西南昌。

【校注】

〔一〕 至日：冬至。正德十四年冬至時間為十一月二十二日。

〔二〕 滯江濱：唐・杜甫《寄薛三郎中璩》：「子尚客荊州，我亦滯江濱。」

〔三〕 陽回大地春：漢・蔡邕《獨斷》：「冬至陽氣起，君道長，故賀。」古人認為冬至時，陰氣到達極點，陽氣開始復蘇，故曰「陽回大地春」。

〔四〕 袞繡：即袞衣繡裳，帶有龍紋的上衣和花紋的下裳，古代帝王與上公的禮服。《詩經・豳風・九罭》：「我覯之子，袞衣繡裳。」朱熹《詩集傳》：「袞衣裳九章：一曰龍；二曰山；三曰華蟲，雉也；四曰火；五曰宗彝，虎蜼也，皆繢於衣；六曰藻，七曰粉米，八曰黼，九曰黻，皆繡於裳。天子之龍一升一降，上公但有降龍。以龍首卷然，故謂之袞也。」

〔五〕 三尺：劍。《漢書・高祖本紀》：「吾以布衣提三尺，取天下，此非天命乎？」顏師古注：「三尺，劍也。」

〔六〕 風塵：戰亂，此處指寧王叛亂。《後漢書・班固傳下》：「設後北虜稍彊，能為風塵，方復求為交通，將何所及？」

〔七〕 此二句模擬唐・杜甫《月》：「只益丹心苦，能添白髮明。」

阻風

冬江盡說風長北，偏我北來風便南。未必天公真有意〔一〕，卻逢人事偶相糸參。殘農得暖堪登穫〔二〕，破屋多寒且曝簷〔三〕。果使困窮能稍濟，不妨經月阻江潭。

【編年】

此詩正德十四年（1519）作於江西南昌。

【校注】

〔一〕天公真有意：宋・蘇軾《四月十一日初食荔支》：「不知天公有意無，遣此尤物生海隅。」

〔二〕登穡：豐收。宋・宋庠《乞于御苑空地內種植奉祠祭劑子》：「謹耘籽之法，慎登穡之勤。」

〔三〕曝簷：在屋簷下曬太陽。宋・陸佃《再用前韻呈毅夫》：「即今除戶墐，那得曝簷茅。」

【著錄】

明・曹學佺編《石倉歷代詩選》卷四百五十五著錄此詩。

用韻答伍汝真〔一〕

莫怪鄉思日夜深，干戈衰病兩相侵〔二〕。孤腸自信終如鐵〔三〕，眾口從教盡鑠金〔四〕。碧水丹山曾舊約，青天白日是知心。茅茨歲晚饒風景，雲滿清溪雪滿岑〔五〕。

【編年】

此詩正德十四年（1519）作於江西南昌。

【校注】

〔一〕伍汝真：伍希儒。明・凌迪知《萬姓統譜》卷七十八：「伍希儒，字汝貞，安福人。正德辛未進士，歷按察司僉事。」

〔二〕此句模擬唐・杜甫《九日》：「弟妹蕭條各何在？干戈衰謝兩相催。」

〔三〕此句模擬宋・陸游《庚子正月十八日送梅》：「情之所鍾在我曹，莫倚心腸如。」

〔四〕此句用「眾口鑠金」典故。眾人的言論足以融化金屬，比喻輿論能夠顛倒黑白、混淆是非。《國語・周語》：「故諺曰：眾心成城，眾口鑠金。」韋昭注：「鑠，銷也。眾口所毀，雖金石猶可消之也。」按：陽明此句乃是針對張忠、許泰誣陷之言而發，張、許二人誣陷陽明、伍希儒「初同賊謀」以及吞沒朱宸濠金帛，致使伍希儒被革職。明・霍韜《地方疏》曰：「正德十四年，宸濠謀反，江西兩司俛首從賊，惟王守仁同御史伍希儒、謝源誓心效忠。不幸奸臣張忠、許泰等欲掩王守仁之功以為已有，乃揚諸人曰：『王守仁初同賊謀。』及公論難掩，乃又曰：『宸濠金帛俱王守仁、伍希儒、謝源滿載以去。』當時

　　大學士楊廷和、尚書喬宇亦忌王守仁之功，遂不與辯白，而黜伍希儒、謝源，
　　俾落仕籍。王守仁不辯之謗，至今未雪，可謂喑啞之冤矣。」

〔五〕「雲滿」「雪滿」為詩中常見句法，如元・宋回《得祠》：「十年夢不到清都，
　　　雲滿寒簑雪滿顛。」明・楊基《德安山中》：「石橋斜日萬山陰，雲滿寒溪雪
　　　滿林。」

過鞋山〔一〕戲題

　　曾駕雙虯渡海東，青鞋失腳墮天風。經過已是千年後，蹤跡依然一
夢中。屈子漫勞傷世隘〔二〕，楊朱空自泣途窮〔三〕。正須坐我匡廬〔四〕
頂，濯足寒濤步曉空。

【編年】

　　此詩正德十四年（1519）作於江西南康。

【校注】

〔一〕鞋山：明・郭子章《豫章詩話》卷六：「鞋山，在南康府北六十里，獨立湖中，
　　　其形如鞋。明・吳明卿：『飛來一片崑崙石，宛在宮亭水鏡中。莫怪強秦鞭
　　　不去，自從神禹鑿難工。飄颻碧漢支機穩，噴薄黃河砥柱同。何代仙人飛鳥
　　　過，尚遺孤蹟點晴空。』傳宸濠舉兵犯闕，過鞋山，有詩『風緊踢開湖口
　　　浪，月明踏破水中天』之句。後王文成公起兵，蹴之湖中，正應踏破水中之
　　　讖。」

〔二〕此句用屈原《漁父》之典，《漁父》：「屈原曰：『舉世皆濁我獨清，眾人皆醉
　　　我獨醒，是以見放。』」

〔三〕此句用楊朱泣歧之典，《荀子・王霸》：「楊朱哭衢塗曰：『此夫過舉蹞步而覺
　　　跌千里者夫！』哀哭之。」唐・楊倞注：「楊朱，戰國時人。後於墨子，與墨
　　　子弟子禽滑釐辯論，其說在愛己不拔一毛以利天下，與墨相反。衢塗，岐路
　　　也。秦俗以兩為衢，或曰四達謂之衢。覺，知也。半步曰蹞。跌，差也。言
　　　此岐路第過舉半步，則知差而哭，況跌千里者乎？故甚哀而哭之。《易》曰：
　　　『差以毫釐，謬以千里也。』」又《列子・說符》：「楊子之鄰人亡羊，既率其
　　　黨，又請楊子之豎追之。楊子曰：『嘻！亡一羊，何追者之眾？』鄰人曰：『多
　　　岐路。』既反，問：『獲羊乎？』曰：『亡之矣！』曰：『奚亡之？』曰：『岐
　　　路之中，又有岐焉，吾不知所之，所以反也。』楊子戚然變容，不言者移時，
　　　不笑者竟日。」

〔四〕匡廬：江西廬山。殷周之際，有匡俗兄弟七人在此結廬，故稱匡廬。南朝·
宋·慧遠《廬山記略》：「有匡俗先生者，出殷周之際，隱遯潛居其下，受道
於仙人而共嶺，時謂所止為仙人之廬而命焉。」

【著錄】

明·郭子章撰《豫章詩話》卷六、清·李成謀撰《石鍾山志》卷十四著錄
此詩。

楊邃庵〔一〕待隱園〔二〕次韻五首

【編年】

此詩正德十四年（1519）作於江蘇鎮江。此組詩楊一清有唱和之作，束
景南《王陽明年譜長編》載楊一清《石淙詩稿》卷十四《得王陽明詩依韻寄
答》五首〔註1〕。

【校注】

〔一〕楊邃庵：楊一清。明·謝肇淛《滇略》卷六：「楊一清，字應寧，安寧之石淙人
也。父景，始徙巴陵。幼穎悟絕倫，一覽成誦。八歲舉神童，入翰林，憲宗命
內閣選師教之。十四舉於鄉，成進士。歷事四朝，出將入相。經略固原，以五
千人破敵數萬。總督三邊，築河套邊城，增兵花馬池，邊境肅靖。其用兵如神，
算無遺策，臨機應變，動合事宜。再入內閣，與張永共誅逆瑾，反危為安，宗
社賴之。官至少師、大學士，卒諡襄敏。」《明史》卷一百九十八有傳。

〔二〕待隱園：楊一清園林，在鎮江丁卯橋石淙精舍內。明·李夢陽《淙精舍記》：
「今天下之學，宗我師楊公，而公亦自安寧石淙渡徙鎮江，於是築精舍丁卯
橋，名曰石淙精舍。」明·王鏊《待隱園賦》：「冢宰楊公作園於京口，曰待
隱，謂將歸老乎此也。」

其一

嘉園名待隱，專待主人〔一〕歸。此日真歸隱〔二〕，名園竟不違。巖
花如共語，山石故相依。朝市都忘卻，無勞更掩扉。

【校注】

〔一〕主人：楊一清。

〔註1〕束景南《王陽明年譜長編》，第1206頁。

〔二〕此日真歸隱：正德十一年八月，楊一清致仕。明·張銓《國史紀聞》：「（正德十一年）八月，大學士楊一清致仕。一清以災異自劾，因極陳時政得失，中有『讒言可以惑聖聰，匹夫得以搖國是。禁庭雜介冑之夫，京師無藩翰之託』等語，上弗省，而錢寧、江彬輩聞之不悅，於是為蜚語於上前，譏刺一清。會有諸生朱大周奏訐一清陰私事，極其醜詆，一清遂乞骸骨歸。」

其二

大隱真廛市〔一〕，名園陋給孤〔二〕。留侯先謝病〔三〕，范老竟歸湖〔四〕。種竹非醫俗〔五〕，移山不是愚〔六〕（是日公方移山石）。對時存變理〔七〕，經濟自成謨。

【校注】

〔一〕大隱真廛市：商鋪林立之處。《舊唐書·隱逸傳·史德義》：「騎牛帶瓢，出入郊郭廛市，號為逸人。」魏晉·王康琚《反招隱詩》：「小隱隱陵藪，大隱隱朝市。」唐·白居易《中隱》：「大隱住朝市，小隱入丘樊。」

〔二〕給孤：祇樹給孤獨園，亦稱祇園精舍、勝林給孤獨園等。佛教聖地，給孤獨長者與祇陀太子所建，釋迦牟尼佛在此居住約二十五年，宣講了《金剛經》、《楞嚴經》等多部佛教經典。遺址在今印度斯特馬赫特。楊一清待隱園在石淙精舍內，故陽明以佛教最著名之精舍擬之。

〔三〕留侯先謝病：留侯，即張良，張良輔佐劉邦建立漢朝之後，謝病不出。《史記·留侯世家》：「留侯乃稱曰：『家世相韓，及韓滅，不愛萬金之資，為韓報讐彊秦，天下振動。今以三寸舌為帝者師，封萬戶，位列侯，此布衣之極，於良足矣。願棄人間事，欲從赤松子遊耳。』乃學辟穀，道引輕身。」

〔四〕范老乃歸湖：范蠡協助越王勾踐滅吳之後，扁舟歸隱。《國語·越語》：「范蠡不報於王，擊鼓興師，以隨使者至於姑蘇之宮，不傷越民，遂滅吳。反至五湖，范蠡辭於王曰：『君王勉之，臣不復入越國矣。』王曰：『不穀疑子之所謂者何也？』對曰：『臣聞之，為人臣者，君憂臣勞，君辱臣死。昔者君王辱於會稽，臣所以不死者，為此事也。今事已濟矣，蠡請從會稽之罰。』王曰：『所不掩子之惡揚子之美者，使其身無終沒於越國，子聽吾言，與子分國。不聽吾言，身死妻子為戮。』范蠡對曰：『臣聞命矣。君行制，臣行意。』遂乘輕舟以浮於五湖，莫知其所終極。」

〔五〕種竹非醫俗：古人認為竹子品性高潔，可以醫俗。宋·蘇軾《於潛僧綠筠

軒》：「可使食無肉，不可居無竹。無肉令人瘦，無竹令人俗。人瘦尚可肥，
士俗不可醫。」宋・范成大《晚歸石湖》：「和煙種竹聊醫俗，帶月聞蛙不在
官。」

〔六〕此句用愚公移山典故。《列子》：「太行、王屋二山，方七百里，高萬仞，本在
冀州之南，河陽之北。北山愚公者，年且九十，面山而居。懲山北之塞，出
入之迂也。聚室而謀曰：『吾與汝，畢力平險，指通豫南，達於漢陰，可
乎？』雜然相許。其妻獻疑曰：『以君之力，曾不能損魁父之邱，如太行、王
屋何？且焉置土石。』雜曰：『投諸渤海之尾，隱土之北。』遂率子孫荷擔
者三夫，即石墾壤，箕畚運於渤海之尾。鄰人京城氏之孀妻，有遺男，始齔
跳，往助之。寒暑易節，始一反焉。河曲智叟笑而止之曰：『甚矣！汝之不
惠。以殘年餘力，曾不能毀山之一毛，其如土石何？』北山愚公長息曰：『汝
心之固，固不可徹，曾不若孀妻弱子。雖我之死，有子存焉，子又生孫，孫
又生子，子又有子，子又有孫，子子孫孫，無窮匱也。而山不加增，何苦而
不平？』河曲智叟亡以應。操蛇之神聞之，懼其不已也。告之於帝，帝感其
誠。命夸娥氏二子負二山，一厝朔東，一厝雍南。自此冀之南，漢之陰，無
隴斷焉。」

〔七〕燮理：調和。《尚書・周書・周官》：「立太師、太傅、太保，茲惟三公，論道
經邦，燮理陰陽。」

其三

綠野春深地〔一〕，山陰夜靜時。冰霜緣逕滑，雲石向人危。平難心
仍在，扶顛〔二〕力未衰。江湖兵甲滿〔三〕，吟罷有餘思。

【校注】

〔一〕綠野春深：詩中習見語，如宋・王珪《瓊林苑御筵送致政太師潞國文公歸西
洛》：「綠野春深花更好，石樓夜午月應寒。」

〔二〕扶顛：扶持危局。《論語・季氏》：「危而不持，顛而不倒。」唐・杜甫《洗兵
行》：「徵起適遇風雲會，扶顛始知籌策良。」

〔三〕江湖兵甲滿：唐・杜甫《中宵》：「親朋滿天地，兵甲少來書。」

其四

茲園〔一〕聞已久，今度〔二〕始來窺。市裏煙霞靜〔三〕，壺中結構奇
〔四〕。勝遊須繼日，虛席亦多時。莫道東山僻，蒼生或未知。

【校注】

〔一〕茲園：待隱園。

〔二〕今度：當下，現在。唐・寒山《寒山詩集》：「前廻是富兒，今度成貧士。」

〔三〕煙霞靜：詩中習見語，如宋・王庭珪《送同年趙季成知武岡軍》：「行聞峒窟煙霞靜，臥聽邊城鼓角聲。」

〔四〕結構奇：房舍建造奇特。唐・劉禹錫《吏隱亭》：「結構得奇勢，朱門交碧潯。」

其五

芳園待公隱，屯世〔一〕待公亨。花竹深臺榭，風塵暗甲兵。一身良得計〔二〕，四海未忘情。語及艱難際〔三〕，停杯淚欲傾〔四〕。

【校注】

〔一〕屯世：艱難之世。《周易・屯卦》：「六二，屯如邅如，乘馬班如。匪寇，婚媾。女子貞，不字，十年乃字。」宋・程頤《伊川易傳》釋之曰：「二以陰柔居屯之世，雖正應在上，而逼於初剛，故屯難邅回如辭也。二當屯世，雖不能自濟，而居中得正，有應在上，不失義者也。然逼近於初陰，乃陽所求柔者，剛所陵柔。當屯時，固難自濟，又為剛陽所逼，故為難也。」

〔二〕得計：得遂心願。《莊子・徐无鬼》：「於蟻棄知，於魚得計，於羊棄意。」

〔三〕艱難際：危險關頭。唐・杜甫《送韋十六評事充同谷防禦判官》：「挺身艱難際，張目視寇讎。」

〔四〕淚欲傾：詩中習見語，如元・方回《贈呂肖卿》：「知己身俱老，逢君淚欲傾。」

登小孤書壁

人言小孤殊阻絕，從來可望不可攀。上有顛崖勢欲墮，下有劍石交巉頑。峽風閃壁船難進，洪濤怒撞蛟龍關。帆檣摧縮不敢越，往往退次依前山。崖傍沙岸日東徙，忽成巨浸〔一〕通西灣。帝心似憫舟楫苦，神斧夜鬫無痕斑。風雷倏翕見萬怪，人謀不得容其間。我來銳意欲一往，小舟微服沿回瀾。側身脅息仰天竇，懸空絕棧蛛絲慳。風吹卯酒〔二〕眼花落，凍滑丹梯足力孱。青鼉吹雨出仍沒，白鳥避客來復還。峰頭四顧盡落日，宛然風景如瀛寰。煙霞未覺三山遠，塵土聊乘半日閒。奇觀江海詎為險，世情平地猶多艱。嗚呼！世情平地猶多艱，回

瞻北極〔三〕雙淚潺。

【編年】

此詩正德十四年（1519）作於江西彭澤。

【校注】

〔一〕巨浸：大河流。唐・王勃《拜南郊頌》：「遼河巨浸，碣石危峰。」宋・黃庭堅《和荅外舅孫莘老》：「君看巨浸朝百川，此豈有意潢潦前。」

〔二〕卯酒：晨酒。唐・白居易《府西池北新葺水齋即事招賓偶題十六韻》：「午茶能散睡，卯酒善消愁。」宋・蘇軾《二月二十六日雨中熟睡至晚強起出門還作此詩意思殊昏昏也》：「酒困三盃，午餐便一肉。」

〔三〕北極：北極星，此處指京城。唐・杜甫《登樓》：「北極朝廷終不改，西山寇盜莫相侵。」

【著錄】

明・曹學佺編《石倉歷代詩選》卷四百五十五、明・郭子章《豫章詩話》卷一、清・李成謀《石鍾山志》卷十四、清・謝旻修《雍正江西通志》卷一百五十一著錄此詩。

登蟂磯〔一〕次草泉心劉石門韻二首（二詩壬戌年作，誤入此）

【編年】

此組詩弘治十五年（1502）作於安徽蕪湖。

【校注】

〔一〕蟂磯：宋・祝穆《方輿勝覽》：「在蕪湖西南十里。蟂，毛蛟也。黃魯直《書蟂磯》云：『蟂似蛇，四足，能隱伏。賈生所謂伈蟂獺以隱處者也。』」

其一

中流片石倚孤雄，下有馮夷〔一〕百尺宮。灩澦西蟠渾失地，長江東去正無窮。徒聞吳女埋香玉，惟見沙鷗亂雪風。往事淒微何足問，永安宮闕草萊中。

【校注】

〔一〕馮夷：河神，河伯。戰國・屈原《遠遊》：「使湘靈鼓瑟兮，令海若舞馮夷。」宋・蘇軾《再和並荅楊次公》：「唱我三人無譜曲，馮夷亦合舞幽宮。」

其二

江上孤臣一片心，幾經漂沒水痕深。極憐撐拄即從古，正恐崩頹〔一〕或自今。蘚蝕秋螺殘老翠，蟂鳴春雨落空音。好携雙鶴磯頭坐，明月中宵一朗吟〔二〕。

【校注】

〔一〕崩頹：倒塌毀壞。周·庾信《哀江南賦》：「山嶽崩頹，既履危亡之運；春秋迭代，必有去故之悲。」

〔二〕朗吟：高聲吟誦。唐·劉禹錫《秋江早發》：「凝睇萬象起，朗吟孤憤平。」

望廬山

盡說廬山若箇奇，當時圖畫亦堪疑。九江風浪非前日，五老煙雲豈定期。眼慣不妨層壁險，足蹣須著短筇隨。香爐〔一〕瀑布微如線，欲決天河〔二〕瀉上池。

【編年】

此詩正德十四年（1519）作於江西九江。

【校注】

〔一〕香爐：香爐峰。《雍正江西通志》：「香爐峰，去府城西南三十里，廬山之北峰，形圓聳，雲氣非常。其陰為白居易草堂故址。又吳章山東有小山亦名香爐峰。蓋廬山本有三香爐峰也。」

〔二〕天河：銀河。三國·魏·曹植《感節賦》：「雖處逸而懷愁，懼天河之一回。」唐·李白《望九華山贈韋青陽仲堪》：「天河掛綠水，秀出九芙蓉。」

除夕伍汝真用待隱園韻即席次答五首

【編年】

此組詩作於正德十四年（1519），地點待考。楊一清有唱和之作，束景南《王陽明年譜長編》載楊一清《石淙詩稿》卷十四《用王陽明韻寄伍時泰廉憲》五首〔註2〕。

其一

一年今又去，獨客〔一〕尚無歸。人世傷多難〔二〕，親庭嘆久違。壯

〔註2〕束景南《王陽明年譜長編》，第1206頁。

心都欲盡，衰病特相依〔三〕。旅館聊隨俗，桃符〔四〕換早扉。

【校注】

〔一〕獨客：獨自一人，客居他鄉。唐・李賀《河南府試十二月樂詞・八月》：「孀妾怨長夜，獨客夢歸家。」

〔二〕人世傷多難：宋・蘇舜欽《送子履》：「人生多難古如此，吾道能全世所稀。」

〔三〕此二句疑擬宋・蘇軾《次韻柳子玉二首・地爐》：「鬢鑷殘敧雪領，壯心降盡倒風旌。」

〔四〕桃符：春聯。宋・王安石《元日》：「千門萬戶瞳瞳日，爭插新桃換舊符。」

其二

向憶青年日〔一〕，追歡興不孤〔二〕。風塵淹歲月，漂泊向江湖〔三〕。濟世渾無術，違時竟笑愚。未須悲蹇難〔四〕，列聖有遺謨。

【校注】

〔一〕青年日：年少之時。明・李夢陽《贈王御史十四韻》：「念昔青年日，共矯凌風羽。」

〔二〕不孤：不孤單。《論語・里仁》：「德不孤，必有鄰。」宋・文同《依韻和子瞻遊孤山》：「子瞻鳳咮新結廬，日哦其間興不孤。」

〔三〕歲月對江湖，是詩中習見對偶方式。如唐・貫休《寄栖白友師二首》其一：「流浪江湖久，攀緣歲月闌。」宋・呂本中《寄雲門山僧宗杲》：「歲月崢嶸如許久，江湖漂泊略相同。」宋・蘇轍《登上水關》：「歲月逼人行老大，江湖發興感平生。」

〔四〕蹇難：《周易・蹇卦》彖曰：「蹇，難也。險在前也。見險而能止，知矣哉！蹇利西南，往得中也。不利東北，其道窮也。利見大人，往有功也。當位貞吉，以正邦也。蹇之時用大矣哉！」

其三

正逢兵亂地，況是歲窮時。天運終無息，人心本自危〔一〕。憂疑〔二〕紛并集，筋力頓成衰。千載商山隱，悠然獲我思。

【校注】

〔一〕人心本自危：《書・大禹謨》：「人心惟危，道心惟微，惟精惟一，允執厥中。」宋・蔡沈《書集傳》：「人心易私而難公，故危。」

〔二〕憂疑：憂愁疑懼。《南史‧蕭鉉傳》：「建武中，高武子孫憂疑。鉉朝見，常鞠躬俯僂，不敢正行直視。」

其四

世道從卮漏〔一〕，人情只管窺〔二〕。年華多涉歷，變故益新奇。莫憚顛危〔三〕地，曾逢全盛時。海翁機已息，應是白鷗知〔四〕。

【校注】

〔一〕卮漏：即漏卮，為諧和詩律而倒。漏卮，底上有孔的酒器。《淮南子‧氾論訓》：「今夫霤水足以溢壺榼，而江河不能實漏卮，故人心猶是也。自當以道術度量，食充虛，衣禦寒，則足以養七尺之形矣。若無道術度量而以自儉約，則萬乘之勢不足以為尊，天下之富不足以為樂矣。」

〔二〕管窺：狹窄偏頗之間。漢‧東方朔《答客難》：「以管窺天，以蠡測海，以莛撞鍾，豈能通其條貫，考其文理，發其音聲哉。」

〔三〕顛危：跌倒、危險。《論語‧季氏》：「危而不持，顛而不扶，則將焉用彼相矣。」

〔四〕此二句用《列子》典故，《列子‧黃帝》：「海上之人有好漚鳥者，每旦之海上，從漚鳥遊，漚鳥之至者百住而不止。其父曰：『吾聞漚鳥皆從汝遊，汝取來吾玩之。』明日之海上，漚鳥舞而不下也。」

其五

星窮回歷紀〔一〕，貞極起元亨〔一〕。日望天廻駕，先沾雨洗兵。雪猶殘歲戀，風已舊春情。莫更辭藍尾〔三〕，人生未幾傾。

【校注】

〔一〕歷紀：古代曆法以以十九年為一章，四章為一蔀，二十蔀為一紀，形容時間之久。漢‧袁康《越絕書‧外傳記范伯傳》：「天運歷紀，千歲一至。」

〔二〕貞極起元亨：即貞下起元，《周易‧乾卦》：「乾：元，亨，利，貞。」宋‧俞琰《周易集說》卷十四釋之曰：「蓋自元而亨，亨而利，利而貞，貞則又元，不貞則無以為元。元乃物之萌芽初出時，亨乃物之長茂時，利乃物之收斂時，貞乃物之結實而歸宿處。唯有此歸宿處，是以貞下起元，靜極而復動，冬極而復春，生意常周流而不絕。」

〔三〕藍尾：酒名。唐‧白居易《殷判官二十三兄》：「歲盞後推藍尾酒，春盤先勸膠牙餳。」

元日霧

元日昏昏霧塞空〔一〕，出門咫尺誤西東。人多失足投坑塹〔二〕，我亦停車泣路窮。欲斬蚩尤〔三〕開白日，還排閶闔拜重瞳〔四〕。小臣謾有澄清志〔五〕，安得扶搖萬里風〔六〕。

【編年】

此詩正德十五年（1520）作於江西南昌。

【校注】

〔一〕塞空：塞滿天空。宋・陸游《弋陽道中遇大雪》：「我行江郊暮猶進，大雪塞空迷遠近。」

〔二〕坑塹：溝壑。《後漢書・耿弇傳》：「弇進兵，先脅巨里，使多伐樹木，揚言以填塞坑塹。」

〔三〕蚩尤：晉・崔豹《古今注》卷上：「大駕指南車起黃帝與蚩尤戰於涿鹿之野，蚩尤作大霧，兵士皆迷，於是作指南車以示四方，遂擒蚩尤而即帝位。」古代相傳黃帝與蚩尤決戰之時，蚩尤作大霧，故後世以蚩尤代指霧。

〔四〕重瞳：借指舜。《史記・項羽本紀》：「舜目蓋重瞳子。」裴駰《史記集解》引《尸子》曰：「舜兩眸子，是謂重瞳。」

〔五〕澄清志：平定叛亂之志。《後漢書・范滂傳》：「時冀州饑荒，盜賊群起，乃以滂為清詔使案察之。滂登車攬轡，慨然有澄清天下之志。」

〔六〕此句用《莊子・逍遙遊》之典，其文曰：「鵬之徙於南冥也，水擊三千里，摶扶搖而上者九萬里。」

【著錄】

清・錢謙益輯《列朝詩集》丙集卷四著錄此詩。

二日雨

昨朝陰霧埋元日，向曉寒雲迸雨聲。莫道人為無感召〔一〕，從來天意亦分明〔二〕。安危他日須周勃〔三〕，痛哭當年笑賈生〔四〕。坐對殘燈愁徹夜，靜聽晨鼓報新晴。

【編年】

此詩正德十五年（1520）作於江西南昌。

【校注】

〔一〕感召：感應。梁・蕭統《七召》：「足使風雲變動，性靈感召。」

〔二〕天意亦分明：宋・邵雍《獨坐吟》：「天意自分明，人多不肯行。」

〔三〕周勃：漢初名臣，平定諸呂叛亂，安定劉氏天下。王陽明此句是以周勃自比。

〔四〕賈生：賈誼。《史記・屈原賈生列傳》：「賈生數上疏言諸侯或連數郡，非古之制，可稍削之。文帝不聽。」又王陽明《計處地方疏》：「故先有副使胡世寧直言指陳，續該科道等官交章舉發，言皆有據，事非無徵。」可知，在寧王朱宸濠密謀叛亂之時，胡世寧曾屢次上疏揭發朱宸濠奸謀，卻未能引起明武宗的重視，與賈誼之事類似。

【著錄】

清・錢謙益輯《列朝詩集》丙集卷四著錄此詩。

三日風

一霧二雨三日風，田家卜歲〔一〕疑凶豐。我心惟願兵甲解，天意豈必斯民窮〔二〕。虎旅歸思懷舊土〔三〕，鑾輿消息望還宮。春盤濁酒聊自慰，無使戚戚干吾衷〔四〕。

【編年】

此詩正德十五年（1520）作於江西南昌。

【校注】

〔一〕卜歲：中國古代有年初通過占卜方式預測年歲豐兇的風俗。《史記・龜策列傳》：「卜歲中禾稼孰不孰。孰，首仰足開，內外自橋外自垂；不孰，足肣首仰有外。」

〔二〕我心、天意對仗，宋・彭汝礪《去桐廬學》：「興廢盡天意，行藏非我心。」

〔三〕此句言隨從明武宗親征以及在南昌被張忠、許泰帶來的官兵均有思鄉之情，錢德洪《陽明先生年譜》：「（正德十四年）十一月，返江西。（張）忠等方挾宸濠，搜羅百出，軍馬屯聚，糜費不堪。續、綸等望風附會，肆為飛語，時論不平。先生既還南昌，北軍肆坐慢罵，或故衝導起釁。先生一不為動，務待以禮。豫令巡捕官諭市人移家於鄉，而以老贏應門。始欲犒賞北軍，泰等預禁之，令勿受。乃傳示內外，諭北軍離家苦楚，居民當敦主客禮。每出，遇北軍喪，必停車問故，厚與之櫬，嗟嘆乃去。久之，北軍咸服。會冬至節

近，預令城市舉奠。時新經濠亂，哭亡酹酒者聲聞不絕。北軍無不思家，泣下求歸。」

〔四〕戚戚：恐懼憂傷。《論語‧述而》：「君子坦蕩蕩，小人長戚戚。」

立春二首

【編年】

此組詩正德十五年（1520）作於江西南昌。

其一

才見春歸春又來〔一〕，春風如舊鬢毛衰〔二〕。梅花未放天機泄，萱草先將地脈回〔三〕。漸老光陰逢世難，經年懷抱欲誰開〔四〕。孤雲渺渺親庭遠，長日斑衣羨老萊。

【校注】

〔一〕才見春歸春又來：本年正月初七日立春，剛過春節，故有此言。

〔二〕鬢毛衰：鬢角花白，比喻年華老去。唐‧賀知章《回鄉偶書》：「少小離鄉老大回，鄉音難改鬢毛衰。」

〔三〕梅花、萱草對仗，乃詩中習見語，如宋‧楊萬里《寒食相將諸子遊翟園得十詩》其五：「乍晴萱草渾無力，落盡梅花尚有香。」天機、地脈對仗比較少見，宋代詩人唐庚曾用之，其《大觀四年春吾與友人任景初舍弟端孺自蜀來京師至長安時方寒食吾三人相與戎服遊九龍池飲酒賦詩樂甚是歲吾遷嶺表明年景初亦謫江左忽忽數歲皆未得去寒食無幾念念悽然作詩寄任因命舍弟同賦》：「我坐力田傷地脈，君緣搜句漏天機。」

〔四〕光陰、懷抱對仗，乃詩中習見語，如南北朝‧何遜《登禪岡寺望和虞記室詩》：「光陰不可捨，懷抱何由悉。」宋‧章甫《用前韻贈高持一》：「百歲光陰能幾許，一春懷抱未曾開。」

其二

天涯霜雪嘆春遲〔一〕，春到天涯思轉悲。破屋多時空杼軸〔二〕，東風無力起瘡痍〔三〕。周王車駕窮南服〔四〕，漢將旌旗守北陲。莫訝春盤斷生菜，人間菜色正離仳〔五〕。

【校注】

〔一〕天涯霜雪：唐‧杜甫《閣夜》：「歲暮陰陽催短景，天涯霜雪霽寒宵。」

〔二〕杼軸：織機。《詩經・小雅・大東》：「小東大東，杼柚其空。」朱熹注：「杼，
　　　　持緯者也；柚，受經者也。」唐・杜甫《歲晏行》：「高馬達官厭酒肉，此輩
　　　　杼軸茅茨空。」

〔三〕瘡痍：困苦不堪的百姓。唐・杜甫《送韋諷上閬州錄事參軍》：「必若救瘡痍，
　　　　先應去蟊賊。」

〔四〕此句是指明武宗南下親征之事。

〔五〕仳離：婦女被遺棄。《詩經・王風・中谷有蓷》：「有女仳離，慨其歎矣。」鄭
　　　　玄箋：「有女遇凶年而見棄，與其君子別離。」又，錢德洪《陽明先生年譜》：
　　　　「（正德十五年）正月赴召，次蕪湖，尋得旨返江西。忠、泰在南都讒先生必
　　　　反，惟張永持正保全之。」陽明此時被張忠、許泰誣陷，導致明武宗疏遠陽
　　　　明，此時之陽明正如被遺棄之女子。

遊廬山開先寺

　　僻性〔一〕尋常慣受猜，看山又是百忙來。北風留客非無意，南寺逢
僧即未回。白日高峰〔二〕開雨雪，青天飛瀑〔三〕瀉雲雷。緣溪踏得支節
地，修竹長松覆石臺。

【校勘】

　　開先寺：四庫本作開元寺，誤。

【編年】

　　此詩正德十五年（1520）作於江西廬山。

　　《雍正江西通志》卷十二：「開先寺，本南唐中主璟讀書臺，改為寺，後
廢。明初，僧清江復建。」

　　錢德洪《陽明先生年譜》：「（正德十五年）正月，以晦日重過開先寺，留
石刻讀書臺後，詞曰：『正德己卯六月乙亥，寧藩濠以南昌叛，稱兵向闕，破
南康、九江，攻安慶，遠近震動。七月辛亥，臣守仁以列郡之兵復南昌。宸濠
擒，餘黨悉定。當此時，天子聞變赫怒，親統六師臨討，遂俘宸濠以歸。於赫
皇威，神武不殺，如霆之震，靡擊而折。神器有歸，孰敢窺竊？天鑒於宸濠，
式昭皇靈，嘉靖我邦國。正德庚辰正月晦，提督軍務都御史王守仁書。從征
官屬列於左方。』

【校注】

　　〔一〕僻性：謙辭，性格孤僻。唐・元稹《武功縣中作三十首》其二十九：「自知狂

僻性，吏事固相疏。」

〔二〕高峰：即鶴鳴峰，開先寺在此峰下。

〔三〕青天飛瀑：開先寺多瀑布，明·王禕《開先寺觀瀑布記》記載甚詳，「廬山南
　　　北瀑布以十數，獨開先寺所見者最勝。開先瀑布有二：其一曰馬尾泉；其一
　　　在馬尾泉東，出自雙劍香爐兩峰間，為尤勝。或曰瀑水之源，昔人未有窮之
　　　者。或曰水出山絕頂，衝激入深澗，西入康王谷為水簾，東出香爐峰則為瀑
　　　布也。」

【考辨】

　　岡田武彥《王陽明大傳》：「第一句『僻性尋常慣受猜』，說的是因為自
己性格偏執，所以受到了許泰、張忠等人的猜忌，但如今對此已習以為常
了。」〔註3〕「尋常」二字乃是言一種普遍性的狀態，未必專為許泰、張忠二
人所發。

【和詩】

　　明·唐龍《漁石集》卷四《開先寺次陽明公韻》：「山靈愛客勿相猜，前歲
曾遊今復來。青竹橋邊雙吏立，白雲徑裏一僧回。猿啼暝暝松巖月，龍醒殷
殷玉峽雷。王子風流盡塵土，惟留石上讀書臺。」

【著錄】

　　清·毛德琦撰《廬山志》卷五山川分紀四著錄此詩。

又次壁間杜牧韻

　　春山路僻問歸樵〔一〕，為指前峰石迢遙。僧與白雲還暝壑，月隨滄
海上寒潮〔二〕。世情老去渾無賴〔三〕，遊興年來獨未消。回首孤航又陳
迹，疏鐘隔渚夜迢迢。

【編年】

　　此詩正德十五年（1520）作於江西廬山。

【校注】

〔一〕歸樵：採薪歸來的樵夫。宋·陸游《小筑》：「羅雀門庭無俗駕，緣雲磴路有
　　　歸樵。」

〔註 3〕岡田武彥《王陽明大傳》，第 702 頁。

〔二〕白雲、滄海對仗，乃詩中習見語，如唐·駱賓王《敘寄員半千》：「魂歸滄海上，望斷白雲前。」

〔三〕無賴：無可奈何。宋·蘇轍《示諸孫》：「老去渾無賴，心空自不知。」

【著錄】

　　明·曹學佺編《石倉歷代詩選》卷四百五十五、清·張豫章輯《四朝詩》卷二十三著錄此詩。

舟過銅陵野云縣東小山有鐵船〔一〕因往觀之果見其彷彿因題石上

　　青山滾滾如奔濤，鐵船何處來停橈。人間刳木〔二〕寧有此，疑是仙人之所操。仙人一去已千載〔三〕，山頭日日長風號。船頭出土尚彷彿，後岡有石云船梢。我行過此費忖度〔四〕，昔人用心無乃刉〔五〕。由來風波平地惡〔六〕，縱有鐵船還未牢。秦鞭驅之未能動，夸〔七〕力何所施其篙。我欲乘之訪蓬島，雷師鼓柁虹為繅。弱流〔八〕萬里不勝芥，復恐駕此成徒勞。世路難行每如此，獨立斜陽〔九〕首重搔〔十〕。

【編年】

　　此詩正德十五年（1520）作於安徽銅陵。故宮博物院收藏有王陽明此詩書法真跡，原件縱 31.5 釐米，橫 710.8 釐米，每行多為 3 字，上海辭書出版社，2010 年曾以原字大小影印出版。卷首有序：「銅陵觀鐵船，錄寄士潔侍御道契，見行路之難也。」束景南《王陽明年譜長編》考證序中所言之「士潔」即謝源。卷末有跋：「陽明山人書於銅陵舟次，時正德庚辰春分，獻俘還自南都。」

【校注】

〔一〕鐵船：明·沈海《嘉靖銅陵縣志》卷一：「鐵船，在縣南五里。相傳官山神乘鐵船至五松山左，見人遂匿於水，止漏船頭尾，相去百餘步，浮於土面，真若生鐵。曾有修官山廟者於上鑿鐵為釘，入爐果鎔，今其跡見存。新建伯王守仁有賦，懷寧李楷次韻。」同書卷八載有李楷《次鐵船韻》：「海門一關飛怒濤，誰駕鐵舸馳仙橈。銅官自是洞天所，歷險何事龍門操。驂鸞我適桂嶺去，北風未至南風號。登堂展卷始驚異，一天雷雨生招稍。仙人去矣不復還，臨軒使我徒刉刉。陽明先生九鼎筆，自此鐵舸愈安牢。海不揚波聖人出，桴非所用胡為篙。我公自有釣鰲具，珊瑚百丈臨竿繅。我公自是濟川才，中流

自在何心勞。人間信有張果老，鐵舸技癢如徒搔。」

〔二〕刳木：鑿木做舟。《易・繫辭下》：「刳木為舟，剡木為楫，舟楫之利，以濟不通，致遠以利天下。」孔穎達疏：「舟必用大木刳鑿其中，故云刳木也。」

〔三〕仙人一去已千載：唐・崔顥《黃鶴樓》：「黃鶴一去不復返，白雲千載空悠悠。」

〔四〕忖度：推測思量。《詩經・小雅・巧言》：「他人有心，予忖度之。」

〔五〕忉：憂愁。《詩經・齊風・甫田》：「無思遠人，勞心忉忉。」毛傳：「忉忉，憂勞也。」

〔六〕由來風波平地惡：唐・李白《橫江詞六首》其二：「橫江欲渡風波惡，一水牽愁萬里長。」

〔七〕奡：夏寒浞之子，力大超群，相傳能陸地行舟。《論語・憲問》：「羿善射，奡盪舟。」何晏《論語集解》引孔安國注曰：「羿，有窮國之君，篡夏後相之位。其臣寒促殺之，因其室而生奡。奡多力，能陸地行舟，為夏後少康所殺。」

〔八〕弱水：《海內十洲記・鳳麟洲》：「鳳麟洲在西海之中央，地方一千五百里，洲四面有弱水繞之，鴻毛不浮，不可越也。」

〔九〕獨立斜陽：宋・蘇軾《縱筆三首》其二：「溪邊古路三叉口，獨立斜陽數過人。」

〔十〕首重搔：以手撓頭。《詩經・邶風・靜女》：「愛而不見，搔首踟躕。」宋・王禹偁《櫻桃漸熟牡丹已凋恨不同時輒題二韻》：「紅芳落盡正無憀，吟繞空枝首重搔。」

【著錄】

　　明・王崇撰《（嘉靖）池州府志》卷一著錄此詩，題為《銅陵觀鐵船歌》；明・沈梅撰《（嘉靖）銅陵縣志》卷八著錄此詩，題為《銅陵觀鐵船歌》。

山僧

　　巖下蕭然老病僧，曾求佛法禮南能〔一〕。論詩自許窺三昧〔二〕，入聖無梯出小乘〔三〕。高閣松風飄夜磬，石床花雨落寒燈。更深月出山窗曙，漱齒焚香誦法楞〔四〕。

【編年】

　　此詩作於正德十五年（1520），地點待考。

【校注】

〔一〕南能：慧能。因慧能學成之後，主要在廣東地區弘法，並且是南派禪宗的開

創者，故謂之南能。唐・羅隱《寄無相禪師》：「老住西峰第幾層，為師回首憶南能。」

〔二〕三昧：訣竅。宋・劉克莊《寄強甫》：「兒向詩中得三昧，吏鉗紙尾怕分權。」

〔三〕小乘：小乘佛教，佛教的早期流派，通過修行和守戒達到自我解脫的境界。唐・白居易《贈草堂宗密上人》：「盡離文字非中道，長住虛空是小乘。」

〔四〕法楞：《楞嚴經》所宣示的佛法。宋・蘇轍《春盡》：「楞嚴十卷幾回讀，法酒三升是客同。」

【著錄】

明・曹學佺編《石倉歷代詩選》卷四百五十五著錄此詩。

江上望九華山二首

【編年】

此組詩正德十五年（1520）作於安徽青陽。

其一

當年一上化城峰〔一〕，十日高眠雷雨中。霽色曉開千嶂雪〔二〕，濤聲夜渡九江風。此時隔水〔三〕看圖畫，幾歲緣雲住桂叢〔四〕？卻負洞仙蓬海約，玉函丹訣在崆峒。

【校注】

〔一〕當年一上化城峰：王陽明弘治十六年（1503）六月曾遊覽化城寺，並作有《化城寺六首》詩。

〔二〕千嶂雪：宋・陸游《謁告歸臥晚登子城》：「齋壁曉山千嶂雪，扇紈新雁一汀秋。」

〔三〕隔水：陽明是在長江之上遠望九華山，故曰隔水。

〔四〕桂叢：桂花叢。南朝・梁・沈約《被褐守山東》：「岸側青莎被，巖間丹桂叢。」

其二

窮探〔一〕雖得盡幽奇，山勢須從遠望知。幾朵芙蓉〔二〕開碧落〔三〕，九天屏嶂列旌麾。高同華嶽〔四〕應天杳，名亞匡廬卻稍卑。信是謫仙還具眼，九華題後竟難移。

【校注】

〔一〕窮探：深入探索，此處指深入九華山中探求美景。宋·蘇軾《巫山》：「窮探到峰背，採斫黃楊子。」

〔二〕芙蓉：九華山山峰如九朵盛開的芙蓉。宋·王十朋《九華山》：「如今漸覺鄉山近，已見芙蓉吐九華。」

〔三〕碧落：道教用語，青天。唐·白居易《長恨歌》：「上窮碧落下黃泉，兩處茫茫皆不見。」

〔四〕華嶽：西嶽華山。南朝·陳·江總《贈賀左丞蕭舍人詩》：「函關分地軸，華嶽接天壇。」

觀九華龍潭〔一〕

飛流三百丈，潏洞〔二〕秘靈湫。峽坼開雷斧〔三〕，天虛下月鉤。化形時試鉢，吐氣或成樓。吾欲鞭龍起，為霖遍九州。

【編年】

此詩正德十五年（1520）作於安徽青陽。

【校注】

〔一〕龍潭：龍潭瀑布，又名五龍瀑。在九華山赭雲峰與插霄峰山谷之間。

〔二〕潏洞：形容水勢兇猛。唐·獨孤及《觀海》：「潏洞吞百谷，周流無四垠。」

〔三〕雷斧：傳說雷神用斧子似的工具發出霹靂，故稱此工具為雷斧。宋·蘇軾《次韻滕大夫三首·雪浪石二首》其一：「畫師爭摹雪浪勢，天工不見雷斧痕。」

廬山東林寺〔一〕次韻

東林日暮更登山，峰頂高僧有蘭若〔二〕。雲蘿磴道石參差，水聲深澗樹高下。遠公學佛卻援儒，淵明嗜酒不入社〔三〕。我亦愛山仍戀官，同是乾坤避人者〔四〕。我歌白雲〔五〕聽者寡，山自點頭泉自瀉。月明壑底忽驚雷，夜半天風吹屋瓦。

【編年】

此詩正德十五年（1520）作於江西廬山。岡田武彥《王陽明大傳》：「二月，因憂慮武宗車駕不回京師，抵達九江府後的王陽明心緒不寧。王陽明檢閱兵卒，並遊歷了東林寺、天台、講經臺等地。在返回南昌之前的這一段時

間裏，王陽明應景賦詩，寄情山水。到達廬山後，王陽明遊覽了東林寺，回想起晉朝高僧慧遠（遠公）和陶潛，心思飛馳到了仙境中，作《廬山東林寺次韻》。」〔註4〕

【校注】

〔一〕東林寺：《雍正江西通志》卷一百二十：「東林寺：在德化縣廬山之麓。晉太元九年慧遠開創，謝靈運為鑿池種蓮，號蓮社。宋改為禪寺，紹興間燬。明洪武六年重修。」

〔二〕蘭若：寺院。唐·王維《過乘如禪師蕭居士嵩丘蘭若》：「無著天親弟與兄，嵩丘蘭若一峰晴。」

〔三〕此句是指慧遠結白蓮社欲邀陶潛入社，陶潛以好酒為由，拒絕了慧遠的邀請。《蓮社高賢傳》：「遠法師與諸賢結蓮社，以書招淵明。淵明曰：『若許飲，則往。』許之。遂造焉，忽攢眉而去。」

〔四〕避人者：逃避壞人的人。《論語·微子》：「且而與其從辟人之士，豈若從辟世之士哉？」

〔五〕白雲：《白雲謠》。宋·郭茂倩《樂府詩集》卷八十七：「《穆天子傳》曰：『天子觴西王母於瑤池之上，西王母為天子謠，天子答之。白雲在天，山陵自出。道里悠遠，山川間之。將子無死，向復能來。』」唐·李白《大獵賦》：「哂穆王之荒誕，歌《白雲》之西母。」

【著錄】

明·曹學佺編《石倉歷代詩選》卷四百五十五著錄此詩；清·毛德琦撰《廬山志》卷十二下山川分紀十一著錄此詩，題為《東林寺登山詩》其二；清·彭孫貽輯《明詩鈔》卷九著錄此詩，題為《廬山東林寺》；清·謝旻修《雍正江西通志》卷一百五十一著錄此詩。

又次邵二泉韻

昨遊開先〔一〕殊草草〔二〕，今日東林遊始好。手持蒼竹〔三〕撥層雲，直上青天招五老〔四〕。萬壑笙竽松籟哀，千峰掩映芙蓉開〔五〕。坐俯西巖窺落日，風吹孤月江東來。莫向人間空白首，富貴何如一杯酒〔六〕！種蓮〔七〕栽菊〔八〕兩荒涼，慧遠陶潛骨同朽。乘風我欲還金庭〔九〕，三

洲〔十〕弱水連沙汀。他年海上望廬頂，煙際浮萍一點青。

【題解】

邵二泉：邵寶。生平詳見《明史・儒林傳・邵寶傳》：「邵寶，字國賢，無錫人。年十九，學於江浦莊昶。……學者稱二泉先生。」

吳宗慈《廬山志・藝文志・金石目》著錄此詩，且有跋曰：「遊東林，次邵二泉韻。正德庚辰三月廿三日，陽明山人識。」束景南《王陽明年譜長編》據此斷定此詩寫作具體時間曰：「三月二十三日，與巡按江西御史唐龍、朱節往遊東林寺、開先寺，有詩唱酬。」〔註5〕

【編年】

此詩正德十五年（1520）作於江西九江廬山。

【校注】

〔一〕開先：開先寺。《雍正江西通志》卷十二：「鶴鳴峰下開先寺，本南唐中主璟讀書臺改為寺，後廢，明初僧清江復建。」

〔二〕草草：急促匆忙。唐・白居易《初貶官過望秦嶺》：「草草辭家憂後事，遲遲去國問前途。」

〔三〕蒼竹：竹製手杖。元・侯克中《春懷》：「伴老幸存蒼竹杖，恐隨雷雨化神蛟。」

〔四〕五老：廬山五老峰。清・顧祖禹《讀史方輿紀要》卷八十三：「五老峰，府北三十里，石山骨峙，突兀凌霄，如五老人駢肩而立，為廬山盡處。石鏡峰，府西二十五里。紫霄峰，府北二十五里，一名上霄峰，下有上霄源。凌霄峰，府北四十三里。鐵船峰，府西北二十五里。漢陽峰，漢陽峰者，在廬山絕頂，望數百里，極目江漢，故名也，一名漢王峰，相傳漢武曾登此。」

〔五〕唐・李白《登廬山五老峰》：「廬山東南五老峰，青天削出金芙蓉。」李白把五老峰喻作五朵盛開的蓮花，陽明此句詩即沿用李白的比喻。

〔六〕富貴何如一杯酒：此句詩前人已曾言之，如宋・周孚《送劉元畸解官歸宣城兼問訊侍郎陳丈》：「君歸更問且過翁，富貴何如一杯酒。」元・范梈《題李白郎官湖》：「富貴何如一杯酒，愁來無地酹西風。」

〔七〕種蓮：慧遠在東林寺鑿池種蓮，人稱其池為白蓮池，慧遠亦曾結白蓮社，故此處以種蓮指代慧遠。

〔八〕栽菊：陶潛喜好栽種菊花，故此處以栽菊指代陶潛。

〔九〕金庭：傳說中的神仙居所。唐・陳子昂《題李三書齋》：「願與金庭會，將待玉書徵。」

〔十〕三洲：蓬萊、方丈、瀛洲三座仙山。宋・王令《吳江長橋》：「三洲水隔不到山，借得紫虹千萬尺。」

【著錄】

明・曹學佺編《石倉歷代詩選》卷四百五十五、明・李汛撰《（嘉靖）九江府志》卷十五著錄此詩；清・毛德琦撰《廬山志》卷十二下山川分紀十一著錄此詩，題為《東林寺登山詩》其一；清・彭孫貽輯《明詩鈔》著錄此詩，題為《宿廬山寺》；清・謝旻修《雍正江西通志》卷一百五十一著錄此詩，題為《東林次邵二泉韻》。

遠公講經臺〔一〕

遠公說法有高臺，一朵青蓮雲外開。臺上久無獅子吼〔二〕，野狐時復聽經來〔三〕。

【編年】

此詩正德十五年（1520）作於江西廬山。

【校注】

〔一〕遠公講經臺：廬山慧遠講經遺址。《雍正江西通志》卷二十四：「遠公講經臺：朱子詩注：『東過佛手巖，石室嵌空，中有井泉，僧緣崖結架以居，下臨錦繡谷，又有石榻，名遠公講經臺。』」

〔二〕獅子吼：佛教用語。本意是比喻佛菩薩說法時震懾一切外道邪說的神威。《維摩經・佛國品》：「演法無謂，猶獅子吼，其所講說，乃如雷震。」後來泛指高僧傳經說法。唐・寒山《詩三百三首》其一五二：「欲伏獼猴心，須聽獅子吼。」

〔三〕此句用野狐禪典故。宋・釋普濟《五燈會元》卷三《百丈山懷海禪師》：「師每上堂，有一老人隨眾聽法。一日眾退，唯老人不去。師問：『汝是何人？』老人曰：『某非人也。於過去迦葉佛時，曾住此山，因學人問：大修行人還落因果也無？某對云：不落因果。遂五百生墮野狐身，今請和尚代一轉語，貴脫野狐身。』師曰：『汝問。』老人曰：『大修行人還落因果也無？』師曰：

『不昧因果。』老人於言下大悟，作禮曰：『某已脫野狐身，住在山後。敢乞依亡僧津送。』師令維那白椎告眾，食後送亡僧。大眾聚議，一眾皆安，涅槃堂又無病人，何故如是？食後，師領眾至山後巖下，以杖挑出一死野狐，乃依法火葬。」

【著錄】

清・毛德琦撰《廬山志》卷十三山川分紀十二著錄此詩。

太平宮〔一〕白雲

白雲休道本無心〔二〕，隨我迢迢度遠岑。攔路野風吹暫斷，又穿深樹候前林。

【編年】

此詩正德十五年（1520）作於江西廬山。

【校注】

〔一〕太平宮：在江西廬山。《雍正江西通志》卷十二：「太平宮者，唐開元中所建，九天使者廟也。」

〔二〕白雲無心乃詩中習見之語，如唐・劉長卿《遊四窗》：「白雲本無心，悠然伴幽獨。」宋・范仲淹《江樓寄希元上人》：「安得如白雲，無心兩相忘。」此處王陽明反其意而用之。

【著錄】

清・毛德琦撰《廬山志》卷十一山川分紀十著錄此詩。

書九江行臺壁

九華真實是奇觀，更是廬山亦耐看。幽勝未窮三日興，風塵已覺再來難。眼餘五老晴光碧，衣染天池〔一〕積翠寒。卻怪寺僧能好事〔二〕，直來城市索詩刊。

【編年】

此詩正德十五年（1520）作於江西九江。

【校注】

〔一〕天池：即天池寺。明・李汛《嘉靖九江府志》卷十四：「天池寺，在（德化縣）城南五十里廬山之巔。上有一池，四時不涸，因名。宋嘉定間，僧文正開創

造塔。元壬辰兵燬。洪武六年，僧剛中復建。」

〔二〕能好事：能有某種特殊愛好。宋·陸游《法雲寺上座求詩》：「堪笑山僧能好事，乞碑才去覓詩來。」陽明《李白祠二首》其一：「老僧殊未解，猶自索題詩。」

又次李僉事素〔一〕韻

省災行近郊，探幽指層麓。回飆〔二〕振玄岡，頹陽〔三〕薄西陸。莖田收積雨，禾稼泛平菉〔四〕。取徑歷村墟〔五〕，停車問耕牧〔六〕。清溪厲月〔七〕行，暝洞披雲宿。淅米石澗溜，斧薪澗底木。田翁來聚觀，中宵尚馳逐。將迎〔八〕愧深情〔九〕，瘡痍〔十〕慚撫掬。幽枕靜無寐，風泉朗鳴玉。雖繆真訣傳，頗苦塵緣熟。終當遁名山，煉藥洗凡骨。緘辭謝親交，流光易超忽〔十一〕。

【編年】

此詩正德十五年（1520）作於江西南昌。束景南《王陽明年譜長編》：「正德十五年五月，江西大水，與僉事李素、鄒守益往近郊省災，有詩感懷。」〔註6〕

【校注】

〔一〕李僉事素：即李素，據束景南《王陽明年譜長編》考證，李素，字元白，雲南人，卒於正德十五年冬。〔註7〕

〔二〕回飆：迴旋的狂風。漢·賈誼《惜誓》：「臨中國之眾人兮，托回飆乎尚羊。」

〔三〕頹陽：落日。唐·李白《古風》其四十五：「浮雲蔽頹陽，洪波振大壑。」王陽明《採蕨》：「浮雲塞長空，頹陽不可回。」

〔四〕此句言本年江西大水之狀。錢德洪《陽明先生年譜》：「五月，江西大水，疏自劾。是年四月，江西大水，漂溺公私廬舍，田野崩陷。先生上疏自劾四罪。且曰：『自春入夏，雨水連綿，江湖漲溢，經月不退。自贛、吉、臨、瑞、廣、撫、南昌、九江、南康，沿江諸路，無不被害。黍苗淪沒，室廬漂蕩，魚鱉之民聚棲於木杪，商旅之舟經行於閭巷，潰城決堤，千里為壑，煙火斷絕，惟聞哭聲。詢之父老，皆謂數十年所未有也。伏惟皇上軫災恤變，別選

〔註6〕束景南《王陽明年譜長編》，第1271頁。
〔註7〕束景南《王陽明年譜長編》，第1272頁。

賢能，代臣巡撫。即不以臣為顯戮，削其祿秩，黜還田里，以為人臣不職之戒，庶亦有位知警，民困可息，天變可弭，人怒可泄，而臣亦死無憾矣。』按是時武宗猶羈南畿，進諫無由，姑敘地方災異以自劾，冀君心開悟而加意黎元也。」

〔五〕村墟：村莊。唐·杜甫《赤谷》：「悄然村墟迥，煙火何由追。」

〔六〕耕牧：耕田與畜牧。《史記·平準書》：「卜式雖躬耕牧，不以為利。」宋·陸游《書喜二首》其二：「十月東吳草未枯，村村耕牧可成圖。」

〔七〕厲月：戊日之月。《爾雅·釋天》：「《爾雅·釋天》：「月在甲曰畢，在乙曰橘，在丙曰修，在丁曰圉，在戊曰厲，在己曰則，在庚曰窒，在辛曰塞，在壬曰終，在癸曰極。」

〔八〕將迎：迎接。晉·張悛《為吳令謝詢求為諸孫置守冢人表》：「桓王才武，弱冠承業，招百越之士，奮鷹揚之勢，西赴許都，將迎幼主，雖元勳未終，然至忠已著。」

〔九〕愧深情：有愧於深情。唐·杜甫《羌村》其三：「請為父老歌，艱難愧深情。」此詩「田翁來聚觀，中宵尚馳逐。將迎愧深情，瘡痍慚撫掬」四句所表現出來的田家老翁的熱情招待，以及陽明救民乏術的愧疚之情，與《夜雨山翁家偶書》：「謙言值暮夜，盤飧百無將。露華明橘柚，摘獻冰盤香」有相似之處。（內證法）

〔十〕瘡痍：災害。漢·桓寬《鹽鐵論·國疾》：「然其禍累世不復，瘡痍至今未息。」唐·杜甫《有感五首》其五：「願聞哀痛詔，端拱問瘡痍。」

〔十一〕超忽：迅速。唐·白居易《江南喜逢蕭九徹因話長安舊遊戲贈五十韻》：「歲月何超忽，音容坐渺茫。」

繁昌道中阻風二首

【編年】

此組詩正德十五年（1520）作於安徽繁昌。

其一

阻風夜泊柳邊亭，懶夢還鄉午未醒。臥穩從教〔一〕波浪惡，地深長是水雲冥。入林沽酒村童引，隔水放歌漁父聽〔二〕。頗覺看山緣獨在，蓬窗剛對一峰青。

【校注】

〔一〕從教：任憑。明·高啟《夜雨》：「醉來獨滅青燈臥，風雨從教滴夜長。」

〔二〕此二句入林、隔水對仗，唐·皇甫冉《又送陸潛夫茅山尋友》：「人煙隔水見，草氣入林香。」

其二

東風漠漠水潕潕〔一〕，花柳沿村春事殷〔二〕。泊久漁樵來作市，心閒麋鹿漸同群〔三〕。自憐失腳〔四〕趨塵土，長恐歸期負海雲〔五〕。正憶山中詩酒伴〔六〕，石門延望〔七〕幾斜曛。

【校注】

〔一〕潕潕：水流洶湧的樣子。漢·王逸《九思》：「窺見兮溪澗，流水兮潕潕。」

〔二〕春事殷：春事深。元末明初·王行《酬韓蒙庵》：「東風入林廬，春事看已殷。」

〔三〕麋鹿同群：《廣絕交論》：「獨立高山之頂，歡與麋鹿同群。」漁樵、麋鹿對仗詩中習見語，唐·杜荀鶴《遊茅山》：「漁樵不到處，麋鹿自成群。」

〔四〕失腳：犯錯或受挫。宋·尤袤《凝思堂》：「失腳墜塵網，牒訴裝吾懷。」

〔五〕海雲：《淮南子·主術訓》：「湯之時，七年旱，以身禱於桑林之際，而四海之雲湊，千里之雨至。」唐·皮日休《奉和魯望白鷗詩》：「雪羽襪褷半惹泥，海雲深處舊巢迷。」

〔六〕詩酒伴：愛詩好酒之友。宋·文彥博《追和》：「除卻高陽詩酒伴，人間誰解惜春風。」

〔七〕延望：引領而望，形容盼望之深。宋·邵雍《負河陽河清濟源三處之約以詩愧謝之》：「親朋延望固已甚，衰軀怯寒難遠行。」

江邊阻風散步至靈山寺〔一〕

歸船不遇打頭風，行腳〔二〕何緣到此中。幽谷餘寒春雪在，虛簷斜日暮江空。林間古塔無僧住，花外仙源〔三〕有路通。隨處看山隨處樂〔四〕，莫將蹤跡嘆萍蓬〔五〕。

【編年】

此詩正德十五年（1520）作於安徽繁昌。

【校注】

〔一〕靈山寺：《輿地紀勝》卷十八：「張芸叟《南征錄》：『靈山在繁昌縣東二十里。

寺踞山頂，殿閣重複。土俗云靈山寺。杜牧之有《題靈山寺行堅師院》詩』。」

〔二〕行腳：佛教用語，指僧人為求法而四方遊走乞食，後來亦引申為普通的行
走、行路。唐·杜牧《大夢上人自廬峰回》：「行腳尋常到寺稀，一枝藜杖一
禪衣。」

〔三〕仙源：陶潛設想的人間理想聖地桃花源。唐·王維《桃源行》：「春來遍是桃
花水，不辨仙源何處尋。」

〔四〕此句用《論語·雍也》之典，其文曰：「子曰：『知者樂水，仁者樂山。知者
動，仁者靜。知者樂，仁者壽。』」

〔五〕萍蓬：浮萍與飄蓬。唐·杜甫《將別巫峽贈南卿兄瀼西果園四十畝》：「苔竹
素所好，萍蓬無定居。」

【著錄】

明·曹學佺編《石倉歷代詩選》卷四百五十五著錄此詩。

泊舟大同山〔一〕溪間諸生聞之有挾冊來尋者

扁舟經月住林隈，謝得黃鶯日日來〔二〕。兼有清泉堪洗耳，更多修
竹好銜杯〔三〕。諸生涉水携詩卷，童子和雲掃石苔。獨奈華峰隔煙霧，
時勞策杖上崔嵬。

【編年】

此詩正德十五年（1520）作於安徽六安。

【校注】

〔一〕大同山：《乾隆江南通志》卷十八：「大同山、小同山皆在州（六安）南五十
里。山勢峻削，僅通樵徑，兩山相似，故云。」

〔二〕日日來：每天都來。唐·杜甫《客至》：「舍南舍北皆春水，但見群鷗日日來。」

〔三〕銜杯：口銜酒杯，代指飲酒。唐·李白《待酒不至》：「山花向我笑，正好銜
杯時。」

【著錄】

明·曹學佺編《石倉歷代詩選》卷四百五十五著錄此詩。

巖下桃花盛開携酒獨酌

小小山園幾樹桃，安排春色〔一〕候停橈。開樽旋掃花陰雪，展席平

臨松頂濤。地遠不須防俗駕〔二〕，溪晴還好著漁舠〔三〕。雲間石路稀人跡，深處容無避世豪。

【編年】

此詩正德十五年（1520）作於江西南昌。

【校注】

〔一〕安排春色：詩中習見語，如宋・毛滂《春詞》其十二：「天助君王敷大喜，安排春色探先來。」宋・曹彥約《奉陪黃帥機訪問元夕戰場歸塗見人家園池花木相與歎息既帥機書前所作八詩示滕審言不及予也枕上不能記韻效唐人和詩體自賦八絕句因以寓意》其六：「並彎遊人任往來，透牆春色已安排。」

〔二〕此句反用唐・杜甫《有客》「豈有文章驚海內，漫勞車馬駐江干」之意。

〔三〕漁舠：漁船。唐・陸龜蒙《秋賦有期因寄襲美》：「煙霞鹿弁聊懸著，鄰里漁舠暫解還。」

【著錄】

明・曹學佺編《石倉歷代詩選》卷四百五十五著錄此詩。

白鹿洞獨對亭

五老隔青冥，尋常不易見。我來騎白鹿，凌空陟飛巘。長風捲浮雲，褰帷〔一〕始窺面。一笑仍舊顏，媿我鬢先變。我來爾為主，乾坤亦郵傳〔二〕。海燈照孤月，靜對有餘眷。彭蠡〔三〕浮一觴，賓主聊酬勸。悠悠萬古心，默契〔四〕可無辯。

【編年】

此詩正德十五年（1521）作於江西九江。錢德洪《陽明先生年譜》：「（正德十五年正月），以晦日重過開先寺，留石刻讀書臺後。……明日遊白鹿洞，徘徊久之，多所題識。」岡田武彥《王陽明大傳》：「王陽明又訪問了位於廬山五老峰麓的朱子學聖地白鹿洞（因朱子的《白鹿洞書院揭示》而揚名），沉醉於懷古之中，將天地自然冥合的心情，吟唱到了《白鹿洞獨對亭》一詩中。」〔註8〕

〔註8〕岡田武彥《王陽明大傳》，第 94 頁。

【校注】

〔一〕褰帷：掀起帷幔。南朝・梁・何遜《嘲劉郎詩》：「妖女褰帷去，蹑蹀初下床。」

〔二〕郵傳：驛館，傳舍。元末明初・張羽《驛船謠》：「古來天地如郵傳，過盡匆匆無限人。」

〔三〕彭蠡：鄱陽湖。宋・劉過《南康邂逅江西吳運判》其一：「舟行彭蠡輕文種，酒到潯陽醉樂天。」

〔四〕默契：暗相契合。宋・米芾《天雞》：「昧昧萬殊俱默契，窮達於君寧智理。」

【和詩】

明・唐龍《漁石集》卷三《再至白鹿洞次陽明公望五老峰韻》

五老隱雲間，經年再相見。乘月屬清溪，攀蘿度岑巇。頃諸邱壑心，淨洗風塵面。山神靈不死，物理溫中變。風雨剝樽彝，蟲鼠逸經傳。往迹空冥冥，永懷中眷眷。鹿去主不歸，酒熟客自勸。焉得抱鹿遊，居吁息妄辨。

【著錄】

清・毛德琦撰《廬山志》卷八山川分紀七、清・謝旻修《雍正江西通志》卷一百四十九、清・毛德琦撰《白鹿書院志》卷十六著錄此詩。

豐城阻風

前遇難於此，得北風幸免。

北風休嘆北船窮，此地曾經拜北風〔一〕。句踐敢忘嘗膽地〔二〕，齊威長憶射鈎功〔三〕。橋邊黃石機先授〔四〕，海上陶朱意頗同。況是倚門衰白〔五〕甚，歲寒茅屋萬山中。

【編年】

此詩正德十五年（1520）作於江西豐城。束景南《王陽明年譜長編》將此詩寫作時間定為九月初，「陽明初四已在南昌上《開豁軍前用過錢糧疏》，則其自贛還南昌當在九月初。此詩即是陽明自贛回經豐城作，時已是暮秋天寒，故云『歲寒茅屋萬山中』。」〔註9〕此說良是。岡田武彥《王陽明大傳》：「而自鄱陽湖泛舟逆贛江而上豐城時，因風勢太強，王陽明碇泊其舟，想起去年與朱宸濠大戰之前自己曾被當地的南風所阻，後向上天祈禱終於喚來北風之事，追思起臥薪嘗膽三千越甲終吞吳的越王勾踐、射中齊桓公腰帶但後

〔註 9〕束景南《王陽明年譜長編》，第 1332 頁。

來助齊桓公成為一代霸者的管仲、將兵書《三略》傳授給張良的黃石公，還有本為勾踐謀臣，後來離開越國積累下巨萬之財也稱陶朱公的范蠡等先人，吟下了《豐城阻風》。」〔註10〕

【校注】

〔一〕此地曾經拜北風：正德十四年六月十五日，陽明在豐城得知寧王朱宸濠反叛的消息，急欲返回吉安備戰。當時南風大作，船隻阻風，難以出發。情急之下，陽明在船頭祈禱，風向改變，船隻得以順利開拔。黃綰《陽明先生行狀》：「（正德十四年六月）十五日，至豐城縣界，典史鄣人報濠反狀，繼而知縣顧佖具言之。公度單旅倉猝，兵力未集，難即勤王，亟欲遡流趨吉安。南風方盛，舟人聞宸濠發千餘人來劫公，畏不敢發，乃以逆流無風為辭。公密禱於舟中，誓死報國。無何，北風大作。舟人猶不肯行，拔劍試其耳，遂發舟。」錢德洪《陽明先生年譜》：「先生聞變，返舟，值南風急，舟弗能前，乃焚香拜泣告天曰：『天若哀憫生靈，許我匡扶社稷，願即反風。若無意斯民，守仁無生望矣。』須臾風漸止，北帆盡起。」

〔二〕此句用越王勾踐臥薪嘗膽典故。《史記・越王勾踐世家》：「吳既赦越，越王勾踐反國，乃苦身焦思，置膽於坐，坐臥即仰膽，飲食亦嘗膽也。曰：『女忘會稽之恥邪？』」

〔三〕此句用管仲射鉤典故。《史記・齊太公世家》：「桓公元年春，齊君無知遊於雍林。……及雍林人殺無知，議立君，高、國先陰召小白於莒。魯聞無知死，亦發兵送公子糾，而使管仲別將兵遮莒道，射中小白帶鉤。小白佯死，管仲使人馳報魯。魯送糾者行益遲，六日至齊，則小白已入，高傒立之，是為桓公。桓公之中鉤，佯死以誤管仲，已而載溫車中馳行，亦有高、國內應，故得先入立，發兵距魯。秋與魯戰於乾時，魯兵敗走，齊兵掩絕魯歸道。齊遺魯書曰：『子糾兄弟，弗忍誅，請魯自殺之。召忽、管仲讎也，請得而甘心醢之。不然，將圍魯。』魯人患之，遂殺子糾於笙瀆。召忽自殺，管仲請囚。桓公之立，發兵攻魯，心欲殺管仲。鮑叔牙曰：『臣幸得從君，君竟以立。君之尊，臣無以增君。君將治齊，即高傒與叔牙足也。君且欲霸王，非管夷吾不可。夷吾所居國國重，不可失也。』於是桓公從之。乃詳為召管仲欲甘心，實欲用之。管仲知之，故請往。鮑叔牙迎受管仲，及堂阜而脫桎梏，齋祓而

〔註10〕岡田武彥《王陽明大傳》，第95頁。

見桓公。桓公厚禮以為大夫，任政。」

〔四〕此句用圯下老人典故。《史記·留侯世家》：「良乃更名姓，亡匿下邳。良嘗閒從容步遊下邳圯上，有一老父，衣褐，至良所，直墮其履圯下，顧謂良曰：『孺子，下取履！』良愕然，欲毆之。為其老，彊忍，下取履。父曰：『履我！』良業為取履，因長跪履之。父以足受，笑而去。良殊大驚，隨目之。父去里所，復還，曰：『孺子可教矣。後五日平明，與我會此。』良因怪之，跪曰：『諾。』五日平明，良往。父已先在，怒曰：『與老人期，後，何也？』去，曰：『後五日早會。』五日雞鳴，良往。父又先在，復怒曰：『後，何也？』去，曰：『後五日復早來。』五日，良夜未半往。有頃，父亦來，喜曰：『當如是。』出一編書，曰：『讀此則為王者師矣。後十年興。十三年孺子見我濟北，穀城山下黃石即我矣。』遂去，無他言，不復見。旦日視其書，乃《太公兵法》也。」

〔五〕衰白：體衰髮白。三國·魏·嵇康《養生論》：「至於措身失理，亡之於微，積微成損，積損成衰，從衰得白，從白得老，從老得終，悶若無端。」唐·杜甫《收京》詩之二：「生意甘衰白，天涯正寂寥。」陽明《歸懷》：「奈何桑梓懷，衰白倚門待。」

【著錄】

明·章潢撰《萬曆新修南昌府志》卷三十、清·謝旻修《雍正江西通志》卷一百五十五、清·錢謙益輯《列朝詩集》丙集卷四著錄此詩。

江上望九華不見

五旬三過九華山〔一〕，一度陰寒一度雨〔二〕。此來天色稍晴明，忽復昏霾起亭午。平生山水最多緣，獨此相逢容有數。人言此山天所秘〔三〕，山下居人不常睹。蓬萊涉海或可求，瑤水崑崙俱舊遊。洞庭何止吞八九，五嶽曾向囊中收。不信開雲掃六合〔四〕，手扶赤日照九州。駕風騎氣覽八極〔五〕，視此瑣屑真浮漚〔六〕。

【編年】

此詩正德十五年（1520）三月作於由贛赴皖之長江舟中。

【校注】

〔一〕束景南《王陽明年譜長編》將此詩寫作時間定為三月，「詩云『五旬三過九華

山」，『此來天氣稍清明』，蓋陽明是年四十九，自稱『五旬』（五十歲），『三過九華山』，即指弘治壬戌首遊九華一次，正月中旬入九華山一次及三月上旬再往九華一次」〔註11〕。將此詩定於三月所作，差可成立。但陽明詩中所言「五旬」不是指五十歲，而是五十天。「五旬三過九華山」是說，自本年正月中旬至三月初，約五十天內，三次經過九華山。本年正月陽明奉命獻俘南都，正月初一日從南昌出發，初八日抵達蕪湖。錢德洪《陽明先生年譜》：「（正德十五年）正月，赴召次蕪湖，尋得旨返江西。忠、泰在南都讒先生必反，惟張永持正保全之。武宗問忠等曰：『以何驗反？』對曰：『召必不至。』有詔面見，先生即行。忠等恐語相違，復拒之蕪湖半月。不得已，入九華山，每日宴坐草庵中。」是為本年第一次經過九華山。王陽明《又與克彰太叔》：「正月二十六日得旨，令守仁與總兵各官解囚至南都。行及蕪湖，復得旨回江西撫定軍民。」據此可知，陽明正月二十六自蕪湖返回江西，歸途有可能再次登臨九華山。據王陽明《齊山寄隱巖石刻》：「正德庚辰清明日，陽明山人王守仁獻俘自南都還，登此。」陽明《贈周經和尚偈》：「不向少林面壁，卻來九華看山。……正德庚辰三月初八日，陽明山人王守仁到此。」此為陽明本年第二次獻俘，第三次登臨九華山。

〔二〕陽明本年正月有《元日霧》《二日雨》《三日風》三首詩，即為一度陰寒之意。一度雨，陽明本年再次登九華山遇雨。

〔三〕天所秘：天所秘惜之物。宋・陸游《感興》：「文章天所秘，賦予均功名。」

〔四〕六合：宇宙、天下。《莊子・齊物論》：「六合之外，聖人存而不論；六合之內，聖人論而不議。」成玄英疏：「六合者，謂天地四方也。」唐・李白《古風》之三：「秦王掃六合，虎視何雄哉！」

〔五〕八極：八方之極，形容極遠之地。《莊子・田子方》：「夫至人者，上闚青天，下潛黃泉，揮斥八極，神氣不變。」唐・李白《大鵬賦》：「余昔於江陵見天台司馬子微，謂余有仙風道骨，可與神遊八極之表。」

〔六〕浮漚：浮在水面上的泡沫。形容繁華易逝、生命短暫。宋・范成大《石湖中秋二十韻感今懷舊而作》：「水天雙對鏡，身世一浮漚。」岡田武彥《王陽明大傳》說「駕風騎氣覽八極，視此瑣屑真浮漚」兩句詩「表述了若能如乘風觀覽大地的列子一樣駕風馭氣，飽覽全世界的話，那麼世間之事也會變得如

同海上泡沫一樣虛無縹緲，由此尋求到莊、列般的超越意境」〔註12〕。

【著錄】

明·曹學佺編《石倉歷代詩選》卷四百五十五著錄此詩。

江施〔一〕二生與醫官陶野冒雨登山人多笑之戲作歌

江生施生頗好奇，偶逢陶野〔二〕奇更痴。共言山外有佳寺，勸予往遊爭願隨。是時雷雨雲霧塞，多傳險滑難車騎。兩生力陳道非遠，野請登高覘路歧。三人冒雨陟岡背，既仆復起相牽攜。同儕咻笑〔三〕招之返，奮袂徑往凌嶔崎〔四〕。歸來未暇顧沾濕，且說地近山逶迤。青林宿靄漸開霽，碧巘絳氣浮微曦。津津指譬在必往，興劇不到傍人嗤。予亦對之成大笑，不覺老興如童時。平生山水已成癖，歷深探隱忘飢疲〔五〕。年來世務頗羈縛，逢場遇境心未衰。野本求仙志方外，兩生學士亦爾為。世人趨逐但聲利，赴湯踏火甘傾危。解脫塵囂事行樂，爾輩狂簡〔六〕翻見譏。歸與歸與吾與爾，陽明之麓終爾期。

【編年】

此詩正德十五年（1520）正月作於安徽青陽九華山。

【校注】

〔一〕江施：江學曾、施宗道。《鄒守益集》卷六《九華山陽明書院記》：「正德庚辰，以獻俘江上，復攜邑之諸生江學曾、施宗道、柯喬以遊，盡蒐山川之秘，凡越月而去。」

〔二〕陶野：醫官，生平待考。

〔三〕咻笑：眾聲喧嘩之嘲笑。《孟子·滕文公下》：「一齊人傅之，眾楚人咻之，雖日撻而求其齊也，不可得矣。」趙岐注：「咻之者，讙也。」宋·鄭獬《用古論》：「今或言古有堯、舜、禹、湯、文、武、周公之法可用者，則必起而咻笑之，是未睹古之可用也。」

〔四〕嶔崎：險峻不平之山。漢·王延壽《王孫賦》：「生深山之茂林，處嶄巖之嶔崎。」

〔五〕飢疲：飢餓疲倦。《後漢書·馮異傳》：「時天寒烈，眾皆飢疲。」

〔六〕狂簡：志向高遠但處事疏闊。《論語·公冶長》：「歸與！歸與！吾黨之小子狂

〔註12〕岡田武彥《王陽明大傳》，第95頁。

簡，斐然成章，不知所以裁之。」朱熹集注：「狂簡，志大而略於事也。」

【集評】

　　岡田武彥《王陽明大傳》：「門人江生和施生二人與醫官異同冒著雷雨雲霧，造訪了山中的寺廟，而世人卻對他們這種超凡脫俗的行為評價不一。對此，王陽明作《江施二生與醫官陶野冒雨登山人多笑之戲作歌》詩一首，反過來批判了那些只知道追求名利的世人。詩中所吟『歸與歸與吾與爾，陽明之麓終爾期』一句，讚同了講施二生的癲狂。」〔註13〕

遊九華道中

　　微雨山路滑，山行入輕舟。桃花夾岸迷遠近〔一〕，迴巒疊嶂盤深幽。奇峰應接勞回首，瞻之在前忽在後〔二〕。不道舟行轉屈曲，但怪青山亦奔走。薄午雨霽雲亦開，青鞋布襪無塵埃。梅蹊柳徑度村落，長松白石穿林隈。始攀風磴出木杪〔三〕，更俯懸崖聽瀑雷。亂山高頂藏平野，茆屋高低自成社。此中那得有人家，恐是當年避秦者〔四〕。西巖日色漸欲下，且向前林秣吾馬〔五〕。世途濁隘不可居，吾將此地營蘭若。

【編年】

　　此詩正德十五年（1520）三月作於安徽青陽九華山。束景南《王陽明年譜長編》將此事繫於本年正月，誤，因詩中「桃花夾岸迷遠近」，非正月景象。

【校注】

〔一〕夾岸桃花迷遠近：晉・陶潛《桃花源記》：「緣溪行，忘路之遠近。忽逢桃花林，夾岸數百步。」

〔二〕瞻之在前忽在後：《論語・子罕》：「顏淵喟然歎曰：『仰之彌高，鑽之彌堅。瞻之在前，忽焉在後。夫子循循然善誘人，博我以文，約我以禮，欲罷不能。既竭吾才，如有所立卓爾。雖欲從之，末由也已。」朱熹集注：「在前、在後，恍惚不可為象，此顏淵深知夫子之道無窮盡、無方體而歎之也。」陽明借用此典，形容九華山景色變化無窮。

〔三〕木杪：樹梢。唐・杜甫《移居公安山館》：「路危行木杪，身迴宿雲端。」

〔四〕避秦者：晉・陶潛《桃花源記》：「自云先世避秦時亂，率妻子邑人來此絕境，不復出焉。」

〔註13〕岡田武彥《王陽明大傳》，第95頁。

〔五〕秣吾馬：餵我之馬。《左傳·襄公二十六年》：「簡兵蒐乘，秣馬蓐食。」唐·韓愈《送李願歸盤谷歌》：「膏吾車兮秣吾馬，從子於盤兮終吾生以徜徉！」

【著錄】

明·曹學佺編《石倉歷代詩選》卷四百五十五著錄此詩。

芙蓉閣

九華之山何崔嵬，芙蓉〔一〕直傍青天栽。剛風倒海吹不動，大雪裂地凍還開。夜半峰頭掛明月，宛如玉女臨妝臺〔二〕。我拂滄海寫圖畫，題詩還媿謫仙〔三〕才。

【編年】

此詩正德十五年（1520）正月作於安徽青陽九華山。

明·王崇《（嘉靖）池州府志）》卷八、明·顧元鏡《九華志》卷五著錄此詩。

【校注】

〔一〕芙蓉：如蓮花一般的山峰。

〔二〕宛如玉女臨妝臺：宋·周載《玉女峰》：「誰將玉女對妝台，曲水分明一鑒開。」

〔三〕謫仙：李白。

【著錄】

明·曹學佺編《石倉歷代詩選》卷四百五十五、明·顧元鏡撰《九華志》卷五文翰著錄此詩。

重遊無相寺次韻四首

【編年】

此詩正德十五年（1520）正月作於安徽青陽九華山。

弘治十六年（1503）陽明曾到訪無相寺，並作《夜宿無相寺》《無相寺三首》詩，故本次到訪稱重遊。本組詩之第一首乃次韻《無相寺三首》之三首，第三首乃次韻《無相寺三首》之第二首。

其一

遊興殊未盡，塵寰不可留。山青只依舊〔一〕，白盡世間頭〔二〕。

【校注】

〔一〕山青只依舊：宋·王十朋《次韻表叔賈元范見寄二首》其一：「華表飛來鶴姓
丁，鹿巖依舊故山青。」

〔二〕白盡世間頭：唐·杜光庭《初月》：「直使奔波急於箭，只應白盡世間頭。」

其二

人跡不到地〔一〕，茆茨亦數間。借問此何處〔二〕，云是九華山。

【校注】

〔一〕人跡不到地：人跡罕至之所。宋·陸游《避世行》：「欲求人跡不到處，忘形
麋鹿與俱逝。」

〔二〕借問此何處：詩中習見之語，如宋·司馬光《春貼子詞·太皇太后閣六首》
其二：「借問此何處，昆山王母家。」宋·姜夔《昔遊詩十五首》其一：「借
問此何處，滄灣三十六。」

其三

拔地千峰起，芙蓉插曉寒。當年看不足〔一〕，今日復來看。

【校注】

〔一〕看不足：百看不厭。唐·白居易《新樂府·西涼伎》：「貞元邊將愛此曲，醉
坐笑看看不足。」

其四

瀑流懸絕壁〔一〕，峰月上寒空。鳥鳴蒼磵底〔二〕，僧住白雲中〔三〕。

【校注】

〔一〕此句擬效唐·李白《蜀道難》：「連峰去天不盈尺，枯松倒掛倚絕壁。飛湍瀑
流爭喧豗，砯崖轉石萬壑雷。」

〔二〕此句擬效唐·王維《鳥鳴澗》：「月出驚山鳥，時鳴春澗中。」

〔三〕僧住白雲中：僧人與白雲相關聯，乃詩中習見之修辭。如唐·權德輿《戲贈
天竺靈隱二寺寺主》：「山僧半在中峰住，共占青巒與白雲。」宋·王禹偁《寄
贊寧上人》：「天子遠酬丹詔去，高僧不出白雲來。」

登蓮花峰

蓮花頂上老僧居，腳踏蓮花〔一〕不染泥。夜半花心吐明月〔二〕，一

顆懸空黍米珠〔三〕。

【編年】

此詩正德十五年（1520）正月作於安徽青陽九華山。

【校注】

〔一〕蓮花：此處所言之蓮花，乃是指蓮花峰，而不是實際上的蓮花這種植物。

〔二〕夜半花心吐明月：夜半之時，明月從蓮花峰頂升起。

〔三〕一顆懸空黍米珠：明月懸空，似米粒大小的珍珠一般。

【考辨】

岡田武彥《王陽明大傳》：「王陽明又攀登了廬山的蓮花峰。山腳下，有宋學之祖周敦頤的書院。被詩人、書法家黃山谷評為『胸中灑落，如光風霽月』的周敦頤，曾經創作過闡述君子境地的《愛蓮說》。……周敦頤及其門人程顥，是王陽明最為崇敬的兩位儒者。登上蓮花峰後，王陽明追思起了周敦頤，對其心境的憧憬自不必說，吟《登蓮花峰》一詩表達自己的情懷。……文中第二句就像《愛蓮說》中所說，蓮花出於淤泥而不染，散發清香；而第三句則將由蓮花峰上看到明月升起的景象，比喻成蓮花花心的美；而在第四句中，則相較於蓮花峰的山容，將明月比喻成黍米或者米粒一樣渺小，比喻極為秀拔。」〔註14〕

按：此處所言之蓮花峰，乃是九華山之蓮花峰，不是廬山之蓮花峰，因此此詩與周敦頤《愛蓮說》基本上並無關係，詩中所要表達的思想更傾向於佛教，而不是儒家。

重遊無相寺次舊韻

舊識〔一〕仙源路未差，也從谷口問桃花〔二〕。屢攀絕棧經殘雪〔三〕，幾度清溪踏月華〔四〕。虎穴相隣多異境，鳥飛不到〔五〕有僧家。頻來休下仙翁榻，只借峰頭一片霞。

【編年】

此詩正德十五年（1520）正月作於安徽青陽九華山。

次舊韻，次弘治十六年（1503）所作《夜宿無相寺》之韻。

〔註14〕〔日〕岡田武彥《王陽明大傳》，第 704 頁。

【校注】

〔一〕舊識：舊相識。南朝・陳・徐陵《武皇帝作相時與嶺南酋豪書》：「昔緣王事，遊踐貴鄉，日想山川，依然舊識。」

〔二〕問桃花：詢問桃花源所在。宋・陸游《贈道流》：「他日相尋不知處，會從漁父問桃花。」

〔三〕經殘雪：在殘雪之上經過。唐・劉長卿《送靈澈上人還越中》：「身隨敝屨經殘雪，手綻寒衣入舊山。」

〔四〕踏月華：在月光之下散步。宋・王禹偁《寄郇城蕭處士》：「夜踏月華三徑小，曉耕秋色一犁深。」

〔五〕鳥飛不到：飛鳥難到之處，形容極為高遠之所。唐・李白《廬山謠寄盧侍御虛舟》：「翠影紅霞映朝日，鳥飛不到吳天長。」

【著錄】

明・顧元鏡撰《九華志》卷六著錄此詩，題為《重遊九華》其二；明・曹學佺編《石倉歷代詩選》卷四百五十五著錄此詩；清・彭孫貽輯《明詩鈔》卷九著錄此詩，題為《遊無相寺》。

登雲峰望始盡九華之勝因復作歌

九華之峰九十九〔一〕，此語相傳俗人口。俗人眼淺見皮膚〔二〕，焉測其中之所有？我登華頂拂雲霧，極目奇峰那有數？巨壑中藏萬玉林〔三〕，大劍長鎗攢武庫〔四〕。有如智者深韜藏，復如淑女避讒妬。闇然避世不求知，卑己尊人〔五〕羞逞露。何人不道九華奇，奇中之奇人未知。我欲窮搜盡拈出，秘藏恐是天所私。旋解詩囊旋收拾，脫穎露出錐參差〔六〕。從來題詩李白好，渠於此山亦潦草。曾見王維畫輞川，安得渠來拂纖縞！

【編年】

此詩正德十五年（1520）正月作於安徽青陽九華山。

【校注】

〔一〕九華之峰九十九：相傳九華山有九十九座山峰。明・顧元鏡《九華志》卷二：「天台寺，在山南天台峰下，此九十九峰最高處也。」

〔二〕皮膚：表層。《文子・道德》：「故上學以神聽，中學以心聽，下學以耳聽，以

耳聽者，學在皮膚；以心聽者，學在肌肉，以神聽者，學在骨髓。」宋・劉克莊《題雜書卷六言三首》其三：「俗學見皮膚止，聖處非口耳傳。」

〔三〕玉林：神話傳說中的仙界森林。唐・陸龜蒙《上清》：「玉林風露寂寥清，仙妃對月閒吹笙。」

〔四〕大劍長鎗攢武庫：此句言九華山矗立的諸多山峰，宛如兵器庫中聳立的刀槍劍戟。

〔五〕卑己尊人：謙抑自己，尊重他人。宋・范質《誡兒姪八百字》：「自卑而尊人，先彼而後己。」

〔六〕脫穎露出錐參差：此句用脫穎而出典故。《史記・平原君虞卿列傳》：「平原君曰：『夫賢士之處世也，譬若錐之處囊中，其末立見……』毛遂曰：『臣乃今日請處囊中耳。使遂蚤得處囊中，乃穎脫而出，非特其末見而已。』」此處指九華山的絕妙景色全部展示出來。

【考辨】

岡田武彥《王陽明大傳》：「王陽明也指出唐代的李白沒有寫下過有關九華山的詩篇。」〔註15〕

按：這是對詩歌的誤讀，陽明本意是說古來題寫山水之詩，自然推李白為尊，但是李白題寫九華山的詩並不甚佳。潦草，草率之意。另，李白有兩首與九華山有關的詩歌，即《望九華贈青陽韋仲堪》：「昔在九江上，遙望九華峰。天河掛綠水，秀出九芙蓉。我欲一揮手，誰人可相從？君為東道主，於此臥雲松。」《改九子山為九華山聯句並序》：「青陽縣南有九子山，山高數千丈，上有九峰，如蓮華，按圖徵名，無所依據。太史公南遊，略而不書。事絕古老之口，復闕名賢之紀。雖靈仙往復，而賦詠罕聞。予乃削其舊號，加以九華之目。時訪道江漢，憩於夏侯回之堂，開簷岸幘，坐眺松雪。因與二三子聯句，傳之將來。妙有分二氣，靈山開九華（李白）。層標遏遲日，半壁明朝霞（高霽）。積雪曜陰壑，飛流歕陽崖（韋權興權一作瓘）。青熒玉樹色，縹緲羽人家（李白）。」誠如陽明所言，李白題寫九華山的這兩首，與《夢遊天姥吟留別》《望天門山》等詩相較，藝術水平確實遜色不少。

【著錄】

明・顧元鏡撰《九華志》卷五著錄此詩，題為《登雲峰》。

〔註15〕〔日〕岡田武彥《王陽明大傳》，第 704 頁。

雙峰遺柯生喬

　　爾家雙峰下〔一〕，不見雙峰景。如錐處囊中，深藏未脫穎。盛德心愈卑，幽人迹多屏。悠然望雙峰，可以發深省〔二〕。

【編年】

　　此詩正德十五年（1520）正月作於安徽青陽九華山。

【校注】

　〔一〕爾家雙峰下：明‧顧元鏡《九華志》卷五：「雙華精舍，在仰止祠右，為邑人侍御柯喬建。」

　〔二〕悠然望雙峰，可以發深省：此二句擬效唐‧杜甫《遊龍門奉先寺》：「欲覺聞晨鍾，令人發深省。」

歸途有僧自望華亭來迎且請詩

　　方自華峰下，何勞更望華？山僧援故事，要我到渠家〔一〕。自謂遊已至，那知望轉佳。正如酣醉後，醒酒卻須茶。

【編年】

　　此詩正德十五年（1520）正月作於安徽青陽九華山。

　　明‧顧元鏡《九華志》卷二：「望華亭，在五溪橋側，舊名玩華。都御史彭禮建，後廢。萬曆五年，兵備副使馮叔吉命知縣蘇萬民重建，易今名。」

【校注】

　〔一〕要我到渠家：晉‧陶潛《桃花源記》：「便要還家，設酒殺雞作食。」

無相寺金沙泉次韻

　　黃金不布地，傾沙瀉流泉。潭淨長開鏡〔一〕，池分或鑄蓮。興雲為大雨，濟世作豐年。縱有貪夫過〔二〕，清風自灑然。

【編年】

　　此詩正德十五年（1520）正月作於安徽青陽九華山。

　　金沙泉，在九華山頭陀嶺嶺前。宋‧陳巖《九華詩集》不分卷《金沙泉（原注頭陀嶺前）》：「金能生水水涵金，本本源源造化心。幾許碎金隨水出，披沙終日若為尋。」

【校注】

〔一〕潭淨長開鏡：泉水湧出形成的潭水潔淨如鏡。把水面比作鏡面，乃是詩中習見之喻，如宋・李光《贈池元堅》：「常丞若問老庸齋，屋借湖光一鏡開。」宋・朱熹《觀書有感》：「半畝方塘一鑒開，天光雲影共徘徊。」

〔二〕縱有貪夫過：此處用貪泉典故。《晉書・吳隱之傳》：「隆安中，以隱之為龍驤將軍廣州刺史假節領平越中郎將。未至州二十里，地名石門，有水曰貪泉，飲者懷無厭之欲。隱之既至，語其親人曰：『不見可欲，使心不亂。越嶺喪清，吾知之矣。』乃至泉所，酌而飲之。因賦詩曰：『古人云此水，一歃懷千金。試使夷齊飲，終當不易心。』及在州，清操踰厲，常食不過菜及乾魚而已，帷帳器服，皆付外庫。」

夜宿天池月下聞雷次早知山下大雨三首

【編年】

此詩正德十五年（1520）二月作於江西九江廬山。錢德洪《陽明先生年譜》：「（正德十五年）二月，如九江。先生以車駕未還京，心懷憂惶。是月，出觀兵九江，因遊東林、天池、講經臺諸處。」

天池，即廬山天池寺。〔清〕謝旻等修《雍正江西通志》卷十二：「天池峰，在天池寺北，其寺明嘉靖中僧明瑤重修，佛殿覆以鐵瓦。天池在殿前，仰而上出，故云。寺南有文殊巖，西南有舍利塔，西有文殊臺，其下邃谷，夜有光出，是為佛燈。」〔清〕毛德琦《廬山志》卷二、〔清〕謝旻等修《雍正江西通志》卷一百五十八著錄此詩。

其一

昨夜月明峰頂宿，隱隱雷聲在山麓〔一〕。曉來卻問山下人，風雨三更〔二〕捲茆屋。

【校注】

〔一〕隱隱雷聲：宋・梅堯臣《和謝舍人薦震》：「電光劃劃繞巖壁，雷聲隱隱生山陂。」

〔二〕風雨三更：宋・陸游《獨夜》：「房櫳十月寒初重，風雨三更酒半醒。」

【著錄】

明・曹學佺編《石倉歷代詩選》卷四百五十五、清・毛德琦撰《廬山志》

卷二山川分紀一著錄此詩。

其二

野人權作青山主，風景朝昏頗裁取。巖傍日腳半溪雲〔一〕，山下雷聲一村雨〔二〕。

【校注】

〔一〕日腳：透過雲層照射下來的陽光。唐·劉禹錫《張郎中籍遠寄長句開緘之日已及新秋因舉目前仰酬高韻》：「雲銜日腳成山雨，風駕潮頭入渚田。」

〔二〕一村雨：宋·方岳《春日雜興》其十四：「子規啼處一村雨，芍藥開時三徑春。」

【著錄】

清·毛德琦撰《廬山志》卷二山川分紀一著錄此詩。

其三

天池之水近無主，木魅〔一〕山妖〔二〕競偷取。公然又盜山頭雲，去向人間作風雨〔三〕。

【校注】

〔一〕木魅：老樹妖魅。唐·元結《訟木魅》：「冀感通於天地，猶恐眾妖兮木魅。」

〔二〕山妖：山中妖鬼。唐·陳陶《贈別離》：「山妖水魅騎旋風，魘夢齧魂黃獐中。」木魅、山妖，清人以為或指江彬、錢寧。

〔三〕去向人間作風雨：此句擬效唐·王維《文杏館》：「不知棟裡雲，去作人間雨。」

【集評】

〔清〕毛德琦《廬山志》卷二著錄此詩，且跋文曰：「陽明公天池寺四絕句舊刻石碑，其真蹟藏寺僧處。澄乙巳遊天池，得於僧寮。展閱，書法古勁，在顏平原、蘇端明間。詩意揮斥八極，絕非文士尋章摘句可比。按公《年譜》，公以正德己卯六月擒宸濠，凱旋，駐師廬山，以待朝命。庚辰正月，刻石紀功於開先寺讀書臺石壁。是歲遊天池、東林，皆有詩。公此詩第三章感慨寄託似為錢寧、江彬輩障蔽武宗而發。是日澄與閔子麟詞反覆捧誦，珍重不能釋手。惜原墨四幅近為一貫官取去其一，雖延津之劍未能復合，而公之德業詞翰可與廬嶽爭高。後之守者，所當什襲珍藏，俾無有散失可也。」

【著錄】

清·毛德琦撰《廬山志》卷二山川分紀一著錄此詩。

文殊臺夜觀佛燈

老夫高臥文殊臺，拄杖夜撞青天開。散落星辰滿平野，山僧盡道佛燈〔一〕來。

【編年】

此詩正德十五年（1520）二月作於江西九江廬山。

文殊臺，在廬山。《雍正江西通志》卷四十二：「文殊臺，《名勝志》：『大林峰北為擲筆峰，有瀉油、定心二石，上有文殊臺。唐會昌間毀寺，東林二僧藏晉文殊瑞像於此。』《輿地紀勝》：『文殊臺，產白石英，名菩薩石。』」〔清〕毛德琦《廬山志》卷二、〔清〕謝旻等修《雍正江西通志》卷一百五十八著錄此詩。

【校注】

〔一〕佛燈：〔清〕謝旻等修《雍正江西通志》卷十二：「天池峰，在天池寺北，其寺明嘉靖中僧明瑤重修，佛殿覆以鐵瓦。天池在殿前，仰而上出，故云。寺南有文殊巖，西南有舍利塔，西有文殊臺，其下邃谷，夜有光出，是為佛燈。」

【著錄】

明·曹學佺編《石倉歷代詩選》卷四百五十五、清·彭孫貽輯《明詩鈔》卷九著錄此詩。

書汪進之太極巖二首

【編年】

此詩作於正德十五年（1520），地點待考。

太極巖，在今湖南道縣境內。〔清〕曾國荃等撰《（光緒）湖南通志》卷十九：「月巖，在州西營山西南二里，一名太極巖，東去濂溪十五里，亦名穿巖。（《一統志》）穿巖形如圓廩，中可容數萬斛，東西兩門相通，望之若城闕，又如偃月。巖前有石如走貌伏犀，其形不一。（《明統志》）明·王會《月巖圖說》：『元公故里西八里許，有山巍聳，中為巖洞，東西兩門可通往來，望之若城闕，當洞之中而虛其頂。自東望之如月上弦，自西望之如月下弦，就

中望之又如月之望。隨行進退，盈虧異狀，俗以其形象月，故呼為月巖。好事者奇之，以為太極呈象，如河之圖、洛之書，曾謂先生之道未必因月巖而得，但此山不生於他而生於先生之故里，則謂之太極洞也亦宜。因磨崖刻之曰太極洞云。洞高可四五十丈，寬可容數千人。中有濂溪書堂，盛夏無暑。奇石峭壁，如走猊相遂，如伏犀俯顧，如龜蹣跚，如鳳翱翔，如龍蛇蜿蜒，而石液凝注，望之如滴。西壁有竇石笋，矗立如入定僧。又一竇深黑不可入，飛鳥之音，行人之聲，經其中如奏笙簧。誠天造奇觀也！』」

其一

一竅誰將混沌〔一〕開？千年樣子道州來。須知太極元無極〔二〕，始信心非明鏡臺〔三〕。

【校注】

〔一〕混沌：《莊子・應帝王》：「南海之帝為儵，北海之帝為忽，中央之帝為渾沌。儵與忽時相與遇於渾沌之地，渾沌待之甚善。儵與忽謀報渾沌之德，曰：『人皆有七竅以視聽食息，此獨無有，嘗試鑿之。』日鑿一竅，七日而渾沌死。」

〔二〕太極元無極：宋・周敦頤《周元公集》卷一：「周子曰：無極而太極。上天之載，無聲無臭，而實造化之樞紐，品彙之根柢也。故曰無極而太極，非太極之外復有無極也。」

〔三〕心非明鏡臺：唐・釋慧能《壇經》：「惠能偈曰：『菩提本無樹，明鏡亦非臺。本來無一物，何處惹塵埃？』書此偈已，徒眾總驚，無不嗟訝。各相謂言：『奇哉！不得以貌取人，何得多時，使他肉身菩薩。』祖見眾人驚怪，恐人損害，遂將鞋擦了偈，曰：『亦未見性。』眾以為然。次日，祖潛至碓坊，見能腰石舂米，語曰：『求道之人，為法忘軀，當如是乎？』乃問曰：『米熟也未？』惠能曰：『米熟久矣，猶欠篩在。』祖以杖擊碓三下而去。惠能即會祖意，三鼓入室。祖以袈裟遮圍，不令人見，為說《金剛經》。至『應無所住，而生其心』，惠能言下大悟，一切萬法，不離自性。遂啟祖言：『何期自性，本自清淨。何期自性，本不生滅。何期自性，本自具足。何期自性，本無動搖。何期自性，能生萬法。』祖知悟本性，謂惠能曰：『不識本心，學法無益。若識自本心，見自本性，即名丈夫、天人師、佛。』三更受法，人盡不知，便傳頓教及衣鉢云：『汝為第六代祖，善自護念，廣度有情，流布將來，無令斷絕。』」

其二

始信心非明鏡臺，須知明鏡亦塵埃。人人有箇圓圈〔一〕在，莫向蒲團坐死灰〔二〕。

【校注】

〔一〕圓圈：太極圖。此處指良知本體。

〔二〕莫向蒲團坐死灰：宋・釋普濟《五燈會元》卷三：「先天二年，（南嶽懷讓禪師）往衡嶽居般若寺。開元中，有沙門道一在衡嶽山常習坐禪。師知是法器，往問曰：『大德坐禪，圖甚麼？』一曰：『圖作佛。』師乃取一磚於彼庵前石上磨。一曰：『磨作甚麼？』師曰：『磨作鏡。』一曰：『磨磚豈得成鏡邪？』師曰：『磨磚既不成鏡，坐禪豈得作佛？』」《五燈會元》卷七：「福州長慶慧稜禪師，杭州鹽官人也，姓孫氏，稟性淳澹。年十三，於蘇州通玄寺出家登戒，歷參禪苑。後參靈雲，問：『如何是佛法大意？』雲曰：『驢事未去，馬事到來。』師如是往來雪峰、玄沙二十年。問：『坐破七箇蒲團，不明此事。』一日捲簾，忽然大悟，乃有頌曰：『也大差，也大差，捲起簾來見天下。有人問我解何宗，拈起拂子劈口打。』峰舉謂沙曰：『此子徹去也！』」

【集評】

明・陳建《學蔀通辨》續編卷下：「王陽明《示諸生》詩云：『爾身各各自天真，不用求人更問人。但致良知成德業，謾從故紙費精神。乾坤是易原非畫，心性何形得有塵？莫道先生學禪語，此言端的為君陳。』王陽明《送門人》詩云：『簽笈連年愧遠求，本來無物若為酬。』又《書太極巖》詩云：『須知太極原無極，始信心非明鏡臺。』又《無題》詩云：『同來問我安心法，還解將心與汝安。』心非明鏡、心性何形、本來無物等語，皆本《傳燈錄》慧能一偈也。安心之說，本於《傳燈錄》達磨示二祖也。故紙之說，本於《傳燈錄》古靈譏僧看經也。皆已見前矣。朱子嘗謂試取大慧語錄一觀，則象山之來歷可見。愚謂今學者試取《傳燈錄》一觀，則陽明之來歷不容掩矣。按：象山陽明雖皆禪，然象山禪機深密，工於遮掩，以故學者極難識得他破。若陽明，則大段漏露，分明招認，端的為君陳矣。今略與拈出，其禪便自顯然矣。近日乃有以陽明為聖學而尊信之者，又有以為似禪流於禪而不察其為達磨、慧能正法眼藏者，區區皆所未喻。」

勸酒

平生忠赤有天知〔一〕，便欲欺人肯自欺〔二〕。毛髮暗從愁裏改〔三〕，世情明向笑中危。春風脈脈回枯草，殘雪依依戀舊枝。謾對芳樽辭酩酊，機關識破已多時。

【編年】

此詩作於正德十五年（1520），地點待考。

【校注】

〔一〕平生忠赤有天知：此句陽明言己之赤膽忠心，有天可鑒。

〔二〕便欲欺人肯自欺：此句針對張忠、許泰等人的誣陷而發。

〔三〕毛髮暗從愁裏改：唐·薛逢《追昔行》：「青春枉向鏡中老，白髮虛從愁裏生。」

重遊化城寺二首

【編年】

此組詩正德十五年（1520）作於安徽青陽九華山。

其一

愛山日日望山晴，忽到山中眼自明。鳥道漸非前度險，龍潭更比舊時清。會心人遠空遺洞〔一〕，識面僧來不記名。莫謂中丞〔二〕喜忘世，前途風浪苦難行。

【校注】

〔一〕會心人遠空遺洞：言弘治十四年（1502）在化城寺偶遇道者蔡蓬頭與地藏洞異人之事。錢德洪《陽明先生年譜》：「十有四年辛酉，先生三十歲，在京師。奉命審錄江北。先生錄囚，多所平反。事峻，遂遊九華，作《遊九華賦》。宿無相、化城諸寺。是時，道者蔡蓬頭善談仙，待以客禮。請問，蔡曰：『尚未。』有頃，屏左右，引至後亭，再拜請問，蔡曰：『尚未。』問至再三，蔡曰：『汝後堂後亭禮雖隆，終不忘官相。』一笑而別。聞地藏洞有異人，坐臥松毛，不火食，歷巖險訪之。正熟睡，先生坐傍撫其足。有頃，醒，驚曰：『路險，何得至此？』因論最上乘曰：『周濂溪、程明道是儒家兩箇好秀才。』後再至，其人已他移，故後有會心人遠之歎。」

〔二〕中丞：正德十三年（1518）六月，陽明陞督察院右副都御史，秩正三品，隸屬督察院。明洪武十五年（1382）改御史臺為督察院，次年設左右都御史各

一人，左右副都御史各一人，按照傳統管制成為，王陽明所陞任之右副都御使，亦可稱御史中丞，簡稱中丞。

其二

山寺從來十九秋，舊僧零落老比丘〔一〕。簷松盡長青冥幹，瀑水猶懸翠壁流。人住層崖嫌洞淺，鳥鳴春磵覺山幽〔二〕。年來別有閒尋意，不似當時孟浪〔三〕遊。

【校注】

〔一〕比丘：佛教用語。為梵語 Bhiksu 的音譯。男子出家受具足戒者的通稱。《大寶積經》卷一：「譬如今世多聞比丘住阿蘭若，或聚落中。」

〔二〕鳥鳴春磵覺山幽：唐・王維《鳥鳴磵》：「人閒桂花落，夜靜春山空。月出驚山鳥，時鳴春澗中。」

〔三〕孟浪：言行輕率、冒失。《莊子・齊物論》：「夫子以為孟浪之言，而我以為妙道之行也。」

【著錄】

明・顧元鏡《九華志》卷六著錄此詩，題為《重遊二首》，且兩首詩順序顛倒；明・周汝登《王門宗旨》卷七、清・謝旻等《雍正江西通志》卷一百五十五著錄此詩。

【編年】

明・顧元鏡《九華志》卷六著錄此詩，題為《重遊二首》，且兩首詩順序顛倒。明・周汝登《王門宗旨》卷七、清・謝旻等《雍正江西通志》卷一百五十五著錄。

遊九華

九華原亦是移文〔一〕，錯怪山頭日日雲。乘興未甘回俗駕〔二〕，初心終不負靈均〔三〕。紫芝香煖春堪茹，青竹泉高晚更分。幽夢已分塵土累，清猿正好月中聞。

【編年】

此詩正德十五年（1520）作於安徽青陽九華山。

【校注】

〔一〕移文：南朝・齊・孔稚珪《北山移文》的簡稱。

〔二〕俗駕：《北山移文》：「請廻俗士駕，為君謝逋客。」

〔三〕靈均：屈原字。《楚辭‧離騷》：「名余曰正則兮，字余曰靈均。」

【著錄】

明‧顧元鏡《九華志》卷六著錄此詩，題為《重遊九華》其一。

弘治壬戌嘗遊九華值時陰霧竟無所睹至是正德庚辰復往遊之風日清朗盡得其勝喜而作歌

昔年十日九華住，雲霧終旬竟不開。有如昏夜入寶藏，兩目無睹成空回。每逢好事談奇勝，即思策蹇〔一〕還一來。頻年驅逐事兵革，出入賊壘〔二〕衝風埃。恐恐〔三〕晝夜不遑息〔四〕，豈復山水能徘徊？鄱湖一戰〔五〕偶天幸，遠隨歸凱停江隈。是時軍務頗多暇，況復我馬方虺隤〔六〕。舊遊諸生亦群集，遂將童冠〔七〕登崔嵬。先晨霏靄尚暝晦，卻疑山意猶嫌猜〔八〕。肩輿一入青陽境，忽然白日開西嶺。長風擁篲掃浮陰，九十九峰如夢醒。群巒踊躍爭獻奇，兒孫俯伏摩其頂。今來始識九華面，恨無詩筆為傳影。層樓疊閣寫未工，千朵芙蓉抽玉井。怪哉造化亦安排，天下奇山此兼并。攬衣登高望八荒〔九〕，雙闕下見日月光。長江如帶繞山麓，五湖七澤皆陂塘。蓬瀛海上浮拳石，舉足可到虹可梁。仙人為我啟閶闔，鸞軿〔十〕鶴駕紛翱翔。從茲脫屣謝塵世，飄然拂袖凌蒼蒼。

【編年】

此詩正德十五年（1520）作於安徽青陽九華山。弘治十五年（1502）壬戌正月陽明再次遊覽九華山，束景南《王陽明年譜長編》：「（弘治十五年春正月）經青陽縣，再遊九華山，訪無相寺，登芙蓉閣，均有詩詠。」〔註16〕

【校注】

〔一〕策蹇：鞭策駕馬，促其前行。唐‧白居易《敘德書情四十韻上宣歙翟中丞》：「磨鉛重剗割，策蹇再賓士」

〔二〕賊壘：叛賊的營壘。唐‧白居易《河陽石尚書破回鶻迎貴主過上黨射鷺繪畫為圖猥蒙見示稱歎不足以詩美之》：「塞北虜郊隨手破，山東賊壘掉鞭收。」

〔三〕恐恐：惴惴不安。唐‧韓愈《原毀》：「恐然惟懼其人之不得為善之利。」

〔註16〕束景南《王陽明年譜長編》，第223頁。

〔四〕違息：無瑕息止。《詩經·召南·殷其靁》：「何斯違斯，莫敢違息。」毛傳：「違，暇也。息，止也。」

〔五〕鄱陽一戰：正德十四年七月二十三日，王陽明統帥義軍與寧王朱宸濠叛軍在鄱陽湖展開決戰，七月二十六日生擒寧王，義軍大獲全勝。陽明《擒獲宸濠捷音疏》：「二十三日，復得諜報，寧王先鋒已至樵舍。風帆蔽江，前後數十里，不能計其數。臣乃分督各兵，乘夜趨進，使伍文定以正兵當其前，余恩繼其後，邢珣引兵繞出賊背，徐璉、戴德孺張兩翼以分其勢。二十四日早，賊兵鼓譟，乘風而前，逼黃家渡，其氣驕甚。伍文定、余恩之兵佯北以致之，賊爭進趨利，前後不相及。邢珣之兵前後橫擊，直貫其中，賊敗走。文定、恩督兵乘之，璉、德孺合勢夾攻，四面伏兵，亦呼譟並起，賊不知所為，遂大潰。追奔十餘里，擒斬二千餘級，落水死者以萬數。賊氣大沮，引兵退保八字腦，賊眾稍稍遁散。寧王震懼，乃身自激勵將士，賞其當先者以千金，被傷者人百兩，使人盡發九江、南康守城之兵以益師。是日，建昌知府曾璵引兵亦至。臣以九江不破，則湖兵終不敢越九江以援我；南康不復，則我兵亦不能蹦南康以躡賊。乃遣知府陳槐領兵四百合饒州知府林城之兵，乘間以攻九江。知府曾璵領兵四百合廣信知府周朝佐之兵，乘間以取南康。二十五日，賊復并力，盛氣挑戰，時風勢不便，我兵少卻，死者數十人。臣急令人斬取先卻者頭，知府伍文定等立於銃砲之間，火燎其鬚，不敢退，奮督各兵，殊死並進。砲及寧王舟，寧王退走，遂大敗。擒斬二千餘級，溺水死者不計其數。賊復退保樵舍，連舟為方陣，盡出其金銀以賞士。臣乃夜督伍文定等為火攻之具，邢珣擊其左，徐璉、戴德孺出其右，余恩等各官分兵四伏，期火發而合。二十六日，寧王方朝群臣，拘集所執三司各官，責其間以不致死力，坐觀成敗者，將引出斬之。爭論未決，而我兵已奮擊。四面而集，火及寧王副舟，眾遂奔散。寧王與妃嬪泣別，妃嬪宮人皆赴水死。我兵遂執寧王。」

〔六〕我馬方虺隤：《詩經·周南·卷耳》：「陟彼崔嵬，我馬虺隤。」毛傳：「虺隤，病也。」

〔七〕童冠：《論語·先進》：「莫春者，春服既成，冠者五六人，童子六七人，浴乎沂，風乎舞雩，詠而歸。」

〔八〕嫌猜：猜疑。李白《長干行》：「同居長干里，兩小無嫌猜。」

〔九〕八荒：僻遠之地。《三國志·蜀書·諸葛亮傳》：「爰整六師，無歲不征，神武

赫然，威鎮八荒。」

〔十〕鸞軿：貴婦人所乘之車。宋‧姚勉《女筵樂語》：「軿戾止，燕席綏之。」

【著錄】

明‧顧元鏡《九華志》卷七著錄此詩。

巖頭閒坐漫成

盡日巖頭坐落花，不知何處是吾家。靜聽谷鳥遷喬木〔一〕，閒看林蜂散午衙〔二〕。翠壁泉聲穿亂石，碧潭雲影透晴沙。痴兒公事真難了〔三〕，須信吾生自有涯〔四〕。

【編年】

此詩正德十五年（1520）作於安徽青陽九華山。

明‧顧元鏡《九華志》卷六著錄此詩，題為《東巖》，可知巖頭之巖即為東巖。明‧顧元鏡《九華志》卷一：「東峰，在化城寺東，陽明先生更其巖曰東巖，峰口東峰。」束景南《王陽明年譜長編》徵引《民國九華山志》卷二蔣維喬《九華山遊記》：「東巖，原名東峰，其上有巖，深如屋。相傳金地藏始卓錫於此。明王守仁更名曰『東巖』。巖前懸崖峻絕，俗呼捨身巖。正德十四年（按：當作十五年），守仁再入九華，武宗遣錦衣使偵之，見守仁在此宴坐，故又名宴坐巖。」

【校注】

〔一〕靜聽谷鳥遷喬木：《詩經‧小雅‧伐木》：「伐木丁丁，鳥鳴嚶嚶。出自幽谷，遷於喬木。」

〔二〕林蜂散午衙：蜜蜂早晚聚集於蜂房，如僚屬參謁長官，故稱「蜂衙」。宋‧陸游《野意》：「花深迷蝶夢，雨急散蜂衙。」另，明‧鄒元標《太平山房四首》其三：「峒虎成朝市，林蜂散午衙。」對句襲用陽明。

〔三〕痴兒公事真難了：宋‧劉克莊《浪淘沙令》其四：「待得痴兒公事畢，謝了梅花。」宋‧洪適《次韻李舉之立春四絕句》其三：「痴兒公事何時了，一醉花前心似飛。」

〔四〕吾生自有涯：《莊子‧養生主》：「吾生也有涯而知也無涯，以有涯隨無涯，殆已。」唐‧杜甫《春歸》：「世路雖多梗，吾生亦有涯。」宋‧陸游《遊山四首》其四：「世事雖難料，吾生固有涯。」

【著錄】

明·顧元鏡《九華志》卷六、明·曹學佺《石倉歷代詩選》卷四百五十五著錄此詩。

將遊九華移舟宿寺山二首

【編年】

此組詩正德十五年（1520）作於安徽青陽九華山。

其一

逢山未愜意，落日更移船。峽寺緣溪逈，雲林帶石泉。鐘聲先度嶺〔一〕，月色已浮川〔二〕。今夜巖房宿，寒燈不待懸。

【校注】

〔一〕鐘聲先度嶺：北周·庾信《和從駕登雲居寺塔》：「隔嶺鐘聲度，中天梵響來。」

〔二〕月色已浮川：宋·釋正覺《神人並化主寫真求贊》其二三三：「無心白雲出岫，有應明月浮川。」

其二

維舟谷口〔一〕傍煙霏，共說前岡石徑微〔二〕。竹杖穿雲尋寺去，藤筐採藥帶花歸。諸生晚佩聯芳杜，野老春霞綴衲衣。風詠不須沂水上〔三〕，碧山明月更清輝。

【校注】

〔一〕維舟谷口：宋·陸游《舟中詠落景餘清暉輕橈弄溪渚之句蓋孟浩然耶溪泛舟詩也因以其句為韻賦詩十首》其二：「維舟入谷口，信步造異境。」

〔二〕石徑微：宋·文同《晚至村家》：「高原磽确石徑微，籬巷明滅餘殘暉。」

〔三〕風詠不須沂水上：《論語·先進》：「浴乎沂，風乎舞雩，詠而歸。」

【著錄】

明·曹學佺《石倉歷代詩選》卷四百五十五著錄兩首，第二首題為《九華山下夜泊》；清·錢謙益《列朝詩集》丙集卷四、清·汪霦《御定佩文齋詠物詩選》卷六十二著錄第二首，均題為《九華山下夜泊》；清·張豫章《四朝詩》明詩卷七十八著錄第二首。

登雲峰二三子詠歌以從欣然成謠二首

【編年】

此組詩正德十五年（1520）作於安徽青陽九華山。

其一

淳氣〔一〕日凋薄〔二〕，鄒魯〔三〕亡真承。世儒倡臆說〔四〕，愚瞽〔五〕相因仍。晚途益淪溺〔六〕，手援吾不能〔七〕。棄之入煙霞，高歷雲峰層。開茅傍虎穴，結屋依巖僧。豈曰事高尚，庶免無予憎。好鳥求其侶，嚶嚶林間鳴〔八〕。而我在空谷，焉得無良朋。飄飄二三子，春服來從行。詠歌見真性，逍遙無俗情〔九〕。各勉希聖〔十〕志，毋為塵所縈。

【校注】

〔一〕淳氣：醇厚的風氣。隋・王通《中說》卷一《王道篇》：「化至九變，王道其明乎？故樂至九變而淳氣洽矣。」

〔二〕凋薄：凋喪。宋・徐夢莘《三朝北盟會編》卷一百十九：「比年綱紀隳壞，風俗凋薄。士大夫無奉公守節之誠，為全身遠害之計。」

〔三〕鄒魯：孟子鄒國人，孔子魯國人，故以鄒魯代指儒家傳統。《梁書・羊侃傳》：「吾聞仁者有勇，今見勇者有仁，可謂鄒魯遺風，英賢不絕。」

〔四〕世儒倡臆說：陽明《次謙之韻》：「久奈世儒橫臆說，競搜物理外人情。」

〔五〕愚瞽：愚昧瞽頑。《後漢書・吳良傳》：「敢秉愚瞽，犯冒嚴禁。」

〔六〕淪溺：沉淪陷溺。《宋書・武帝紀》：「王化阻閡，三巴淪溺。」

〔七〕手援吾不能：《孟子・離婁上》：「淳于髡曰：『男女授受不親，禮與？』孟子曰：『禮也。』曰：『嫂溺，則援之以手乎？』曰：『嫂溺不援，是豺狼也。男女授受不親，禮也。嫂溺，援之以手者，權也。』曰：『今天下溺矣，夫子之不援，何也？』曰：『天下溺，援之以道；嫂溺，援之以手。子欲手援天下乎？』」

〔八〕好鳥求其侶，嚶嚶林間鳴：此二句化用《詩經・小雅・伐木》：「伐木丁丁，鳥鳴嚶嚶。出自幽谷，遷于喬木。嚶其鳴矣，求其友聲。」

〔九〕無俗情：晉・陶潛《辛丑歲七月赴假還江陵夜行塗中》：「詩書敦宿好，林園無俗情。」

〔十〕希聖：希望成聖。三國・魏李康《運命論》：「孟軻、孫卿體二希聖，從容正道，不能維其末。」

【著錄】

明·顧元鏡《九華志》卷五著錄此組詩，題為《東巖燕坐示諸生》。

其二

深林之鳥何間關〔一〕？我本無心雲自閒〔二〕。大舜亦與木石處〔三〕，醉翁惟在山水間〔四〕。晴窗展卷有會意，絕壁題詩無厚顏。顧謂從行二三子，隨遊麋鹿俱忘還。

【校注】

〔一〕深林之鳥何間關：象聲詞，形容鳥兒的婉轉鳴叫聲。唐·白居易《琵琶行》：「間關鶯語花底滑，幽咽泉流水下灘。」

〔二〕我本無心雲自閒：唐·岑參《丘中春臥寄王子》：「卷跡人方處，無心雲自閒。」唐·白居易《白雲泉》：「天平山上白雲泉，雲自無心水自閒。」

〔三〕大舜亦與木石處：《孟子·盡心上》：「孟子曰：『舜之居深山之中，與木石居，與鹿豕遊，其所以異於深山之野人者幾希。及其聞一善言，見一善行，若決江河，沛然莫之能禦也。』」

〔四〕醉翁惟在山水間：宋·歐陽修《醉翁亭記》：「醉翁之意不在酒，在乎山水之間也。」

【著錄】

明·顧元鏡《九華志》卷五著錄此組詩，題為《東巖燕坐示諸生》。

有僧坐巖中已三年詩以勵吾黨

莫怪巖僧木石居，吾儕真切幾人如。經營日夜身心外，剽竊糠粃齒頰餘。俗學未堪欺老衲，昔賢取善及陶漁〔一〕。年來奔走成何事，此日斯人亦起予〔二〕。

【編年】

此詩正德十五年（1520）作於安徽青陽九華山。

詩題中所言之僧人為周經和尚，束景南《王陽明年譜長編》：「此詩稱巖僧『坐巖中已三年』，與《送周經和尚》稱『坐石竇中且三年』相同；稱『巖僧木石居』，亦與《送周經和尚》稱『巖頭有石人』相同。可見此處巖僧即周經和尚也。」〔註17〕

〔註17〕束景南《王陽明年譜長編》，第1254頁。

【校注】

〔一〕昔賢取善及陶漁：《孟子·公孫丑上》：「孟子曰：『子路，人告之以有過則喜。禹聞善言則拜。大舜有大焉，善與人同。舍己從人，樂取於人以為善。自耕、稼、陶、漁以至為帝，無非取於人者。取諸人以為善，是與人為善者也。故君子莫大乎與人為善。』」

〔二〕起予：啟發我。《論語·八佾》：「子夏問曰：『巧笑倩兮，美目盼兮，素以為絢兮，何謂也？』子曰：『繪事後素。』曰：『禮後乎？』子曰：『起予者商也！始可與言《詩》已矣。』」

【著錄】

明·周汝登《王門宗旨》卷七著錄。

春日遊齊山〔一〕寺用杜牧之韻〔二〕二首

【編年】

此組詩正德十五年（1520）作於安徽池州齊山。

明·王崇《（嘉靖池州府志）》卷八著錄，題為《遊齊山二首》。明·曹學佺《石倉歷代詩選》卷四百五十五著錄，題為《春日遊齊山》。

【校注】

〔一〕齊山：明·王崇《（嘉靖）池州府志）》卷九：「貴池齊山，在府城南三里許。或謂以峰十餘齊等，故名。宋周必大云：『唐刺史齊映所嘗玩遊，因名山之峽曰蒼玉、曰龍門洞、曰朝天、曰圓頂、曰九頂、曰無極、曰石鼓、曰蓮子、曰獅子、曰華蓋、曰石燕、曰響板、曰臥龍、曰石虎、曰玉桂、曰左史、曰羅漢、曰虎嘯巖、曰漫、曰史、曰寶雲、曰唐公、曰招隱、曰寄隱、曰上清、曰壽字、曰蕉筆、曰妙空、曰弄水、曰醒翁、曰武功峰、曰小九華；泉曰一人、曰春溜；石曰菌苔；雜勝曰仙人跡、曰老人坐；石曰白雲窩、曰仙人橋、曰石徑、曰石窟。與九華之勝並擅江南。」

〔二〕杜牧之韻：即杜牧《九日齊山登高》：「江涵秋影雁初飛，與客攜壺上翠微。塵世難逢開口笑，菊花須插滿頭歸。但將酩酊酬佳節，不用登臨歎落暉。古往今來只如此，牛山何必淚霑衣。」

其一

即看花發又花飛〔一〕，空向花前嘆式微〔二〕。自笑半生行腳過，何

人未老乞身〔三〕歸。江頭鼓角翻春浪，雲外旌旗閃落暉。羨殺山中麋鹿伴，千金難買芰荷衣。

【校注】

〔一〕花發又花飛：花謝花飛，是暮春景象。

〔二〕式微：衰落或衰微。《詩經・邶風・式微》：「式微，式微，胡不歸？」

〔三〕乞身：自請辭職。《後漢書・隗囂傳》：「夫以二子之賢，勒銘兩國，猶削跡歸怨，請命乞身，望之無勞，蓋其宜也。」

【著錄】

明・曹學佺編《石倉歷代詩選》卷四百五十五著錄此詩，題為《春日遊齊山》；明・王崇撰《（嘉靖）池州府志》卷八雜著篇上著錄此詩，題為《遊齊山》。

其二

倦鳥投枝已亂飛，林間暝色漸霏微〔一〕。春山日暮成孤坐〔二〕，遊子天涯正憶歸。古洞濕雲含宿雨〔三〕，碧溪明月弄清暉。桃花不管〔四〕人間事，只笑山人未拂衣。

【校注】

〔一〕霏微：霧雨瀰漫朦朧的樣子。唐・杜甫《曲江對酒》：「苑外江頭坐不歸，水精宮殿轉霏微。」

〔二〕孤坐：獨自宴坐。唐・釋皎然《五言杼山禪居寄贈東溪吳處士馮一首》：「為君中夜起，孤坐石上月。」

〔三〕宿雨：昨夜之雨。唐・張九齡《奉和聖製早發三鄉山行》：「晴雲稍卷寒巖樹，宿雨能銷御路塵。」

〔四〕桃花不管：宋・陸游《春晴二首》其二：「桃花不管詩人老，菖葉空催野叟耕。」

【著錄】

明・曹學佺編《石倉歷代詩選》卷四百五十五著錄此詩，題為《春日遊齊山》；明・王崇撰《（嘉靖）池州府志》卷八雜著篇上著錄此詩，題為《遊齊山》；清・彭孫貽輯《明詩鈔》卷九、清・張豫章輯《四朝詩》卷二十三、清・錢謙益輯《列朝詩集》丙集卷四著錄此詩。

重遊開先寺戲題壁

中丞〔一〕不解了公事，到處看山復尋寺。尚為妻孥〔二〕守俸錢，至今未得休官去。三月開花兩度來，寺僧倦客門未開。山靈似嫌俗士駕〔三〕，溪風攔路吹人回。君不見，富貴中人如中酒，折腰解醒須五斗〔四〕。未妨適意山水間，浮名於我亦何有〔五〕。

【編年】

此詩正德十五年（1520）作於江西九江廬山。束景南《王陽明年譜長編》：「三月二十三日，與巡按江西御史唐龍、朱節往遊東林寺、開先寺，有詩唱酬。」〔註18〕

【校注】

〔一〕中丞：陽明自稱。

〔二〕妻孥：妻子與兒女。《詩經·小雅·棠棣》：「宜爾室家，樂爾妻孥。」

〔三〕俗士駕：庸俗之士的車駕。南朝·齊·孔稚珪《北山移文》：「請廻俗士駕，為君謝逋客。」

〔四〕此句用陶潛不為五斗米折腰典故。《晉書·陶潛傳》：「素簡貴，不私事上官。郡遣督郵至縣，吏白應束帶見之，潛歎曰：『吾不能為五斗米折腰，拳拳事鄉里小人邪！』義熙二年，解印去縣。」

〔五〕浮名於我亦何有：宋·王洋《陳長卿侍郎以玉友末利見餉並示長言已酬再示一篇再此次韻》：「浮名於我亦何有，不愛熱官能炙手。」

【和詩】

明·唐龍《漁石集》卷三《開先寺次陽明韻二首》

其一

雞鳴起了官中事，清閒騎馬看山寺。纔過石橋僧出迎，屢穿松逕鶴不去。白浦新從湖上來，巖前對坐木樨開。肺渴吸盡龍池波，共乘明月清歌回。君不見，淵明歸來日漉酒，彼豪空負印如斗。太虛之上一點雲，朝聚暮散倏無有。

其二

老僧苦修方外事，焚香誦經不出寺。巖上白雲招即至，巖下蒼鹿逐

不去。青驄偶為尋幽來，松花寂寂山門開。直上香爐瞰彭蠡，大風滿面翻吹回。彭蠡之水白於酒，落星之臺大於斗。借問老僧何所歸，直指天地無何有。

【著錄】

清·宋犖《西陂類稿》卷二十六、清·毛德琦撰《廬山志》卷五山川分紀四、清·謝旻修《雍正江西通志》卷一百五十一、清·錢謙益輯《列朝詩集》卷四十三、清·張豫章輯《四朝詩》明詩卷四十三著錄此詩。

賈胡行

賈胡得明珠，藏珠剖其軀。珠藏未能有，此身已先無。輕己重外物〔一〕，賈胡一何愚！請君勿笑賈胡愚，君今奔走聲利途〔二〕。鑽求富貴未能得，役精勞形骨髓枯。竟日惶惶憂毀譽〔三〕，終宵惕惕〔四〕防艱虞〔五〕。一日僅得五升米，半級仍甘九族誅。胥靡〔六〕接踵略無悔，請君勿笑賈胡愚。

【編年】

此詩疑正德十五年（1520）作於江西，具體地點待考。

賈胡：西域或邊疆商人。《後漢書·李恂傳》：「恂奉公不阿，為憲所奏免。後復徵拜謁者，使持節領西域副校尉。西域殷富，多珍寶，諸國侍子及督使賈胡數遺恂奴婢、宛馬、金銀、香罽之屬，一無所受。」李賢注：「賈胡，胡之商賈也。」

【校注】

〔一〕輕己重外物：關於己身與外物的正確處理關係應該是重己輕物，如宋·陸游《往在都下時與鄒德章兵部同居百官宅無日不相從僕來佐豫章而德章亦謫高安感事述懷作歌奉寄》：「故交一作霜葉散，外物已付秋毫輕。」《幽居春晚二首》其一：「故山雖愧收身晚，外物元如脫髮輕。」賈胡卻反其道而行之，故陽明嘆其為愚。

〔二〕聲利途：生命利益之歧路。唐·吳筠《遊仙二十四首》其十七：「眇彼埃塵中，爭奔聲利途。」

〔三〕毀譽：詆毀與讚譽。《管子·形勢》：「訾訾之人得用，則人主之明蔽，而毀譽之言起。任之大事，則事不成而禍患至。」

〔四〕終宵惕惕：《周易・乾卦》：「九三，君子終日乾乾，夕惕若，厲無咎。」

〔五〕艱虞：艱難與憂患。《北齊書・封隆之》：「封公積德履仁，體通性達。自出納軍國垂二十年，契闊艱虞，始終如一。」

〔六〕胥靡：奴隸或囚犯的別稱。《墨子・天志下》：「不格者則係操而歸，大夫以為僕、圉、胥靡。」

送邵文實方伯致仕

君不見塒下鷄〔一〕，引類呼群啄且啼。稻粱已足脂漸肥，毛羽脫落充庖廚。又不見籠中鶴〔二〕，歛翼垂頭困牢落〔三〕。籠開一旦入層雲，萬里翺翔從廖廓。人生山水須認真，胡為利祿纏其身？高車駟馬盡桎梏，雲臺〔四〕麟閣〔五〕皆埃塵。鴟夷〔六〕抱恨浮江水，何似乘舟逃海濱〔七〕。舜水龍山予舊宅，讓公且作煙霞伯。拂衣便擬逐公回，為予先掃峰頭石。

【編年】

此詩疑正德十五年（1520）作於江西，具體地點待考。

邵文實：邵薔。明・凌迪和《萬姓統譜》卷一百三：「邵薔，字文實，餘姚人。由進士弘治間任通州知州，溫雅明達，煦煦愛民，政舉民懷，陞刑部員外郎，累官四川布政使。」

《明實錄》卷一百八十七：「正德十五年六月二十六日，吏部會都察院考察天下官員，不謹：為布政使翁茂南、邵薔，參政熊桂，副使陳鼎、蔡需、陳璧、史良佐、吳便、陳邦器、劉伯秀，僉事劉藍、閻欽、盧楫、趙鶴、田荊，知府王雲、方學、王材、張元春、徐有、蔣弼、趙忠、唐夔、王崧、趙忠、唐夔、王崧、鄭選、李吉、張景暘、向錦，運使黃閱古、薛鎣等四百四十人。」據此可知，邵薔乃是未能通過正德十五年官員考察，被免職或勒令致仕。

【校注】

〔一〕塒下鷄：《詩經・王風・君子于役》：「雞棲于塒，日之夕矣。羊牛下來，君子于役，如之何勿思。」

〔二〕籠中鶴：唐・元稹《別毅郎》：「傷心自比籠中鶴，剪盡翅翎愁到身。」

〔三〕牢落：孤獨落寞。陸機《文賦》：「心牢落而無偶，意徘徊而不能揥。」

〔四〕雲臺：永平年間，漢明帝圖畫前世功臣鄧禹等二十八人於南宮雲臺，以表彰

其功勛。《後漢書》卷五十二《朱景王杜馬劉傅堅馬列傳》：「永平中，顯宗追感前世功臣，乃圖畫二十八將於南宮雲臺。其外又有王常、李通、竇融、卓茂，合三十二人。故依其本第繫之篇末，以志功臣之次云爾。太傅高密侯鄧禹、中山太守全椒侯馬成、大司馬廣平侯吳漢、河南尹阜成侯王梁、左將軍膠東侯賈復、琅邪太守祝阿侯陳俊、建威大將軍好時侯耿弇、驃騎大將軍參蓬侯杜茂、執金吾雍奴侯寇恂、積弩將軍昆陽侯傅俊、征南大將軍舞陽侯岑彭、左曹合肥侯堅鐔征西大將軍陽夏侯馮異、上谷太守淮陽侯王霸、建義大將軍鬲侯朱祐、信都太守阿陵侯任光、征虜將軍潁陽侯祭遵、豫章太守中水侯李忠、驃騎大將軍櫟陽侯景丹、右將軍槐里侯萬脩、虎牙大將軍安平侯蓋延、太常靈壽侯邳彤、衛尉安成侯銚期、驍騎將軍昌成侯劉植、東郡太守東光侯耿純、橫野大將軍山桑侯王常、城門校尉朗陵侯臧宮、大司空固始侯李通、捕虜將軍揚虛侯馬武、大司空安豐侯竇融、驃騎將軍慎侯劉隆、太傅宣德侯卓茂。」

〔五〕麟閣：甘露三年（公元前 51 年），漢宣帝令人圖畫功臣十一人於麒麟閣，以表彰其功勛。《漢書》卷五十四《李廣蘇建傳》：「甘露三年，單于始入朝。上思股肱之美，廼圖畫其人於麒麟閣，法其形貌，署其官爵姓名。唯霍光不名曰大司馬大將軍博陸侯姓霍氏、次曰衛將軍富平侯張安世、次曰車騎將軍龍額侯韓增、次曰後將軍營平侯趙充國、次曰丞相高平侯魏相、次曰丞相博陽侯丙吉、次曰御史大夫建平侯杜延年、次曰宗正陽城侯劉德、次曰少府梁邱賀、次曰太子太傅蕭望之、次曰典屬國蘇武。皆有功德，知名當世，是以表而揚之，明著中興輔佐，列於方叔、召虎、仲山甫焉。」

〔六〕鴟夷：范蠡的別稱。《史記‧越王勾踐世家》：「范蠡浮海出齊，變姓名，自謂鴟夷子皮。」司馬貞《史記索隱》：「范蠡自謂也。以吳王殺子胥而盛以鴟夷，今蠡自以有罪，故為號也。韋昭曰：鴟夷，革囊也。或曰生牛皮也。」

〔七〕何似乘舟逃海濱：《史記‧越王勾踐世家》：「范蠡浮海出齊，變姓名，自謂鴟夷子皮。耕於海畔，苦身戮力，父子治產，居無幾何，致產數千萬。齊人聞其賢，以為相，范蠡喟然嘆曰：『居家則致千金，居官則至卿相，此布衣之極也。久受尊名，不祥。』乃歸相印，盡散其財以分與知友鄉黨，而懷其重寶，間行以去，止於陶。」

【著錄】

明‧曹學佺編《石倉歷代詩選》卷四百五十五著錄此詩。

紀夢並序

正德庚辰〔一〕八月廿八夕，臥小閣，忽夢晉忠臣郭景純〔二〕氏以詩示予，且極言王導之奸，謂世之人徒知王敦之逆，而不知王導實陰主之。其言甚長，不能盡錄。覺而書其所示詩於壁，復為詩以紀其略。嗟乎！今距景純若干年矣，非有實惡深冤鬱結而未暴，寧有數千載之下尚懷憤不平是者耶！

秋夜臥小閣，夢遊滄海濱。海上神仙不可到，金銀宮闕高嶙峋。中有仙人芙蓉巾〔三〕，顧我宛若平生親。欣然就語下煙霧，自言姓名郭景純。攜手歷歷訴衷曲，義憤感激難具陳。切齒尤深怨王導，深奸老猾長欺人。當年王敦覬神器〔四〕，導實陰主相綠黃。不然三問三不答，胡忍使敦殺伯仁〔五〕？寄書欲拔太真舌〔六〕，不相為謀敢爾云。敦病已篤事已去，臨哭嫁禍復賣敦〔七〕。事成同享帝王貴，事敗仍為顧命臣。幾微隱約亦可見，世史掩覆多失真。袖出長篇再三讀，覺來字字能書紳〔八〕。開膠試抽晉史閱，中間事迹頗有因。因思景純有道者，世移事往千餘春。若非精誠果有激，豈得到今猶憤嗔。不成之語以筮戒〔九〕，敦實氣沮竟殞身〔十〕。人生生死亦不易，誰能視死如輕塵？燭微先幾炳《易》道，多能餘事非所論。取義成仁忠晉室，龍逢〔十一〕龔勝〔十二〕心可倫。是非顛倒古多有，吁嗟景純終見伸。御風騎氣遊八垠，彼敦之徒，草木糞土臭腐同沉淪！

我昔明《易》道，故知未來事〔十三〕。時人不我識，遂傳軌一技。一思王導徒，神器良久覬。諸謝〔十四〕豈不力，伯仁見其底。所以敦者傭，罔顧天經與地義。不然百口未負托，何忍置之死〔十五〕！我於斯時知有分，日中斬柴市。我死何足悲，我生良有以。九天一人撫膺哭，晉室諸公亦可恥。舉目山河徒嘆非，攜手登亭空灑淚〔十六〕。王導真奸雄，千載人未議。偶感君子談中及，重與寫真記。固知倉卒不成文，自今當與頻謔戲。倘其為我一表揚，萬世萬世萬萬世。

右晉忠臣郭景純自述詩，蓋予夢中所得者，因表而出之。

【編年】

此詩正德十五年（1520）八月作於江西贛州。

關於此詩之本事，代表性的觀點主要有以下三種：

　　第一，最先注意到王陽明《紀夢》詩本事的是清末民初學者余重耀，他在《陽明先生傳纂》一書中說：「按此篇與下《火秀宮》詩，均托夢遊，以寄其嫉邪刺讒之意。與黃樓聽濤，夢見子瞻，同一微旨，無可疑者，但借王茂弘以斥奸為可異耳。」〔註19〕

　　第二，日本學者岡田武彥《王陽明大傳》認為王陽明同情郭璞遭遇、揭露王導奸詐可能是受其良知影響，是一種自覺地道德批判行為，並沒有其他創作意圖。當然，他也並不反對余重耀的觀點，他說：「王陽明身為王家子孫，卻假借托夢之舉對祖先提出批判，這種行為是不可思議的。當時的王陽明已經歷經千難萬險，『良知』說的思想也已顯現出雛形。王陽明批判祖先王導，可能是他僅憑『良知』所做出的一種舉動，並沒有其他意圖。對此，一些學者有不同意見。曾著有《陽明先生傳纂》的余重耀先生認為，王陽明這是在借古諷今，假借托夢來諷刺奸邪讒佞之人。這種說法也不無道理。王陽明作為一名忠臣，對向武宗進獻讒言的小人肯定充滿憤懣，《紀夢》一詩也許是為了表達這一層意思。」〔註20〕

　　第三，束景南、李慶比較明確地指出了詩中人物的真實身份，即王敦為朱宸濠，王導為張忠、許泰、江彬、陸完，郭璞為王陽明、冀元亨。

　　束景南《王陽明年譜長編》曰：「此所謂夢中郭景純所示詩，實非郭景純作，而為陽明自作詩，其詭托為夢中郭景純作，乃是其一貫之手法，一如當年偽造《遊海詩》、《絕命詞》也。宸濠反，張忠、許泰為奸，陽明被謗，冀元亨忠而被冤死，與當年王敦起兵反，王導陰主為奸，周顗（伯仁）義而被殺，郭景純忠而被戮，何其相似乃爾。陽明此詩中隱以王敦比宸濠，以王導比張忠、江彬、許泰之流，以郭景純比冀元亨，其詩所寓意真意昭然若揭矣。按『景純』與『惟乾』義近，陽明作此詩，正與其上《諮六部伸理冀元亨》同時，此詩所雲與《諮六部伸理冀元亨》所述如出一轍，對讀可明也。」〔註21〕

　　李慶《讀王陽明〈紀夢〉詩》曰：「《紀夢》詩，寫的是王敦這樣的謀反者和朝廷當權者的關係，可使人聯想到張忠、許泰、陸完等一大批朝中權貴與謀反的寧王宸濠暗中勾結的情況。或許還有把冀元亨等當時仍在蒙冤者，乃

〔註19〕余重耀《陽明先生傳纂》，中華書局，1924年版，第2頁。
〔註20〕岡田武彥《王陽明大傳：知行合一的心學智慧》，重慶出版社，2015年版，第28頁。
〔註21〕束景南《王陽明年譜長編》，上海古籍出版社，2017年版，第1320頁。

－414－

至自己本身，比作古代受冤屈的郭景純的可能。所謂『夢中所得』的『郭景純《自述》詩』，恐怕也係王守仁假託郭璞之作。是借晉朝的歷史，借用所謂郭璞之口，對於朝廷中的現實，表達自己的看法。」〔註22〕

　　筆者對以上三種觀點的取捨情況是，認同《紀夢》是批判正德朝奸佞小人之作，也認同王敦所指的是叛王朱宸濠，但是不認同束景南和李慶對奸佞小人的具體考證，也不認為郭璞所指為冀元亨，王導為張忠、許泰、江彬、陸完。筆者認為，詩中所言王導所指為楊廷和，郭璞為孫燧。該詩是借助王導譏刺內閣首輔楊廷和之奸偽，借助郭璞頌揚江西巡撫孫燧之忠貞。詳參筆者所撰《王陽明〈紀夢〉詩本事新考》。

【校注】

〔一〕正德庚辰：正德十五年（1520）。

〔二〕郭景純：《晉書·郭璞傳》曰：「郭璞，字景純，河東聞喜人也。」

〔三〕芙蓉巾：道教服飾。《太平御覽》卷六百七十五徵引《登真隱訣》曰：「玉女戴紫巾，又戴紫華、芙蓉巾及金精巾、飛巾、虎文巾、金巾。」

〔四〕當年王敦覬神器：晉元帝永昌元年（322）正月，王敦起兵謀反。《晉書·元帝紀》曰：「永昌元年春正月乙卯，大赦，改元。戊辰，大將軍王敦舉兵於武昌，以誅劉隗為名，龍驤將軍沈充帥眾應之。」

〔五〕不然三問三不答，胡忍使敦殺伯仁：周顗，此二句詩是言王敦謀反之時，曾經咨詢過王導如何處置周顗，王敦接連問了三個問題，尤其是王敦問是否殺掉周顗時，王導依然不置可否，以至於周顗被殺害。周顗之死，王導難辭其咎，更何況在王導遭難時，周顗還曾經挽救過王導，所以王導也有恩將仇報、忘恩負義之嫌。《晉書·周顗傳》曰：「周顗，字伯仁，安東將軍浚之子也。……初，敦之舉兵也，劉隗勸帝盡除諸王，司空導率群從詣闕請罪。值顗將入，導呼顗謂曰：『伯仁，以百口累卿！』顗直入不顧。既見帝，言導忠誠，申救甚至，帝納其言。顗喜飲酒，致醉而出。導猶在門，又呼顗。顗不與言，顧左右曰：『今年殺諸賊奴，取金印如斗大繫肘。』既出，又上表明導，言甚切至。導不知救己，而甚銜之。敦既得志，問導曰：『周顗、戴若思，南北之望，當登三司，無所疑也。』導不答。又曰：『若不三司，便應令僕邪？』又不答。敦曰：『若不爾，正當誅爾。』導又無言。導後料檢中書故事，見顗

表救己，殷勤欸至，導執表流涕，悲不自勝，告其諸子曰：『吾雖不殺伯仁，伯仁由我而死。幽冥之中，負此良友！』」

〔六〕寄書欲拔太真舌：溫嶠。《晉書·溫嶠傳》曰：「溫嶠，字太真，司徒羨弟之子也。……嶠得還都，乃具奏敦之逆謀，請先為之備。及敦構逆，加嶠中壘將軍、持節、都督東安北部諸軍事。敦與王導書曰：『太真別來幾日，作如此事！』表誅姦臣，以嶠為首。募生得嶠者，當自拔其舌。」

〔七〕敦病已篤事已去，臨哭嫁禍覆賣敦：《晉書·王導傳》曰：「王敦又舉兵內向。時敦始寢疾，導便率子弟發哀，眾聞，謂敦死，咸有奮志。」

〔八〕書紳：書寫在紳帶上。《論語·衛靈公》：「子張問行。子曰：『言忠信，行篤敬，雖蠻貊之邦，行矣。言不忠信，行不篤敬，雖州里，行乎哉？立則見其參於前也，在輿則見其倚於衡也，夫然後行。』子張書諸紳。」

〔九〕不成之語以筮戒：《晉書·郭璞傳》曰：「敦將舉兵，又使璞筮。璞曰：『無成。』敦固疑璞之勸嶠、亮，又聞卦凶，乃問璞曰：『卿更筮吾壽幾何？』答曰：『思向卦，明公起事，必禍不久。若往武昌，壽不可測。』敦大怒曰：『卿壽幾何？』曰：『命盡今日日中。』敦怒，收璞，詣南崗斬之。」

〔十〕敦實氣沮竟殞身：郭璞的占卜結果嚴重打擊了王敦謀逆的銳氣，王敦之死與此不無關聯。

〔十一〕龍逢：關龍逢，夏朝忠臣，因進諫夏桀被殺。《莊子·胠篋》：「昔者龍逢斬，比干剖，萇弘胣，子胥靡，故四子之賢而身不免乎戮。」《冊府元龜》卷五百三十四曰：「夏關龍逢事桀，桀為酒池，足以運舟，糟丘足以望。七里一鼓之，而牛飲者三千人。關龍逢進諫曰：『為人君，身行禮義，愛人節財，故國安而身壽也。今君用財若毋盡，用人若恐不能死。不革，天禍必降，而誅必至矣。君其革之。』立而不去朝，桀因囚拘之。君子聞之，曰：『未之，命矣夫！』」

〔十二〕龔勝：漢代忠臣，王莽篡漢，絕食而死。《漢書·龔勝傳》曰：「莽既篡國，遣五威將帥行天下風俗，將帥親奉羊酒存問勝。明年，莽遣使者即拜勝為講學祭酒，勝稱疾不應徵。後二年，莽復遣使者奉璽書，太子師友祭酒印綬，安車駟馬迎勝，即拜，秩上卿，先賜六月祿直以辦裝，使者與郡太守、縣長吏、三老官屬、行義諸生千人以上入勝里致詔。使者欲令勝起迎，久立門外。勝稱病篤，為床室中戶西南牖下，東首加朝服拕紳。使者入戶，西行南面立，致詔付璽書，遷延再拜奉印綬，內安車駟馬，進謂勝曰：『聖朝未嘗忘君，制

作未定，待君為政，思聞所欲施行，以安海內。』勝對曰：『素愚，加以年老被病，命在朝夕，隨使君上道，必死道路，無益萬分。』使者要說，至以印綬就加勝身，勝輒推不受。使者即上言：『方盛夏暑熱，勝病少氣，可須秋涼迺發。』有詔許。使者五日一與太守俱問起居，為勝兩子及門人高暉等言：『朝廷虛心待君以茅土之封，雖疾病，宜動移至傳舍，示有行意，必為子孫遺大業。』暉等白使者語，勝自知不見聽，即謂暉等：『吾受漢家厚恩，亡以報，今年老矣，旦暮入地，誼豈以一身事二姓，下見故主哉？』勝因敕以棺斂喪事：『衣周於身，棺周於衣。勿隨俗動吾家，種柏，作祠堂。』語畢，遂不復開口飲食，積十四日死，死時七十九矣。」

〔十三〕我昔明《易》道，故知未來事：根據《晉書》記載，郭璞精通占筮，可預知將來之事。

〔十四〕諸謝：謝氏家族。

〔十五〕不然百口未負托，何忍置之死：見本詩注〔三〕，指周顗營救了王導家族百餘口人，王導在周顗被殺時卻不援救，恩將仇報，遂致周顗被被殺。

〔十六〕攜手登亭空灑淚：此句用新亭對泣典故。《晉書·王導傳》曰：「過江人士，每至暇日，相要出新亭飲宴。周顗中坐而嘆曰：『風景不殊，舉目有江山之異。』皆相視流涕。惟導愀然變色曰：『當共戮力王室，克復神州，何至作楚囚相對泣邪！』眾收淚而謝之。」

【集評】

明·楊慎《升庵集》卷四十九《陽明紀夢詩》：「慎嘗反復《晉書》目王導為叛臣，頗為世所駭異。後見崔後渠《松窗雜錄》亦同余見。近讀陽明《紀夢》詩，尤為卓識真見，自信鄙說之有稽而非謬也。」

清·袁枚《隨園詩話》卷六：「《王陽明集》中云：『正德庚辰八月夢見郭璞，極言王導姦邪在王敦之上。』故公詩責導云：『事成同享帝王貴，事敗仍為顧命臣。』璞亦有詩云：『倘其為我一表揚，萬世萬世萬萬世。』余按此說與蘇子瞻夢中人告以唐楊綰之好殺，陶貞白《真誥》言晉太尉郗鑒之貪酷，皆與史冊相反。」

清·袁枚《隨園隨筆》卷二十三《真誥言郗鑒王陽明文集述郭璞語皆與正史不符》：「《陽明文集》載某月日夢郭璞來見，極言王導之姦邪倍於王敦，正史為其所欺，賦詩一章而退陽明亦賦詩和之，特存集中，以示後世。余按此等虛渺疑案，往往有之。陶氏《真誥》言晉郗太尉鑒之殺人家口，取其家

財。《東坡志林》言唐楊綰之好殺。二人皆賢者，何以得此異論！」

無題

巖頭有石人〔一〕，為我下嶙峋〔二〕。腳踏破履五十兩，身披舊衲四十斤。任重致遠香象力〔三〕，餐霜坐雪金剛身〔四〕。夜寒雙虎與溫足，雨後禿龍來伴宿。手握頑磚鏡未光〔五〕，舌底流泉梅未熟〔六〕。夜來拾得遇寒山〔七〕，翠竹黃花〔八〕好共看。同來問我安心法，還解將心與汝安〔九〕。

【編年】

此詩正德十五年（1520）作於安徽青陽九華山。

明·顧元鏡《九華山志》卷五著錄此詩，題為《送周經和尚》，可知該詩即為送周經和尚而作。

【校注】

〔一〕石人：周經和尚。

〔二〕嶙峋：聳立峻峭的巖石。《漢書·揚雄傳》：「岭嶒嶙峋，洞無涯兮。」

〔三〕香象力：佛教用語，比喻如香象一般直達終極境界的定力。《優婆塞戒經》卷一：「如恆河水，三獸俱渡一，兔、馬、香象。兔不至底，浮水而過；馬或至底，或不至底；象則盡底。」

〔四〕金剛身：佛教用語，指護法力士。《大唐三藏取經詩話》上：「法師與猴行者不免進上寺門歇息。見門下左右金剛，精神猛烈，氣象生獰。」

〔五〕手握頑磚鏡未光：此句用南嶽懷讓禪師點撥馬祖道一公案。宋·釋普濟《五燈會元》卷三：「開元中，有沙門道一在衡嶽山，常習坐禪。師知是法器，往問曰：『大德坐禪，圖甚麼？』一曰：『圖作佛。』師乃取一甎於彼庵前石上磨，一曰：『磨作甚麼？』師曰：『磨作鏡。』一曰：『磨甎豈得成鏡邪？』師曰：『磨甎既不成鏡，坐禪豈得作佛？』一曰：『如何即是？』師曰：『如牛駕車，車若不行，打車即是，打牛即是？』一無對。師又曰：『汝學坐禪，為學坐佛。若學坐禪，禪非坐臥。若學坐佛，佛非定相。於無住法，不應取捨。汝若坐佛，即是殺佛。若執坐相，非達其理。』一聞示誨，如飲醍醐。」

〔六〕舌底流泉梅未熟：此句用明州大梅山法常禪師公案。宋·釋普濟《五燈會元》卷三：「大寂聞師住山，乃令僧問：『和尚見馬大師，得箇甚麼，便住此山？』師曰：『大師向我道即心是佛，我便向此處住。』僧曰：『大師近日佛法又別。』

師曰：『作麼生？』曰：『又道非心非佛。』師曰：『這老漢惑亂人未有了日。任他非心非佛，我祇管即心即佛。』其僧回舉似馬祖，祖曰：『梅子熟也。』龐居士聞之，欲驗師實，特去相訪，纔相見，士便問：『久嚮大梅，未審梅子熟也未？』師曰：『熟也。你向甚麼處下口？』士曰：『百雜碎。』師伸手曰：『還我核子來。』士無語。」

〔七〕夜來拾得遇寒山：拾得、寒山，唐代高僧。

〔八〕翠竹黃花好共看：此句用大珠慧海禪師公案。宋‧釋普濟《五燈會元》卷三：「馬鳴祖師云：『所言法者，謂眾生心。若心生，故一切法生；若心無生，法無從生，亦無名字迷人。不知法身無象，應物現形，遂喚青青翠竹，總是法身；鬱鬱黃華，無非般若。黃華若是般若，般若即同無情。翠竹若是法身，法身即同草木。』」

〔九〕同來問我安心法，還解將心與汝安：此二句用達摩祖師點撥慧可公案。宋‧釋普濟《五燈會元》卷一：「可曰：『我心未寧，乞師與安。』祖曰：『將心來，與汝安。』可良久曰：『覓心了不可得。』祖曰：『我與汝安心竟。』」

【著錄】

明‧顧元鏡《九華山志》卷五著錄此詩，題為《送周經和尚》。

遊落星寺

女媧煉石補天漏，璇璣〔一〕晝夜無停走。自從墮卻玉衡星〔二〕，至今七政〔三〕迷前後。渾儀〔四〕晝夜徒揣摩，敬授人時〔五〕亦何有。玉衡墮卻此湖中，眼前誰是補天手。

【編年】

此詩正德十五年（1520）作於江西南康。

落星寺：《雍正江西通志》卷一百十三：「落星寺，一名法安院，在（南康）府南三里落星石上。唐乾寧間，僧清隱建。天祐間，賜額為福星龍安院，已廢。」

【校注】

〔一〕璇璣：北斗星的前四顆星，也叫魁星。《楚辭‧王逸〈九思‧怨上〉》：「謠吟兮中野，上察兮璇璣。」洪興祖《楚辭補注》：「北斗魁四星為璇璣。」

〔二〕玉衡星：北斗星的第五顆星。《晉書‧天文志》：「魁四星為璇璣，杓三星為玉

衡。又曰斗為人君之象，號令之主也；又為帝車，取乎運動之義也。又魁第一
星曰天樞，二曰璇，三曰璣，四曰權，五曰玉衡，六曰開陽，七曰搖光。」

〔三〕七政：日月和金、木、水、火、土五星。《尚書‧虞書》：「正月上日，受終于
文祖，在璿璣玉衡，以齊七政。」孔安國傳：「七政，日月五星各異政，舜察
天文，齊七政，以審已當天心與否。」

〔四〕渾儀：張衡發明的觀測天象的儀器，也稱渾天儀。《後漢書‧張衡傳》：「遂乃
研覈陰陽，妙盡璇璣之正，作渾天儀。」

〔五〕敬授人時：鄭重其事的將曆法頒布給百姓，使百姓掌握時令變化，不耽誤農耕
之事。《尚書‧堯典》：「乃命羲和，欽若昊天，曆象日月星辰，敬授人時。」

【著錄】

清‧謝旻修《雍正江西通志》卷一百五十一著錄此詩。

遊通天巖示鄒陳二子

鄒陳二子皆好遊，一往通天十日留。候之來歸久不至，我亦乘興聊
尋幽。巖扉日出雲氣浮，二子晞髮〔一〕登巖頭。谷轉始聞人語響〔二〕，
蒼壁杳杳長林秋。嗒然〔三〕坐我亦忘去，人生得休且復休。採芝共約陽
明麓，白首無慚黃綺儔。

【編年】

此詩正德十五年（1520）八月作於江西贛州。束景南《王陽明年譜長編》
曰：「（正德十五年）八月八日，鄒守益、陳九川邂居通天巖，遂攜弟子往遊通
天巖，多有唱酬。」〔註23〕束景南所據材料為鄒守益《東巖題刻》：「安成鄒
守益、臨汝陳九川受學陽明先生，閒坐通天巖，陰晴變態，林霏異觀，相與歷
覽往古之蹤，盡窮巖之勝，發秘扁名，升高望遠，逸興不窮，客至，坐石詠
觴，刻之洞口，陶然自適，不知天地之為大，而巖谷之非家也。凡浹旬而歸。……
正德庚辰八月八日。」（《贛石錄》卷二）〔註24〕

通天巖：《雍正江西通志》卷十三曰：「通天巖，在府城西二十里，空洞
如屋，有穴透其巔，怪石環列如屏。宋秘書陽孝本隱此，人呼玉巖翁，有祠在
焉，東坡詩鐫石上。其半壁曰忘歸巖，明王文成有詩。穿心、龍虎、翠微諸巖

〔註23〕束景南《王陽明年譜長編》，第 1310 頁。
〔註24〕束景南《王陽明年譜長編》，第 1310 頁。

皆在其處。」

　　鄒陳二子：指鄒守益、陳九川。

【校注】

〔一〕晞髮：曬乾頭髮，喻指超凡脫俗的行為。《楚辭・九歌・少司命》：「與女沐兮
　　　　咸池，晞女髮兮陽之阿。」宋・蘇軾《留別金山寶覺圓通二長老》：「艤舟北
　　　　岸何時渡？晞髮東軒未肯忙。」

〔二〕人語響：唐・王維《鹿柴》：「空山不見人，但聞人語響。」

〔三〕嗒然：物我兩忘的灑脫神態。唐・盧照鄰《命曰》：「於是乎嗒然而喪其偶，
　　　　倏爾而失其知。」

青原山次黃山谷韻

　　恣觀歷州郡，驅馳〔一〕倦風埃〔二〕。名山特乘暇，林壑盤縈廻。雲
石緣欹迤，夏木深層隈。仰窮嵐霏〔三〕際，始覿臺殿開。衣傳西竺舊，
構遺唐宋材。風松溪溜急，湍響空山哀。妙香隱玄洞，僧屋懸穹崖。扳
依儼龍象，陟降臨緯階。飛泉瀉靈竇，曲檻連雲樉。我來慨遺迹，勝事
多湮埋。邈矣西方教〔四〕，流傳遍中垓。如何皇極〔五〕化，反使吾人猜。
剝陽〔六〕幸未絕，生意存枯荄〔七〕。傷心眼底事，莫負生前盃。煙霞有
本性，山水乞歸骸〔八〕。崎嶇羊腸坂，車輪幾傾催。蕭散麋鹿伴，澗谷
終追陪。恬愉返真澹，間寂辭喧豗。至樂發天籟，絲竹謝淫哇〔九〕。千
古自同調〔十〕，豈必時代偕。珍重二三子，茲遊非偶來。且從山叟宿，
勿受役夫催。東峰上煙月，夜景方徘徊。

【編年】

　　此詩正德十五年（1520）作於安徽青陽九華山。

　　明・鄒守益《王陽明先生圖譜》：「（正德十五年）六月，按吉安。吉安鄉
士夫趨而會，乃宴於文山祠。復偕僉事李素及伍希儒、鄒守益遊青原山，推
官王暐具碑以請和黃山谷韻。親登於石。論抗許泰等事及馭邊顛末，曰：『這
一段勞苦，更勝起義師時。』」

　　黃山谷韻，黃庭堅《次韻周法曹遊青原山寺》：「市聲故在耳，一原謝塵
埃。乳竇響鐘磬，翠峰麗昭回。俯看行磨蟻，車馬度城隈。水猶曹溪味，山自
思公開。浮圖踞金碧，廣廈構環材。蟬蛻三百年，至今猿鳥哀。禪印平如水，
偈句非險崖。心花照十方，初不落梯堦。我行暝託宿，夜雨滴華樉。殘僧四五

輩，法筵歎塵埋。石頭麟一角，道價直九垓。廬陵米貴賤，傳與後人猜。曉躋
上方上，秋塍亂其荄。寒藤上老木，龍蛇委筋骸。魯公大字石，筆勢欲崩摧。
德人曩來遊，頗有嘉客陪。憶當擁旌旗，千騎相排豗。且復歌舞隨，絲竹寫煩
哇。事如飛鴻去，名與南斗偕。松竹吟高丘，何時更能來？回首翠微合，于役
王事催。猿鶴一日雅，重來尚徘徊。」

【校注】

〔一〕驅馳：為國奔走效力。《三國志・蜀志・諸葛亮傳》：「三顧臣於草廬之中，諮
臣以當世之事，由是感激，遂許先帝以驅馳。」唐・白居易《代書詩一百韻
寄微之》：「東垣君諫諍，西邑我驅馳。」

〔二〕風埃：仕宦官場。宋・王安石《到家》：「五年羈旅倦風埃，舊里依然似夢
回。」

〔三〕嵐霏：山嵐間的雲霧。宋・陳造《登龍泉山》：「佛閣翬飛最高處，遠近嵐霏
隨指顧。」

〔四〕西方教：佛教。隋・王通《文中子・周公篇》：「或問佛，子曰：『聖人也！』
曰：『其教如何？』曰：『西方之教也。中國則泥軒不可以適越，冠冕不可以
之胡，古之道也。』」唐・韓愈《送惠師》：「吾非西方教，憐子狂且醇。」

〔五〕皇極：帝王統治天下的大中至正之道。《尚書・洪範》：「五，皇極，皇建其有
極。」孔穎達疏：「皇，大也；極，中也。施政教，治下民，當使大得其中，
無有邪僻。」

〔六〕剝陽：《周易・剝卦》下卦為坤，上卦為艮，上九孤陽，下五爻為陰爻，有群
陰剝蝕一陽之象。

〔七〕枯荄：乾枯的草根。晉・潘岳〈悼亡詩〉之三：「落葉委埏側，枯荄帶墳隅。」
李善注引《方言》：「荄，根也。」

〔八〕煙霞有本性，山水乞歸骸：此二句用田遊巖典故。《舊唐書》卷一百九十二《隱
逸列傳・田遊巖》：「田遊巖，京兆三原人也。初補太學生，後罷歸，遊於太
白山，每遇林泉會意，輒留連不能去。其母及妻子並有方外之志，與遊巖同
遊山水二十餘年。後入箕山，就許由廟東築室而居，自稱許由東鄰。調露中，
高宗幸嵩山，遣中書侍郎薛元超就問其母，遊巖山衣田冠出拜，帝令左右扶
止之，謂曰：『先生養道山中，比得佳否？』遊巖曰：『臣泉石膏肓，煙霞痼
疾，既逢聖代，幸得逍遙。』帝曰：『朕今得卿，何異漢獲四皓乎？』薛元超
曰：『漢高祖欲廢嫡立庶，黃綺方來，豈如陛下崇重隱淪，親問巖穴？』帝甚

歡，因將遊巖就行宮，並家口給傳乘赴都，授崇文館學士，令與太子少傅劉
仁軌談論。帝后將營奉天宮於嵩山，遊巖舊宅先居宮側，特令不毀，仍親書
題額懸其門，曰『隱士田遊巖宅』。文明中，進授朝散大夫，拜太子洗馬。垂
拱初，坐與裴炎交結，特放還山。」

〔九〕淫哇：樂曲詩歌的淫邪之聲。晉‧嵇康〈養生論〉：「目惑玄黃，耳務淫哇。」
　　　李善注：「《法言》曰：『哇則鄭』。李軌曰：『哇，邪也。』」

〔十〕千古自同調：宋‧陸游《宇文子友聞予有西郊尋梅詩以詩借觀次其韻》：「蘭
　　　蓀千古有同調，蜂蝶一春空自忙。」

【和詩】

明‧唐龍《唐漁石集》卷四《次陽明先生遊青原山韻》、明‧鄒守益《鄒
守益集》卷二十五《侍陽明先生遊青原山次韻》。

【著錄】

明‧曹學佺編《石倉歷代詩選》卷四百五十五、明‧余之禎撰《萬曆吉安
府志》卷三十六、清‧謝旻修《雍正江西通志》卷一百四十九著錄此詩。

睡起偶成

四十餘年睡夢中〔一〕，而今醒眼始朦朧。不知日已過停午〔二〕，起向
高樓撞曉鐘〔三〕。起向高樓撞曉鐘，尚多昏睡正懵懵。縱今日暮醒猶得，
不信人間耳盡聾。

【編年】

此詩正德十五年（1520）六月作於江西贛州。束景南《王陽明年譜長編》：
「陽明此詩即自詠其『致良知』之悟，所謂昏睡覺醒，即指『致良知』之覺
醒，與陳九川所記語錄『此處一覺，都自消融』，『知來本無知，覺來本無覺，
然不知遂淪埋』相合，所謂『直從心底究宗元』也。」〔註25〕

【校注】

〔一〕四十餘年睡夢中：喻指四十餘年沉溺於儒學舊說之中，尤其是朱熹哲學的籠
　　　罩，宛如睡夢之中，懵懵懂懂。

〔二〕不知日已過亭午：日過亭午，指一日時光之飛馳，陽明藉此喻指暮年方才徹
　　　悟良知之學。

〔註25〕束景南《王陽明年譜長編》，第1289頁。

〔三〕起向高樓撞曉鐘：撞曉鐘是為了喚醒沉睡的世人，陽明藉此喻指用良知學說教化生徒，使之從朱熹學說中醒悟出來。

立春

　　荒村亂後〔一〕耕牛絕，城郭春來見土牛〔二〕。家業苟存鄉井〔三〕戀，風塵先幸甲兵休。未能布德慚時令〔四〕，聊復題詩寫我憂。為報邊人須遠塞，暫時將帥駐南州〔五〕。

【編年】

　　此詩正德十五年（1520）正月七日作於江西南昌。

【校注】

〔一〕荒村亂後：元末明初・葉顒《至正戊戌九日感懷賦》其二：「荒村亂後愁無酒，野老胸中喜有詩。」

〔二〕土牛：用泥土製的牛。古代在農曆十二月出土牛以除陰氣。後來，立春時造土牛以勸農耕，象徵春耕開始。《禮記・月令》：「（季冬之月）命有司大難，旁磔，出土牛，以送寒氣。」鄭玄注：「土牛者，丑為牛，牛可牽止也。」孫希旦《禮記集解》：「出土牛者，牛為土畜，又以作之，土能勝水，故於旁磔之時，出之於九門之外，以禳除陰氣也。」宋・文天祥《立春》：「祗應四十三年死，兩度無端見土牛。」

〔三〕鄉井：家鄉。唐・顏真卿《宋州官吏八關齋會報德記》：「尚何能保完家室，嬉戲鄉井者乎？」陽明《告諭廬陵父老子弟》：「雖已遣醫生老人分行鄉井，恐亦虛文無實。父老凡可以佐令之不逮者，悉已見告。」

〔四〕未能布德慚時令：中國古代在立春之日，天子命相頒布德教。《禮記・月令》：「立春之日，天子親帥三公、九卿、諸侯、大夫以迎春於東郊，還反賞公、卿、大夫於朝。命相布德，和令，行慶，施惠，下及兆民。慶賜遂行，毋有不當。」

〔五〕南州：指南昌。《後漢書・徐穉傳》：「徐穉，字孺子，豫章南昌人也……及林宗有母憂，穉往弔之，置生芻一束於廬前而去。眾怪，不知其故。林宗曰：『此必南州高士徐孺子也。』」

遊廬山開元寺

　　清晨入谷到斜曛，遍歷青霞躡紫雲〔一〕。閶闔遠從雙劍闢，銀河真

自九天分。驅馳此日原非暇，夢想當年亦自勤。斷擬罷官來駐此，不教林鶴更移文〔二〕。

【編年】

　　此詩正德十五年（1520）三月作於江西廬山。

　　開元寺，唐玄宗開元二十六年，詔天下州郡，各建一大寺，即以紀年為寺號。廬山亦有開元寺。

【校注】

　〔一〕紫雲：古人認為具有祥瑞之相的紫色雲氣。漢・焦贛《易林・履之漸》：「黃帝紫雲，聖且神明，光見福祥，告我無殃。」唐・杜荀鶴《依韻次同年張曙先輩見寄之什》：「笑躡紫雲金作闕，夢拋塵世鐵為船。」

　〔二〕不教林鶴更移文：南朝・齊・孔稚珪《北山移文》：「至於還颩入幕，寫霧出楹，蕙帳空兮夜鶴怨，山人去兮曉猨驚。昔聞投簪逸海岸，今見解蘭縛塵纓。於是南嶽獻嘲，北隴騰笑，列壑爭譏，攢峰竦誚。慨遊子之我欺，悲無人以赴弔。故其林慚無盡，澗愧不歇。秋桂遺風，春蘿罷月。騁西山之逸議，馳東皋之素謁。」

【著錄】

　　清・毛德琦撰《廬山志》卷五山川分紀四著錄此詩，題為《重遊開先寺》。

登小孤〔一〕次陸良弼〔二〕韻

　　看盡東南百二峰，小孤江上是真龍。攀龍我欲乘風去，高躡層霄〔三〕絕世蹤。

【編年】

　　此詩正德十五年（1520）正月作於江西彭澤小孤山。

【校注】

　〔一〕小孤山：《雍正江西通志》卷十二：「小孤山，在彭澤縣北，壁立大江中，一名髻山，取其形似髻也。」

　〔二〕陸良弼：陸相。清・朱彝尊《明詩綜》卷三十一：「陸相，相字良弼，餘姚人。弘治癸丑進士，累官長沙知府，有《吳舫集》。」

　〔三〕層霄：雲氣。宋・蘇軾《西江月・頃在黃州》：「照野瀰瀰淺浪，橫空隱隱層霄。」

月下吟三首

【編年】

此組詩正德十五年（1520）八月作於江西贛州。

其一

露冷天清月更輝，可看遊子倍沾衣。催人歲月心空在，滿眼兵戈事漸非。方朔〔一〕本無金馬〔二〕意，班超惟願玉門歸〔三〕。白頭應倚庭前樹，愧我還期秋又違。

【校注】

〔一〕方朔：東方朔。

〔二〕金馬：即金馬門，漢代未央宮宮門，門旁豎有銅馬，故稱為「金馬門」。《史記・滑稽傳・褚少孫補東方朔傳》：「（東方朔）時坐席中，酒酣，據地歌曰：『陸沉於俗，避世金馬門。宮殿中可以避世全身，必深山之中，蒿廬之下。』金馬門者，宦（者）署門也，門傍有銅馬，故謂之曰『金馬門』。」

〔三〕班超惟願玉門歸：班超，字仲升，扶風平陵人。東漢明帝詩，曾平復西域五十餘國，官至西域都護，封定遠侯。《後漢書・班超傳》：「（班）超自以久在絕域，年老思土。十二年，上疏曰：『臣聞太公封齊，五世葬周，狐死首丘，代馬依風。夫周齊同在中土，千里之間，況於遠處絕域，小臣能無依風首丘之思哉？蠻夷之俗，畏壯侮老。臣超犬馬齒殲，常恐年衰，奄忽僵仆，孤魂棄捐。昔蘇武留匈奴中尚十九年，今臣幸得奉節，帶金銀，護西域，如自以壽終屯部，誠無所恨。然恐後世或名臣為沒西域。臣不敢望到酒泉郡，但願生入玉門關。臣老病衰困，冒死瞽言。謹遣子勇隨獻物入塞，及臣生在，令勇目見中土。』」

【著錄】

明・曹學佺編《石倉歷代詩選》卷四百五十五著錄此詩。

其二

江天月色自清秋，不管人間底許愁。謾擬翠華旋北極〔一〕，正憐白髮倚南樓。狼烽絕塞寒初入，鶴怨空山夜未休〔二〕。莫重三公〔三〕輕一日，虛名真覺是浮漚。

【校注】

〔一〕翠華旋北極：正德十五年閏八月十二日，明武宗聖駕還朝，陽明「不勝喜躍」。《明武宗實錄》卷一百九十：「正德十五年閏八月十二日丁酉，上自南京旋蹕，是夕發龍江。」王陽明《與顧惟賢》：「近得省城及南都諸公書報云，即日初十日聖駕北還，且云頭船已發，不勝喜躍，賤恙亦遂頓減。此宗社之福，天下之幸，人臣之至願，何喜何慰如之！」明武宗還朝準確時間為八月十二日，此事陽明得之傳聞，故誤為八月十日。

〔二〕夜未休：唐・杜甫《陪王侍御同登東山最高頂晚姚通泉晚携酒泛江》：「笛聲憤怨哀中流，妙舞逶迤夜未休。」

〔三〕三公：三個最高級別的官位。周代以太師、太傅、太保為三公。《尚書・周官》：「立太師、太傅、太保，茲惟三公，論道經邦，燮理陰陽。」西漢以大司馬、大司徒、大司空為三公。《漢書・王莽傳》「漢危無嗣，而公定之；四輔之職，三公之任，而公幹之。」東漢以太尉、司徒、司空為三公。唐・杜佑《通典》卷十九《職官》：「後漢又以太尉、司徒、司空為三公。」此處泛指高官。

其三

依依窗月夜還來，渺渺鄉愁坐未回。素位也知非自得，白頭無奈是親衰。當年竹下曾裘仲〔一〕，何日花前更老萊。懇疏乞骸今幾上，中宵翹首望三臺〔二〕。

【校注】

〔一〕裘仲：宋代會稽孝子裘仲容。明・凌迪知《萬姓統譜》卷六十三：「裘仲容，會稽人，事母至孝。慶曆中，母病亟，仲容割骨肉飼母，弟仲莊亦將割之，聞兄已進，乃止。母病隨愈，時有祥雲覆其家，人以為孝感。」

〔二〕三臺：《後漢書・袁紹傳》：「坐召三臺，專制朝政。」李賢注引《晉書》：「漢官，尚書為中臺，御史為憲臺，謁者為外臺，是謂三臺。」此處代指明代中央政府。

月夜二首

【編年】

此組詩正德十五年（1520）八月作於江西贛州。

其一

高臺月色倍新晴，極浦浮沙遠樹平。客久欲迷鄉國望，亂餘〔一〕愁聽鼓鼙聲。湖南水潦〔二〕頻移粟〔三〕，磧北風煙且罷征〔四〕。濡手未辭援溺〔五〕苦，白頭方切倚閭情。

【校注】

〔一〕亂餘：正德十四年（1519）寧王朱宸濠的叛亂。

〔二〕湖南水潦：湖南，潘陽湖以南的江西片區。正德十五年（1520），江西諸郡大水，陽明曾於本年五月十五日上奏其事，並請求朝廷治罪，詳參王陽明《水災自劾疏》。《明武宗實錄》卷一百八十六：「壬寅，都御史王守仁奏江西諸郡大水，千里為壑，舟行於閭巷，民棲於木杪。室廬漂蕩，煙火斷絕。詢諸父老，皆為數十年所未有者。」錢德洪《陽明先生年譜》：「五月，江西大水，疏自劾。是年四月，江西大水，漂溺公私廬舍，田野崩陷，先生上疏自劾四罪。」關於王陽明上疏的目的，《明武宗實錄》以為是「時守二自負其功，以為人所抑乃，上此奏云。」此是厚誣陽明之言，誠不可取。清人夏燮亦不取《實錄》之言，《明通鑒》卷四十九：「壬寅，都御史王守仁奏江西諸郡大水，千里為壑，舟行於閭巷，民棲於木杪。室廬漂蕩，煙火斷絕，為數十年所未有非常之變。厥咎在臣，因自陳四罪，請賜罷黜。下其章於所司。

【考異】語見《實錄》，据《年譜》亦繫之五月。惟《實錄》言『守仁自負其功，以為人所抑，故上此奏。』亦誣詆語也，今不取。」錢德洪之論，則深得陽明之苦心。其《陽明先生年譜》：「按是時武宗猶羈南畿，進諫無由，姑敘地方災異以自劾，冀君心開悟而加意黎元也。」

〔三〕移粟：運送糧食賑災。《孟子・梁惠王上》：「梁惠王曰：『寡人之於國也，盡心焉耳矣。河內凶，則移其民於河東，移其粟於河內，河東凶亦然。』」朱熹注曰：「移民以就食，移粟以給其老稚之不能移者。」

〔四〕磧北風煙：《明史・武宗本紀》：「（正德十五年）秋七月，小王子犯大同、宣府。」

〔五〕援溺：《孟子・離婁上》：「淳于髡曰：『男女授受不親，禮與？』孟子曰：『禮也。』曰：『嫂溺則援之以手乎？』曰：『嫂溺不援，是豺狼也。男女授受不親，禮也。嫂溺援之以手者，權也。』曰：『今天下溺矣，夫子之不援何也？』曰：『天下溺，援之以道；嫂溺，援之以手。子欲手援天下乎？』」朱熹注曰：「言今天下大亂，民遭陷溺，亦當從權以援之，不可守先王之正道也。」

其二

舉世困酣睡〔一〕，而誰偶獨醒〔二〕？疾呼未能起，瞪目相怔驚。反謂醒者狂，群起環鬮爭〔三〕。洙泗輟金鐸，濂洛傳微聲。誰鳴塗毒鼓〔四〕？聞者皆昏冥。嗟爾欲奚為？奔走皆營營。何當聞此鼓〔五〕，開爾天聰明。

【校注】

〔一〕舉世困酣睡：指當時士大夫「以虛文相詡」，沉溺於俗學之中，而渾然不覺，懵懂如昏睡之人，根本不知反身自省，更無論良知之學。陽明《寄鄒謙之》：「後世大患，全是士夫以虛文相詡，略不知有誠心實意。流積成風，雖有忠信之質，亦且迷溺其間，不自知覺。是故以之為子則非孝，以之為臣則非忠。流毒扇禍，生民之亂，尚未知所抵極。」當時士風趨於功利，喪失了儒家一體之仁的寶貴精神傳統。陽明《答聶文蔚》：「夫人者，天地之心。天地萬物，本吾一體者也。生民之困苦荼毒，孰非疾痛之切於吾身者乎？不知吾身之疾痛，無是非之心也。是非之心，不慮而知，不學而能，所謂良知也。良知之在人心，無間於聖愚，天下古今之所同也。世之君子，惟務致其良知，則自能公是非，同好惡，視人猶己，視國猶家，而以天地萬物為一體。求天下無治，不可得矣。古人之所以能見善不啻若己出，見惡不啻若己入，視民之飢溺猶己之飢溺，而一夫不獲，若己推而納諸溝中者，非故為是而以蘄天下之信己也，務致其良知求自慊而已矣。堯、舜、三王之聖，言而民莫不信者，致其良知而言之也；行而民莫不說者，致其良知而行之也。是以其民熙熙皞皞，殺之不怨，利之不庸，施及蠻貊，而凡有血氣者莫不尊親，為其良知之同也。嗚呼！聖人之治天下，何其簡且易哉？後世良知之學不明，天下之人，用其私智以相比軋，是以人各有心，而偏瑣僻陋之見，狡偽陰邪之術，至於不可勝說。外假仁義之名，而內以行其自私自利之實，詭辭以阿俗，矯行以干譽。掩人之善而襲以為己長，訐人之私而竊以為己直，忿以相勝而猶謂之徇義，險以相傾而猶謂之疾惡，妒賢忌能而猶自以為公是非，恣情縱欲而猶自以為同好惡。相陵相賊，自其一家骨肉之親，已不能無爾我勝負之意，彼此藩籬之形，而況於天下之大，民物之眾，又何能一體而視之？則無怪於紛紛籍籍，而禍亂相尋於無窮矣。」

〔二〕而誰偶獨醒：陽明從世俗之學中超拔而出，創造性地提出了良知之學。陽明《答聶文蔚》：「僕誠賴天之靈，偶有見於良知之學，以為必由此而後天下可

得而治。」

〔三〕此四句陽明自言其良知之學因威脅到朱子學的權威學術地位，也打破了學術界的思維定式，以至於引起了當時學者的懷疑甚至是批判攻擊，有人甚至詆毀陽明為「病狂喪心」之人。陽明《答羅整庵少宰書》：「數年以來，聞其說而非笑之者有矣，詬訾之者有矣，置之不足較量辨議之者有矣。」又陽明《答聶文蔚》：「是以每念斯民之陷溺，則為之戚然痛心，忘其身之不肖，而思以此救之，亦不自知其量者。天下之人，見其若是，遂相與非笑而詆斥之，以為是病狂喪心之人耳。嗚呼！是奚足恤哉？吾方疾痛之切體，而暇計人之非笑乎？人固有見其父子、兄弟之墜溺於深淵者，呼號匍匐，裸跣顛頓，扳懸崖壁，而下拯之。士之見者，方相與揖讓談笑於其傍，以為是棄其禮貌衣冠，而呼號顛頓若此，是病狂喪心者也。故夫揖讓談笑於溺人之傍而不知救，此惟行路之人，無親戚骨肉之情者能之，然已謂之無惻隱之心非人矣。若夫在父子、兄弟之愛者，則固未有不痛心疾首，狂奔盡氣，匍匐而拯之。彼將陷溺之禍有不顧，而況於病狂喪心之譏乎？而又況於蘄人之信與不信乎？嗚呼！今之人雖謂僕為病狂喪心之人，亦無不可矣。天下之人心皆吾之心也，天下之人猶有病狂者矣，吾安得而非病狂乎？猶有喪心者矣，吾安得而非喪心乎？」

〔四〕塗毒鼓：塗毒天下之鼓，此處指世俗之學。

〔五〕此鼓：有益天下之鼓，此處指良知之學。

雪望四首

【編年】

此組詩正德十五年（1520）十二月作於江西南昌。

其一

風雪樓臺夜更寒，曉來霽色〔一〕滿山川。當歌莫放〔二〕陽春調，幾處人家未起煙。

【校注】

〔一〕霽色：晴朗天空之藍色。唐·駱賓王《春霽早行》：「年華開早律，霽色蕩芳晨。」

〔二〕當歌莫放：宋·歐陽修《玉樓春》其二十八：「當筵莫放酒杯遲，樂事良辰難入手。」

其二

初日湖山雪未融，野人村落閉重重。安居信是豐年兆〔一〕，為語田夫莫惰農〔二〕。

【校注】

〔一〕豐年兆：豐年之徵兆。宋·韓琦《依韻和機宜陳薦請遊城北池館二首》其二：「秋來幸有豐年兆，還作偷安樂事人。」

〔二〕惰農：原意是指怠惰的農民，《書·盤庚上》：「惰農自安，不昏作勞，不服田畝，越其罔有黍稷。」此處陽明引申為怠惰農耕之事。

其三

霽景〔一〕朝來更好看，河山千里思漫漫。茅簷日色猶堪曝〔二〕，應是邊關地更寒。

【校注】

〔一〕霽景：雨雪後晴朗的景色。唐·李白《夕霽杜陵登樓寄韋繇》：「浮陽滅霽景，萬物生秋容。」

〔二〕茅簷日色猶堪曝：典出《列子·楊朱》：「昔者宋國有田夫，常衣縕黂，僅以過冬。暨春東作，自曝於日，不知天下之有广厦隩室，綿纊狐貉。顧謂其妻曰：『負日之暄，人莫知者，以獻吾君，將有重賞。』」茅簷曝日負暄，是古人冬日閒適之象徵，如宋·陸游《雜感十首》其二：「輸與茅簷負暄叟，時時睡覺一頻伸。」

其四

法象〔一〕冥濛〔二〕失巨纖，連朝風雪〔三〕費粧嚴。誰將塵世化珠玉，好與貧家聚米鹽。

【校注】

〔一〕法象：天地間的一切自然現象。《周易·繫辭上》：「是故法象莫大乎天地，變通莫大乎四時。」此處指天氣。

〔二〕冥濛：天色暗淡無光。南朝·梁·江淹《雜體詩經·效顏延之〈侍宴〉》：「青林結冥濛，丹巘被蔥蒨。」

〔三〕連朝風雪：接連幾日的風雪。宋·張侃《雪後》：「連朝風雪滿空來，喜得新晴萬象回。」

大秀宮〔一〕次一峰〔二〕韻三首

【編年】

此組詩正德十五年（1520）六月十四日作於江西吉安峽江縣。錢德洪《陽明先生年譜》：「（正德十五年）六月，如贛。十四日，從章口入玉笥大秀宮。」

【校注】

〔一〕大秀宮：在玉笥山。《雍正江西通志》卷一百十一：「大秀宮，在峽江縣玉笥山麓，其上有天王閣。」

〔二〕一峰：指羅倫。《四庫全書總目·一峰集提要》曰：「《一峰集》十卷，明羅倫撰。倫字彝正，別號一峰，江西永豐人。成化丙戌進士第一，授修撰。釋褐甫三月，以疏劾大學士李賢謫泉州市舶副提舉。明年，詔還，復原官，改南京供職。尋以疾辭歸，退居金牛山，授徒講學以終。事跡具《明史》本傳。倫與陳獻章稱石交，然獻章以超悟為宗，而倫篤守宋儒之途轍，所學則殊。《明儒學案》云：『倫剛介絕俗，生平不作合同之語，不為軟巽之行。凍餒幾於死亡，而無足以動其中，庶可謂之無欲。』今覽其文，剛毅之氣形於楮墨，詩亦磊砢不凡。雖執意過堅，時或失於迂潤，又喜排疊先儒傳注成語，少淘汰之功，或失於繁冗，然亦多心得之言，非外強中乾者比也。」

一峰韻，陽明所和之一峰詩載羅倫《一峰集》，然只有一首，其詩題為《和林緝熙遊玉笥山並序》，詩序曰：「玉笥山大秀宮，道家號法樂洞天，奇秀旁流。南海布夜林緝熙雲水名嶽，從羅浮春於山中，道士許清源顧留，乃開青囊，約徙宮於天王閣，結羅浮菴於閣後最奇處。時從行者黃時憲、王忠肅、許良楫、陳苟用，符用候秋落手此菴云。」其詩曰：「野仙臨玉笥，引袖拂天星。侍立雙童小，看山隻眼明。洞雲含雨潤，鶴夢帶煙醒。自嘆羅浮客，春杯溢四溟。」

清·裘君弘《西江詩話》卷八《羅倫》條目曰：「一峰先生《大秀宮》詩云：『野仙臨玉笥，引袖拂天星。侍立雙童小，看山隻眼明。洞雲含雨潤，鶴夢帶煙醒。自歎羅浮客，春杯溢四溟。』王陽明先生和云：『茲山堪遯跡，上應少微星。洞裏乾坤別，壺中日月明。道心空自警，塵夢苦難醒。方嶠由來此，虛無隔九溟。』又《溢峰山》一絕云：『一柱東風戀紫霞，數聲雞犬也仙家。春風不與人分破，添得碧桃無數花。』」

其一

茲山〔一〕堪遁迹，上應少微星〔二〕。洞裏乾坤別，壺中日月明。道心空自警，塵夢苦難醒。方嶠〔三〕由來此，虛無隔九溟。

【校注】

〔一〕茲山：指玉笥山。《雍正江西通志》卷九：「玉笥山，在峽江縣東南四十里。道書第十七洞天曰大秀法樂之天，鬱木坑為第八福地。舊名羣玉峰，漢武帝時，嘗降玉笥於山，故名。漢梅福及晉郭桂倫、彭真一、袁景立、梁杜曇永、蕭子雲皆嘗學道於此。」

〔二〕少微星：星座之名。共四星，在太微垣西南。《史記·天官書》：「廷藩西有隋星五，曰少微，士大夫。」張守節《史記正義》：「少微四星，在太微西，南北列：第一星，處士也；第二星，議士也；第三星，博士也；第四星，士大夫也。占以明大黃潤，則賢士舉；不明，反是；月、五星犯守，處士憂，宰相易也。」

〔三〕方嶠：方壺員嶠的簡稱，傳說中的神仙之山。《列子·湯問》：「渤海之東，不知幾億萬里，有大壑焉……其中有五山焉：一曰岱輿，二曰員嶠，三曰方壺，四曰瀛洲，五曰蓬萊。」

其二

清溪曲曲轉層林〔一〕，始信桃源路未深〔二〕。晚樹煙霏山閣靜，古松雷雨石壇陰。丹爐遺火飛殘藥，仙樂浮空寄絕音。莫道山人〔三〕才一到，千年陳迹此重尋。

【校注】

〔一〕層林：一層一層的樹林。宋·歐陽修《上方閣》：「還隨孤鳥下，卻望層林上。」

〔二〕始信桃源路未深：唐·李涉《贈長安小主人》：「仙路迷人應有術，桃源不必在深山。」

〔三〕山人：陽明自稱，陽明曾號陽明山人。

【著錄】

明·曹學佺編《石倉歷代詩選》卷四百五十五著錄此詩。

其三

落日下清江，悵望閣道晚。人言玉笥更奇絕，漳口停舟路非遠。肩

輿取徑沿村落，心目先馳嫌足緩。山昏欲就雲儲眠，疏林月色與風泉。夢魂忽忽到真境〔一〕，侵曉循迹來洞天〔二〕。洞天非人世，予亦非世人。當年曾此寄一迹，屈指忽復三千春。巖頭坐石剝落盡，手種松栢枯龍鱗。三十六峰僅如舊，澗谷漸改溪流新。空中仙樂風吹斷，化為鼓角驚風塵。風塵慘淡半天地，何當一掃還吾真。從行諸生駭吾說，問我恐是茲山神。君不見，廣成子，高臥崆峒長不死，到今一萬八千年，陽明真人亦如此〔三〕。

【校注】

〔一〕真境：唐·王昌齡《武陵開元觀黃煉師院》詩之三：「暫因問俗到真境，便欲投誠依道源。」

〔二〕洞天：道家認為神仙居處多在名山洞府中，因洞中別有天地，故稱為「洞天」。梁·陶弘景《真誥》卷十《協昌期第二》曰：「太霞發暉，靈霧四遷。結氣琬屈，五色洞天。」

〔三〕君不見，廣成子，高臥崆峒長不死。到今一萬八千年，陽明真人亦如此：廣成子之不死乃是道家之傳說，乃是形體抑或自然生命之不死。陽明所言之不死，乃是古聖相傳之良知之心不死，是心靈抑或文化生命之不死。此言看似不可解，實則為陸王一系心學之共識，如陸九淵詩曰：「墟墓興哀宗廟欽，斯人千古不磨心。」陸九齡詩曰：「提孩知愛長知欽，古聖相傳只此心。」錢德洪《陽明先生年譜》載陽明之言曰：「然譬之人有冒別姓墳墓為祖墓者，何以為辯？只得開壙，將子孫滴血，真偽無可逃矣。我此良知二字，實千古聖聖相傳一點滴骨血也！」

【和詩】

清·李光地《和王姚江火秀宮示諸生原韻二首》，其一：「平旦陟高岡，高岡日又晚。上頂本是真人居，欲趁光陰路彌遠。左右屬迹蒼苔斑，多少先登人非緩。餘髮方未燥，即慕夷曲與天泉。夷曲幽幽九折坂，天泉半灑雲外天。泉洞老仙語，朗朗總欺人。原當胎氣未完足，雷霆發亂來驚春。丹成淡泊守規矩，瞥見狌鬣誇龍鱗。我與往還四十歲，回望故山新又新。竈火如銀一片白，案上徒有明窗塵。殊無許多單傳訣，坐知光景萬非真。自從東京入佛後，例倚正議助怪神。先生便是廣成子，安在別人都已死。橫將生死作分疏，打斷虛空無乃此。」其二：「宣聖當年尚假年，儒衣千載此真傳。萬形不是周

遮遍，太極如何恁地圓。只可占將後死者，休來突過古人前。操戈同室堪嗟嘆，恨不當身與講筵。」

歸懷

行年忽五十，頓覺毛髮改〔一〕。四十九年非，童心獨猶在。世故漸改涉，遇坎稍無餒。每當快意事，退然〔二〕思辱殆〔三〕。傾否作聖功〔四〕，物覯豈不快〔五〕？奈何桑梓懷，衰白倚門待。

【編年】

此詩正德十六年（1521）正月作於江西南昌。

【校注】

〔一〕毛髮改：鬢毛頭髮變白。宋・蘇轍《次韻子瞻和淵明擬古九首》其八：「逡巡歲月度，太息毛髮改。」

〔二〕退然：謙退。唐・柳宗元《與太學諸生喜詣闕留陽城司業書》：「太學生聚為朋曹，侮老慢賢……有凌傲長上，而誶罵有司者。其退然自克，特殊於眾人者無幾耳。」

〔三〕辱殆：侮辱和危險。《老子》：「知足不辱，知止不殆，可以長久。」《漢書・雋不疑疏廣等傳贊》：「行止足之計，免辱殆之累。」

〔四〕傾否作聖功：語本《周易・否卦》：「上九，傾否，先否後喜。」此句陽明自言求為聖賢之歷程如《否卦》之上九，先經歷了傾覆否閉的困境，既有政治浮沉之困擾，又有學術五溺三變之曲折，最後頓悟良知，聖功圓滿。

〔五〕物覯豈不快：物覯，萬物顯明可見。語本《周易・乾卦・文言》：「九五曰『飛龍在天，利見大人』，何謂也？子曰：『同聲相應，同氣相求；水流濕，火就燥；雲從龍，風從虎；聖人作而萬物覯；本乎天者親上，本乎地者親下，則各從其類也。』」孔穎達《周易正義》：「此是有識感有識也，此亦同類相感，聖人有生養之德，萬物有生養之情，故相感應也。」陽明此句意謂徹悟良知之後，以此良知之學接引生徒，得師生同類相感、共同昌明聖學之樂。

啾啾吟

知者不惑仁不憂〔一〕，君胡戚戚〔二〕眉雙愁？信步行來皆坦道，憑天判下非人謀〔三〕。用之則行舍即休〔四〕，此身浩蕩浮虛舟。丈夫落落掀天地，豈顧束縛如窮囚〔五〕。千金之珠彈鳥雀，掘土何煩用鐲鏤？君

不見，東家老翁防虎患，虎夜入室銜其頭。西家兒童不識虎，執竿驅虎如驅牛〔六〕。痴人懲噎遂廢食〔七〕，愚者畏溺先自投。人生達命自灑落〔八〕，憂讒避毀徒啾啾〔九〕！

【編年】

此詩正德十五年（1520）六月作於江西贛州。

錢德洪《陽明先生年譜》：「（正德十五年）是（六）月，至贛。先生至贛，大閱士卒，教戰法。江彬遣人來覘動靜，相知者俱請回省，無蹈危疑。先生不從，作《啾啾吟》解之，有曰：『東家老翁防虎患，虎夜入室銜其頭。西家小兒不識虎，持竿驅虎如驅牛。』且曰：『吾在此與童子歌詩習禮，有何可疑？』門人陳九川等亦以為言。先生曰：『公等何不講學？吾昔在省城，處權豎，禍在目前，吾亦帖然；縱有大變，亦避不得。吾所以不輕動者，亦有深慮焉耳。』」

錢德洪《刻文錄敘說》：「陳惟濬曰：昔武宗南巡，先生在虔，奸賊在君側，聞有疑謗危先生者，聲息日至，諸司文帖，絡繹不絕，請先生即下洪，勿處用兵之地，以堅奸人之疑。先生聞之，泰然不動。門人乘間言之，先生姑應之曰：『吾將往矣。』一日，惟濬亦以問。先生曰：『吾在省時，權豎如許，勢焰疑謗，禍在目前，吾亦帖然處之。此何足憂？吾已解兵謝事乞去，只與朋友講學論道，教童生習禮歌詩，烏足為疑？縱有禍患，亦畏避不得。雷要打，便隨他打來，何故憂懼？吾所以不輕動，亦有深慮焉爾！』又一人使一友亦告急。先生曰：『此人惜哉不知學，公輩何不與之講學乎？』是友亦釋然，謂人曰：『明翁真有赤鳥几几氣象。』愚謂《別錄》所載，不過先生政事之跡耳。其遭時危謗，禍患莫測，先生處之泰然，不動聲色，而又能出危去險，坐收成功。其致知格物之學至是，豈意見擬議所能及！」（《王陽明全集》卷四十一）

鄒守益《王陽明先生圖譜》：「時許泰譖於江彬曰：『王陽明起兵，清君側之惡。』彬驚問故，曰：『朱泰是第一名，提督亦不免。』彬遣人以覘，覘者至省沂贛。知厚咸愕怖，先生以詩代答：『東家老翁防虎患，虎入臥內啣其頭；西家小兒不識虎，持竿驅虎如驅牛。』張太監永以先生社稷功，每解之，竟不能害。」

岡田武彥《王陽明大傳》：「這是一首在民間廣為流傳的詩。東正堂介紹說，佐藤一齋將這篇《啾啾吟》當作自己的座右銘，又說這首詩雖然很不錯，

但如果只會吟誦，卻不知陽明當時創作這首詩的背景的話，就無法掌握其中的深意。因此，東正堂在引用了《年譜》中相應部分的內容後說道：吟此篇時，先生正立於讒徒圍攻之中，雖一如平時泰然自若，絲毫未露危懼之情，然正所謂『聖賢憂世之志，樂天之誠，有並行不悖者』，今研究先生之詩，當由兩面觀察，始知先生心法如何。(《王文成公全書論考》卷九《詩三》)。」「這篇《啾啾吟》雖然闡述了到達樂天灑脫境地的儒者之情，但同時也展現了王陽明心學已經到達了純熟的境地。」〔註26〕

【校注】

〔一〕知者不惑仁不憂：《論語‧子罕》：「子曰：『知者不惑，仁者不憂，勇者不懼。』」朱熹《論語集注》：「明足以燭理故不惑，理足以勝私故不憂，氣足以配道義故不懼，此學之序也。」

〔二〕戚戚：《論語‧述而》：「子曰：『君子坦蕩蕩，小人長戚戚。』」朱熹《論語集注》：「程子曰：『君子循理故常舒泰，小人役於物故多憂戚。』」

〔三〕憑天判下非人謀：王陽明在面對寧王叛亂和張忠、許泰等人的誣陷之時，行為之標準本之天理之自然，不沾累於成敗利鈍。如王畿《讀先師再報海日翁吉安起兵書序》：「夫宸濠逆謀已成，內外恊應，虐焰之熾，燼灼上下，人皆謂其大事已定，無復敢攖其鋒者。師之回舟吉安，倡義起兵也，人皆以為愚，或疑其詐。時鄒謙之在軍中，見人情洶洶，入請于師，師正色曰：『此義無所逃於天地之間，使天下盡從寧王，我一人決亦如此做，人人有個良如，豈無一人相應而起者。若夫成敗利鈍，非所計也。』」

〔四〕用之則行舍即休：《論語‧述而》：「子謂顏淵曰：『用之則行，舍之則藏，惟我與爾有是夫。』」

〔五〕丈夫落落掀天地，豈顧束縛如窮囚：落落：胸懷豁達。宋‧黃庭堅《次韻楊明叔見餞十首》其七：「丈夫存遠大，胸次要落落。」楊國榮認為這兩句詩描述的是狂者所具有的頂天立地的氣概，他說：「卓然不變的豪傑之士往往帶有某種狂者氣象，故又稱狂者，王陽明本人即常常以狂者自命：『我今信得這良知真是真非，信手行去，更不著些覆藏。我今才做得個狂者的胸次，使天下人都說我行不掩言也罷(《傳習錄》下)。』」狂者以真為尚，自信本心，沒有任何矯飾，亦不為外在的毀譽所左右。他不僅拒絕沉淪於『為人』、『逐

〔註26〕岡田武彥《王陽明大傳》，第 720 頁。

物』的世俗化過程，而且敢於向世俗挑戰：『丈夫落落掀天地，豈顧束縛如
窮囚！』這種狂者（大丈夫）作為獨立的人格形象，已具有頂天立地的氣
概。」〔註27〕

〔六〕以上四句反映出陽明重視德性而拒斥知識技能的思想傾向。楊國榮在《良知
與德性》一文中說：「與知識和德性的區分相聯繫，王陽明在強調以德性統攝
行為時，對知識在化德性為德行中的作用未能作出適當的定位。按王陽明之
見，在知識與內在心體（德性）中，重要的是首先成就內在心體：『人只要成
就自家心體，則用在其中。如養得心體，果有未發之中，自然有發而皆中節
之和，自然無施不可。苟無是心，雖預先講得世上許多名物度數，與己原不
相干，只是裝綴，臨時自行不去（《傳習錄上》）。』名物度數即泛指一般的知
識，從道德實踐的角度看，離開德性的培養而僅僅追求外在的知識，往往容
易使這種知識成為虛文。然而，王陽明由此進而認為，『大端惟在復心體之同
然，而知識技能非所與論也（《傳習錄中》）』。這就又走向了另一極端。成就
德性（心體）固然有別於成就知識，但不能因此將二者加以區隔。這不僅在
於德性本身雖不限於知但又包含著知，而且在於從德性到德行的轉換亦不能
撇開知識技能。若僅有善的意向，而無必要的知識儲備，則德性往往易流於
良好的動機，難以向現實的德行過度。儘管王陽明並不否認德性與實踐理性
或倫理理性的聯繫（實踐理性始終是良知的內在規定之一），但工具理性意義
上的知識技能卻常常在其視野之外，所謂『非所與論』，便明顯地表出這一趨
向。從這方面看，王陽明對化德性為德行這一過程的理解，無疑又有其理論
上的局限。」〔註28〕

〔七〕懲噎遂廢食：《呂氏春秋・孟秋紀・蕩兵》：「夫有以饐死者，欲禁天下之食，
悖。」

〔八〕灑落：灑脫。王陽明非常重視和嚮往灑落的人生境界，有家族傳統的影響，
如錢德洪《陽明先生年譜》所載王陽明祖父王天敘「環堵蕭然，雅歌豪唫，
胸次灑落，方之陶靖節、林和靖」。同時，灑落的人生境界也是王陽明晚年哲
學思考的重要問題，嘉靖二年（1523），王陽明在《答舒國用》一書中對灑落
與敬畏之間的關係有詳盡論述，錄之如下：「夫謂『敬畏之增，不能不為灑落
之累』，又謂『敬畏為有心，如何可以無心而出於自然，不疑其所行』。凡此

〔註27〕楊國榮《心學之思：王陽明哲學的闡釋》，第149頁。
〔註28〕楊國榮《心學之思：王陽明哲學的闡釋》，第136～137頁。

皆吾所謂欲速助長之為病也。夫君子之所謂敬畏者，非有所恐懼憂患之謂也。乃戒慎不睹，恐懼不聞之謂耳。君子之所謂灑落者，非曠蕩放逸，縱情肆意之謂也，乃其心體不累於欲，無入而不自得之謂耳。夫心之本體，即天理也。天理之昭明靈覺，所謂良知也。君子之戒慎恐懼，惟恐其昭明靈覺者或有所昏昧放逸，流於非僻邪妄而失其本體之正耳。戒慎恐懼之功無時或間，則天理常存，而其昭明靈覺之本體，無所虧蔽，無所牽擾，無所恐懼憂患，無所好樂忿懥，無所意必固我，無所歉餒愧怍。和融瑩徹，充塞流行，動容周旋而中禮，從心所欲而不踰，斯乃所謂真灑落矣。是灑落生於天理之常存，天理常存生於戒慎恐懼之無間。孰謂『敬畏之增，乃反為灑落之累』耶？惟夫不知灑落為吾心之體，敬畏為灑落之功，岐為二物而分用其心，是以互相牴牾，動多拂戾而流於欲速助長。是國用之所謂『敬畏』者，乃《大學》之『恐懼憂患』，非《中庸》『戒慎恐懼』之謂矣。程子常言：『人言無心，只可言無私心，不可言無心。』戒慎不睹，恐懼不聞，是心不可無也。有所恐懼，有所憂患，是私心不可有也。堯舜之兢兢業業，文王之小心翼翼，皆敬畏之謂也，皆出乎其心體之自然也。出乎心體，非有所為而為之者，自然之謂也。敬畏之功，無間於動靜，是所謂敬以直內，義以方外也。敬義立而天道達，則不疑其所行矣。」

〔九〕憂讒避毀徒啾啾：這句詩反映了陽明在致良知過程中的堅定意志以及擇善固執的道德勇氣。對此楊國榮有很好的闡釋，他說：「從道德認識到道德實踐的過渡，往往還面臨意志軟弱的問題。自我之所以雖知其善，卻不能付諸於行；雖知其惡，卻仍行而不止，常常便是由於缺乏堅毅的意志。這樣，如何從知善知惡到為善去惡，總是涉及如何克服意志的軟弱。有見（鑒）於此，王陽明在考察志與行為的關係時，特別提到了進道之志的勇猛專一：『今時同志中，往往多以仰事俯育為進道之累，此亦只是進道之志不專一，不勇猛耳。若是進道之志果能勇猛專一，則仰事俯育之事莫非進道之資（《與道通書》）。』專一即志的定向，勇猛則是意志努力，後者更多地體現了意志的堅毅性品格。此所謂進道，可以看作是實現道德理想的過程，如何化理想為現實，與如何由知當然到行當然本質上是相通的，而二者又都以具有堅毅的意志品格為前提。堅定的意志既經形成，往往將進而化為趨善去惡的行為定向，並賦予主體以不為外部阻力所屈的內在力量：『志苟堅定，則非笑詆毀不足動搖，反皆為砥礪切磋之地矣（《書顧維賢卷》）。』這種為行為定向的堅毅意志，

當然並非外在於自我的德性。它已凝於良知之中，並隨著良知的德性化而構成了德性的內在規定。因之，志的定向，同時體現了良知（德性）的內在力量：『依此良知，忍耐做去，不管人非笑，不管人毀謗，不管人榮辱，任他功夫有進有退，我只是這致良知的主宰不息，久久自然有得力處，一切外事亦自能不動（《傳習錄》下）。』」〔註29〕

王陽明《傳習錄》卷中：「昔者孔子之在當時，有議其為諂者，有譏其為佞者，有毀其未賢，詆其為不知禮，而侮之以為東家丘者，有嫉而沮之者，有惡而欲殺之者。晨門、荷蕢之徒，皆當時之賢士，且曰：『是知其不可而為之者歟？』『鄙哉硜硜乎！莫已知也，斯已而已矣。』雖子路在升堂之列，尚不能無疑於其所見，不悅於其所欲往，而且以之為迂，則當時之不信夫子者，豈特十之二三而已乎？然而夫子汲汲遑遑若求亡子於道路，而不暇於煖席者，寧以蘄人之知我、信我而已哉？」

〔註29〕楊國榮《心學之思：王陽明哲學的闡釋》，華東師範大學出版社，2009年版，第127～128頁。